数字经济2.0

发现传统产业和新兴业态的新机遇

马文彦〔Winston Ma〕著

民主与建设出版社　博集天卷 CS-BOOKY

图书在版编目（CIP）数据

数字经济 2.0 / 马文彦著 . —北京：民主与建设
出版社，2017.10
　ISBN 978-7-5139-1433-8

　Ⅰ. ①数… Ⅱ. ①马… Ⅲ. ①信息经济 – 研究 – 中国 Ⅳ. ① F492
　中国版本图书馆 CIP 数据核字（2017）第 199907 号

数字经济 2.0

SHUZI JINGJI 2.0

出 版 人	许久文
作　　者	马文彦
责任编辑	刘　芳
监　　制	蔡明菲　邢越超
特约策划	李　荡
特约编辑	温雅卿
版权支持	闫　雪
封面设计	主语设计
版式设计	李　洁
营销推广	姚长杰　李　群　张锦涵
出版发行	民主与建设出版社有限责任公司
电　　话	（010）59417747　59419778
社　　址	北京市海淀区西三环中路 10 号望海楼 E 座 7 层
邮　　编	100142
印　　刷	北京嘉业印刷厂
版　　次	2017 年 10 月第 1 版　2017 年 10 月第 1 次印刷
开　　本	700mm×1000mm 1/16
印　　张	20
字　　数	258 千字
书　　号	ISBN 978-7-5139-1433-8
定　　价	48.00 元

注：如有印、装质量问题，请与出版社联系。

本书所获赞誉

[英文版] 2016 年最佳商业书籍之一。

——马修·毕肖普（Matthew Bishop），《经济学人》杂志纽约办公室总裁

[英文版] 推荐给国际公司首席信息官的 2016 年最佳商业书籍之一。

——国际首席信息官网站（i-CIO.com）

从专业投资和国际化的视角，揭示了移动互联网带给中国社会的深刻变化，及潜在的巨大机会！

——陈大同，华山资本（West Summit Capital）合伙创始人

每一个公司——每一个国家——都必须先在数字化上成功，才能在 21 世纪的竞争中获得成功。这本书既是对一个迅速变化和至关重要的经济动态的杰出调查，又是一份难得的"行业指南"，可以帮助你理解这个领域正在发生的一切。

——鲍达民，麦肯锡公司全球总裁

"这本书对世界上增长速度最快的数字经济体进行分析，及时、具有洞察力、可读性极强。对任何对中国、数字经济或者科技感兴趣的人来说，这都是一本必读的书。"

——鲁本·杰弗里三世，洛克菲勒公司总裁兼首席执行官

中国决心把创新作为国家发展新阶段的引擎，而没有什么领域比数字经济更具创新性和活力，在某些方面，甚至已经超越了美国。马文彦对这种竞争激烈、不断进化的行业的深度分析，展示了驱动中国转型的公司和产业变革，这最终会对国际贸易产生深远影响。

——约翰·L. 桑顿，布鲁金斯学会（Brookings Institution）联合主席

随着世界迈向数字科技时代，而中国现在是世界最大的互联网用户市场，所有的利益相关者都得从一个全新的视角去思考中国的经济、市场和社会。

——罗德·贝克斯特朗，互联网名称与数字地址分配机构（ICANN）前总裁

"中国社会正在经历迅速的转型，变得更加工业化和数字化。这本了不起的书解释了网络是如何成为将商业行为从线下发展到线上并令其成为常态的引擎的。"

——李晓东，中国互联网络信息中心（CNNIC）主任

中文版
自 序

Preface

当中国国家主席习近平在 2014 年上海合作峰会期间访问塔吉克斯坦时，中国的国产智能手机品牌中兴出现在他的礼品清单上。作为"国家礼品"的手机必须具备最高的安全级别，也代表了中国手机制造最高水准。当时作为"国家礼品"的中兴 Grand SII，被誉为世界上最安全的手机之一（这也许得感谢加拿大黑莓公司——中兴在黑莓公司出现财务危机时成功招募了黑莓核心研发团队，详见本书有关章节）。

与以往选用传统工艺品如丝绸、瓷器和绘画等作为国家礼品不同，中国品牌的智能手机更具有强烈的时代感。近年来，中国在科技方面取得了惊人进步，逐渐从"世界工厂"变为"新经济创新中心"。使用本国生产的智能手机作为国礼，显示了中国经济正在深度转型升级，也展示出中国走向全球科技创新大国的决心。

回顾中国的信息革命，从 20 世纪 80 年代个人电脑 PC 进入市场，主要是电脑本地化的信息处理；到了 90 年代之后，在互联网时代大众用网络连接，广泛接触不仅是本地的还有网络连接的信息；近十年是移动互联网爆发的时代，几乎人手一部智能手机，随时随地生活在网络上，享受着网络的服务和娱乐。在本书各章节都可以看到，中国市场在移动支付、电子商务、O2O（线上线下交互）和多屏娱乐等领域的水平，已赶上国际发达市场，甚至在某些领域实现了弯道超车（譬如二维码支付和直播）。

从另一个角度看，中国传统经济与生活方式同欧美发达国家间仍然存在差距，恰好是在第四次工业革命（即当前基于互联网和智能技术，继蒸汽技术革命、电力技术革命、信息技术革命的又一次全球科技革命）中有了跨越式发展的机会。一方面，制造、物流、交通、教育等诸多传统行业都将被互联网所改变和重构；另一方面，各种生活消费、休闲娱乐等场景也在涌现出新的数字经济模式。依托无与伦比的网络用户数量和相应的数据资源，中国有机会在下一波全球信息革命里成为重要的创新中心。

由此，中国公司正在迈向全球科技创新的最前沿，已不再以自己对应的西方公司为基准了。例如，阿里巴巴在一开始，曾被视为是"中国的易贝（eBay)"，但是现在，阿里巴巴更像是亚马逊（Amazon）、易贝、贝宝（PayPal）混合体，再加上不少谷歌 (Google) 的成分（例如地图服务和旗下的视频平台），而且每块业务都具有独特的中国特色。同样，社交媒体平台微博已经不再是成立之初的"Twitter（推特）模仿者"，而是成为类似于 Twitter（文字分享）+Instagram（照片分享）+YouTube（视频分享）的综合平台。

如果说中国互联网在最初走了一条 C2C（Copy to China，复制到中国）的路，中国的第一代科技公司，主要是在复制西方的网站模式，那么数字经济2.0里，市场看到是 2CC（to China Copy，到中国复制）的兴起。随着独具中国特色的原创功能、原创应用、原创模式越来越多，中国市场正在成为未来的潮流引领者，而不仅仅是潮流追随者，尤其是在下一代智能设备和移动应用的创新上。

当前，中国新兴的创新生态环境，正在创造出一波引人注目的创新浪潮。

在全球范围内，中国要比其他所有世界创新中心更接近美国的硅谷，因为中国市场的创业者的基数大，风险投资的资金量足，市场的机会和规模也令其他地区难以望其项背。在规模上，中国大型互联网公司也是世界上唯一可与美国公司匹敌的。

所以在全球范围内可以看到，中美两个数字经济大国，以他们各有特点、各有代表性的公司，形成了代表不同竞争优势又密切相关的两个全球创新的主市场。美国硅谷代表了技术原创的中心，而中国则代表了最大的互联网群体市场和创新商业化的实验室。许多原创技术在中国形成了发展和应用，又进一步促进了技术创新。

当然，在许多领域中国与硅谷仍有差距，例如高端服务器、超级计算机、无人驾驶汽车技术、VR技术（虚拟现实），等等。中国市场不乏商业模式创新、用户体验创新，但是与硅谷比较，整体上在高科技领域跟踪、模仿的多，真正意义上的科技创新较少。在当前阶段，新一代中国公司越来越把焦点放在原创性技术的创新。因此，大力发展数字经济，是当前中国经济战略当中极其重要的战略部署。

在下一波"万物互联、万物智能"的浪潮里，中国市场的独特优势，是它无与伦比的网络用户数量和相应的用户数据。截止到2016年年底，中国的网民数达到7.31亿（超过了欧洲全部人口），其中手机移动上网用户数达到6.95亿。数字经济2.0下的用户数据，在整个经济活动中变成主要生产要素，成为科技公司的重要公司资产，也是未来中国创新（特别是人工智能方面的创新）的基础。

于是，中国市场与美国硅谷同样具有领导创新与潮流的态势，而不仅仅一个追随潮流者。在最前沿的创新领域，两个市场的技术公司都在探索着类似的研究课题，中国终于有了机会可以跟美国一起创造未来。中国的故事，正在迅速转型，从传统的"中国制造"（Made in China）变成全新的"中国创造"（Created in China）！

正因为数字经济革命在中国市场日新月异，所以本书的写作也是一个不断更新的过程。本书英文版在 2016 年底圣诞节期间出版，之后的数月里中国市场的创新发展依然层出不穷。感谢博集天卷的编辑李齐章、闫雪，以及译者王思明的专业团队，也感谢爱妻 Angela Pan 的体贴与支持，让中文版能够及时完成；但面对智能革命大潮，虽然笔者努力更新与补充相关领域最新的创新与演变，疏漏之处仍在所难免，恳请行业、投资和资本市场各界的先进同人不吝指正。

马文彦（Winston Ma）

2017 年 6 月于北京

英文版
前 言

Foreword

　　有些作者擅长把握和分析趋势，有些作者善于深入剖析、详细阐释产业生态系统或是专业领域的发展动态，马文彦（Winston Ma）则同时展现了在这两方面的天赋。他的新著《数字经济 2.0》既可被视为一份出色的调查报告，探索了瞬息万变的关键经济形势；又可作为一本引人入胜的"实战指南"，供读者深度了解业态发展的现状，实属难能可贵。

　　本书的关键论点是，2014—2015 年是中国"互联网发展史上的进阶之年"，并在 2016 年市场进一步整合与成熟。短短两年间，移动互联网和各种终端设备（智能手机、平板电脑、手提电脑等）迅速风靡这个全球最庞大的中产阶级群体，重新定义了他们的数字化生活方式，也对消费者行为以及企业竞争的制胜之道产生了深远影响。

　　中国互联网三巨头百度、阿里巴巴和腾讯（简称 BAT）究竟如何精准把握住了消费者转投移动平台的大趋势？随着电子商务、社交媒体和娱乐之间的界限日渐模糊，这三大互联网企业的业务模式如何逐步趋同？中国的移动端消费者人数突破 6 亿大关、线上到线下（O2O）购物模式迅速崛起，这些对从事汽车、饮品等传统行业的西方跨国公司意味着什么？又将如何影响苹果（Apple）这样的数字化巨头以及领英（LinkedIn）等雄心勃勃的后来者？国家政策在推进中国的数字化进程中起到了什么作用？未来的监管规则将对网上银行等飞速增长的新领域产生何种影响？

作者深入剖析了这些宏观经济以及具体行业层面的问题，令人信服地证明：随着新一代移动设备和服务的崛起，中国在数字化领域的巨大优势将助其跳脱亦步亦趋的追随者，转而成为潮流引领者。作者还精心准备了大量名词解释和案例介绍，以及文化报告、流行语解释等翔实的补充知识，体例之精当丝毫不输于一本社会人类学专著。中国消费者从您的网店购得新鲜的加拿大"黑莓"之后有没有在社交媒体上晒图？就算晒图了，也别得意得太早，还得看看消费者的评价是褒还是贬——他们真的认为您的产品或服务很"高大上"，还是嘲讽是"土豪金"？所以，确如马文彦所说，分析下一轮大数据市场研究的结论固然重要，但理解这些流行表达及其背后代表的消费者行为也同样关键。

马文彦是一位成功的专业投资人士，对西方资本市场和中国证券市场有着深刻了解。在中国投资责任有限公司（CIC）成就卓然的任职经历证明，他既拥有把握中国移动互联网市场商机的热忱，也具备客观评估未来挑战的冷静视角。他的观点与麦肯锡的洞见不谋而合，我们也认为成功推进数字化是每家企业，乃至每个国家在 21 世纪取得竞争优势的关键。麦肯锡近期发布的诸多报告也深度探讨了本书的某些主题，例如中国不断提高的创新能力，以及互联网将如何开启下一轮生产力提升、推动经济增长。

马文彦在书中总结道："中国互联网经济的发展是未来最为重要的趋势之一，将决定中国乃至全球商业、技术和社会的未来格局。"麦肯锡对此深感赞同。我们的客户来自各行各业，遍及世界各地，均为私营和公共部门的佼佼者。我们真切感受着它们对中国经济发展动向的殷切关注。本书生动地剖析了当今中国精彩纷呈的数字化转型之旅，内容丰富、思考独到，与麦肯锡的相关分析互为补充，确实是一本值得细读的佳作。

麦肯锡公司全球总裁　鲍达民（Dominic Barton）

2016 年 12 月

序 言

Introduction

作为中国互联网络信息中心（CNNIC）主任，多年来一直关注和研究中国互联网的发展，得文彦之邀，为其书作序，既深感荣幸，也是责任使然。

截至 2016 年年底，中国互联网有 7.31 亿网民，其中手机用户即移动互联网用户达到 6.95 亿，用户占比从 90.1% 升至 95.1%，呈现了蓬勃发展的强劲势头。恰如本书所描述的，中国互联网已经完全进入了移动互联网时代，一个新的市场和创新环境发展壮大，其效果超出了大家的想象。CNNIC 连续 39 次发布的《中国互联网络发展状况统计报告》，如实记录了中国互联网的发展数据，被业界和学术界广泛使用，很高兴文彦也援引了报告中的很多统计数据和观点。

文彦是我的好友，是金融和投资领域的杰出专家，他非常务实地采用了大量的实例以支持他的分析，本书独特而精彩的分析将帮助读者了解中国互联网的最新变革，特别是移动互联网对中国经济发展的结构性影响，诠释了互联网怎么推动经济活动从线下到线上并且无处不在，日益增长的移动互联网经济又怎样重塑中国商业、科技和社会的未来。

近年来，互联网的发展得到了中国政府强有力的支持和推动，但是互联网毫无疑问地对公共政策制定和传统经济转型产生了巨大的挑战，特别是网络安全风险以及互联网治理方面的问题。文彦是一个特别善于思考的人，我们经常一起参加会议，包括世界经济论坛，就相关公共政策和经济发展问题进行深入的探讨，很高兴他把这些公共政策和发展战略领域的思考融入了本书。

中国社会正在经历工业化和信息化转型，中国网络经济发展的特殊性值得所有想了解中国或者想进入中国市场的全球各利益相关方关注和研究，不仅仅是政策制定者，还有私营企业、学术界和各类组织。当然，对互联网和移动互联网经济的讨论很多，众说纷纭，莫衷一是，但是本书的分析和研究非常值得借鉴，引人思考。

书是人类最好的朋友，文彦的书显然可以帮助大家理解中国互联网的变革，成为大家在这一领域的好朋友。

李晓东
清华大学互联网治理研究中心主任
中国互联网络信息中心（CNNIC）主任
2017 年 6 月

目　录

第三章
智能手机的普及与升级

第四章
全渠道零售的时代

第五章
移动电子商务和线上线下 O2O

第六章
网络娱乐

第七章
"互联网 +" 电影

第八章
互联网金融

第九章
崎岖漫长海外路

第十章
引领智能革命时代

第一章
数字经济 2.0 时代

数字
经济 **2.0**

从"实体必死"到"电商终结"

全球最大的信息消费群

超级平台之争

向产业纵深扩展：打破 BAT 格局？

引领智能革命时代

从 "实体必死" 到 "电商终结"

　　春节是中国传统中最重要的节日，但是全球华人一同庆中国新年之时，在某些方面它的规模也远远比不上一个在互联网上形成不到 10 年的节日。这就是每年 11 月 11 日的双十一网购狂欢节。每年的这一天，不仅是中国最大的在线购物日，而且也是世界上参与人数最多、总交易额最大的购物日。

　　在 20 世纪 90 年代，11 月 11 日因为是由四个 "1" 组成，被单身者称为光棍节。阿里巴巴的电商平台淘宝商城（天猫）在 2009 年举办大型促销活动，借此让网络商家及消费者更能体会网上购物的价值，从而开启了双十一网购狂欢节。如今双十一已经不仅仅是全球电商市场最重要的年度促销日，更是一场 24 小时的集购物、娱乐、文化于一身的喜庆狂欢活动。于是，双十一成为所有中国人的节日，并且随着电子商务向海外延伸，也成了世界的节日。

　　就在 2015 年购物节于午夜开启之前，阿里巴巴办了一场 "天猫双十一狂欢夜"晚会，用阿里巴巴策划者的说法，堪称史上"最互联网的晚会"。这台长达四小时的晚会，由中国顶级导演冯小刚指导，在为 2008 年北京奥运会建造的国家游泳中心"水立方"里举办。由湖南卫视直播的这场晚会，表演的众多节目也同时放在了中国主流视频网站"优酷土豆"上，而这家网站，在狂欢节的几天前，刚刚被阿里巴巴全面收购。

就像一年一度的中央电视台 CCTV 的春节晚会，2015 年的双十一庆典也包括了倒计时，来"庆祝科技提供给我们所有人的无限创新潜力"（阿里巴巴的宣传语）。为了确保 2015 年双十一是一个"全球性的购物节"，阿里巴巴的创始人马云举行遥距开市敲钟仪式，在北京水立方敲响纽约证券交易所（"纽交所"）的当日开市钟声。而同时在晚会出现的西方娱乐名人，包括歌手亚当·兰伯特和在最新的"007"电影里扮演詹姆斯·邦德的演员丹尼尔·克雷格；作为迪士尼收购卢卡斯影业后筹拍的新一部《星球大战》电影，《星球大战：原力觉醒》携片中"BB — 8"机器人亮相晚会。

在晚会开播前，利用微博宣布说甚至美国总统也会出现在狂欢节上，为双十一站台。就在庆典达到高潮时，演员凯文·史派西以他在热播美剧《纸牌屋》的美国总统弗兰克·安德伍德的造型，通过视频出现在了晚会的大屏幕上。史派西坐在白宫办公室里，遥祝天猫双十一狂欢节成功举办。"安德伍德总统"以他那标志性的南方口音，对中国观众们能利用这个节日在网上大买特买表示了羡慕，并很遗憾因为白宫防火墙而不能加入抢购……

在狂欢之外，2015 年的这场在线购物盛宴，体现了中国电子商务在 2014—2015 移动网络爆发时代的几个重要的发展趋势，并在 2016—2017 年市场整合期中更为成熟：

首先，虽然在全球市场都可见电子商务对传统零售业的冲击，但是在中国，无论是速度还是规模，都是史无前例的。2013 年，中国取代了美国，成为世界最大电子商务市场。每年一度的双十一购物节，销售额比美国的"黑色星期五"和"网络星期一"这两者之和还要多。从商品交易总额（GMV）来看，阿里巴巴现在是世界上最大的网络和移动商务公司。在过去数年，每年双十一的 GMV 一直在大幅上涨。同时，网上购物者的数量也在增多，因为来自小城市和农村的消费者也都熟悉了电子商务，形成电商未来增长的重要推动力。

图 1.1　双十一狂欢节交易量的增长（2012—2016）

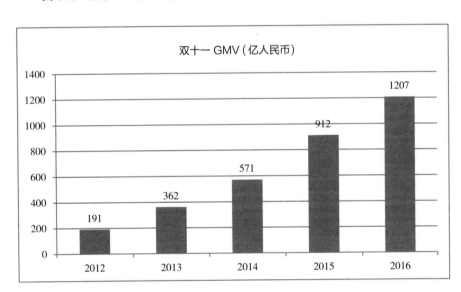

双十一 GMV（亿人民币）

数据来源：阿里巴巴（通过支付宝结算的商品成交总额）

其次，线上消费者在迅速向移动网络和智能设备端迁移。因为中国的智能手机用户数量居世界之最，"使用移动网络"这一潮流，其扩散速度就比世界其他地区要快。当有线基础设施还未能完全覆盖全国时，中国的很多人，尤其是农村地区的人群，他们的第一次互联网体验通常是在移动网络上——从他们使用智能手机的那一刻开始的，而不是在电脑上。从 2014 年起，使用移动设备上网的中国人口，其数量已经超过了使用电脑上网的人群数量，因为智能手机正在成为中国网络用户用来上网的首选设备。

　　2014 年的双十一，通过支付宝结算的 GMV 接近一半的交易（43%），都是通过移动设备完成的，比起 2013 年的 21% 来，有了明显的增长。在 2015 年，移动端已经成为交易的主要渠道，其交易量占到了总 GMV 的三分之二（68.7%）；到 2016 年，移动端占比高达 82%，显示移动网络已经成为毫无争议、无可替代的网络购物主渠道。

图 1.2　移动端成为网络购物主渠道

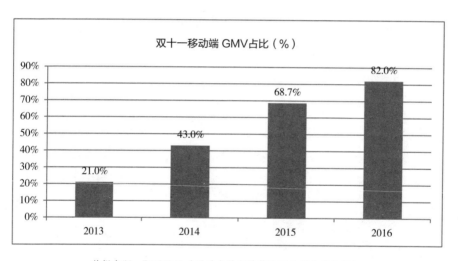

数据来源：阿里巴巴（通过支付宝结算的移动商品成交额）

　　再次，中国消费者的需求日益多元化，海外商品通过网络填补国内市场的空白。当中国消费者在线购物时，比起在实体店里，他们在零售品牌上有更多的选择。在国产商品在经历一次次的品质风波后，新兴的网上中产阶级将目光转向了海外市场，寻找高品质、正品的进口商品。由此，阿里巴巴在 2015 年将"全球化"列为关键策略，决心让购物节带给"消费者真正空前的全球购物体验"。2016 年购物节是更为国际化的一届，"全球买全球卖"成为宏大的愿景。

根据阿里巴巴的数据，2015 年狂欢节中有 33% 的总买家向国际品牌或商家购物，超过 1.6 万个国际品牌完成交易。在晚会节目里，西方品牌，比如哥伦比亚、李维斯、百威啤酒、科罗纳，都买下了广告时段来做宣传。2016 年狂欢节同样吸引了来自全球 230 多个国家及地区的买家及卖家，为中国消费者带来世界各地不同规模商家的品牌及产品。美国、日本、韩国、德国和澳大利亚是最受中国消费者喜爱的五个海外商品国，GMV 最高的品牌包括苹果（Apple，美国）、优衣库（UNIQLO，日本）和西门子（Siemens，德国）。由此，双十一也真正成了"全球"狂欢节。

最后，网络购物和移动娱乐紧密结合，使购物消费成为娱乐化、互动化、个性化的新体验。狂欢节晚会意在融综艺内容、明星游戏、移动购物于一体，消费者可以通过电视、网络、手机等平台，通过多场景互动，实现边看边玩边买。狂欢节的节目一直持续到午夜购物节的开始，在晚会过程中两支明星队伍——"天天天猫队"和"快乐天猫队"进行游戏对抗，让现场的、电视机前的以及观看优酷土豆直播的观众，都能通过手机淘宝 / 手机天猫参与互动，竞猜押宝。猜中每场获胜明星队伍的观众，可以得到赢取"1 元购"商品的机会。

当"007"演员丹尼尔·克雷格到达晚会现场，马云化身"邦女郎"与丹尼尔·克雷格玩起互动游戏，向观看这场晚会直播的观众，以 1 元的价格卖出 11 辆凯迪拉克轿车。当节目的主持人跟"007"打招呼，并要求观众"支持 007"时，消费者被引至在线订票服务站，去预订最新的"007"电影《幽灵党》的电影票。最后的最后，凯文·史派西"总统"也不忘提醒观看直播的观众们使用手机 APP"摇一摇"来赢取阿里送出的"1 元购"美国自由行机票，以便"来白宫看我"……让边看、边玩、边买的购物体验达到高潮。

2016 年购物节与"网红"深度对接，为时尚品牌实现"即秀即买"，进而引入 AR/VR 技术概念，在娱乐、互动、个性化方面达到新的高度。天猫在双十一晚会上利用 AR 技术设计了"捉猫猫"的游戏，用户可以通过 APP 活动界面上的 AR 摄像头，进行捉猫。捉猫成功后，将获得抽奖机会，用户通过参与抽奖即有机会获得双十一红包、双十一晚会门票、迪士尼乐园门票等奖品。此外，天猫宣布使用 VR 技术的"Buy+"项目将会成为现实，用户可以戴着 VR 眼镜穿越，到美国的梅西百货和日本的松本清等境外商店的场景跨境购买服装、家电、家居。

同时，张大奕、ANNA IT IS AMAZING（ASM）、钱夫人家雪梨定制共三家网红店铺单日销量突破亿元，是网红店铺第一次实现单店达到亿元销量级，显示了网红偶像与粉丝用户间互动消费模式的力量。国际品牌方面，多达 50 个全球顶级品牌在现场首次发布新品。与在传统时装周上，消费者需要等待 6 个月甚至更长的时间购买到秀场最新同款不同，双十一的这场开场秀为用户提供极致体验——长达 8 小时的时装表演通过天猫 APP、优酷视频等多平台不间断直播，粉丝们看到天桥上展示的新品系列如有心仪，可以"即秀即买"，第一时间将最新潮流带回家。

毫无疑问，移动网络已经彻底颠覆了零售消费的传统体验。但是否可从双十一的在线消费盛宴，来断言中国电商正在彻底取代传统的零售业？出人意料的是，回答是否定的。恰恰相反，就在 2015 年中，在线购物节的几个月前，阿里巴巴以约 283 亿元战略投资苏宁，成为后者——中国最大的线下零售商之一——的第二大股东。在交易时，苏宁已经在 289 座国内城市拥有超过 1600 家门店。这两家公司宣布强强联手，在在线销售和线下服务等方面合作，重点要打破线上和线下之间的商品库存和会员信息间的分隔墙。

时隔不过数周，阿里巴巴的主要电商对手京东商城，在 2015 年 8 月以 43.1 亿元的价格，获得了另一家国内主要超市——永辉超市 10% 的股份。跟阿里巴巴情况类似，京东也看中的是永辉现有的传统实体门店网络，以及后者在传统零售业的线下商户资源。电子商务巨头（阿里巴巴和京东）与传统的零售商（苏宁和永辉）的联盟，代表了在线和线下渠道的全面结合，形成了被称为"全渠道"的新电商模式。

"全渠道"模式意味着，为了增强数字消费者的购物体验，网络公司努力利用在线和线下的不同触点，来全面覆盖一个用户搜索、决策和购买商品的过程，包括了在线研究和对比价格，在实体店里试用产品，在线支付或者在实体门店支付，然后在线安排物流，或选择在特定实体门店提货。

事实上，"全渠道融合"成为最近 2016 年双十一的最大特点。相比往年，参与的线下商家更加多元，线下商场和超市，以及电信、航空、酒店、餐饮等服务业纷纷加入，电商平台利用它们的线下门店来实现线上线下联通，促进全渠道融合，为消费者提供不同购物体验的选择。同时，买家卖家进一步全球化，线上线下、国内国外的"全渠道融合"已逐步形成。在双十一这一天，已经没有线上线下主客场之分，零售卖家通过"进店购买，在线购买、物流递送，社区提货"等多种渠道、多种交易场景来触及顾客并完成交易。

而娱乐化零售，即在零售的过程中融入娱乐内容和互动，是在"全渠道融合"基础上的再一次超越。为了在消费者短暂而复杂的购物选择中脱颖而出，企业需要介入每一个影响用户做出购买决定的微瞬间。于是，成功的销售不仅仅以销售金额作为衡量指标，而且要把销售过程中的互动带给消费者的愉悦和快乐加入综合参数。综上可见，数字经济时代的成功商业模式，在于全面整合以下四项（4C）：场景（Context）、社区（Community）、内容（Content）和联系（Connection）。

图 1.3　数字经济 4C

由此才可以理解在 2016 年，第 8 个双十一时刻的"咄咄怪事"：中国电商在过去数十年高速发展，传统零售业似乎已经日暮黄昏，然而以阿里巴巴为代表的电商却转身与传统商家战略合作，使线下的实体店成了网络购物狂欢节的新热点。曾评论互联网电商对中国传统零售行业是"不断倒逼其改革"，预言"实体必死"的马云，却提出"电商终结"——阿里从 2017 年起不再提电子商务概念，而是要迈进"新零售"——也就是融合上述 4C 的全新零售模式。

当然，"新零售"只是中国数字经济大步跃进的一个例子，但已可清晰看出，数字经济远远不只是以网络交易取代传统行业线下渠道那么简单。在本书后续章节里可见，在娱乐、媒体、金融和诸多泛行业领域里，数字经济对传统模式都形成了巨大的冲击，带来新的挑战和发展机会。如果说 2014—2015 年，移动网络激发了世界上最大规模的中产阶级和社交网络，中国的网民已经正式进入了移动网络和多屏（智能手机、平板电脑、个人电脑等）时代；那么在 2016—2017 年，商业模式的探索经过反馈和挫折更为成熟，市场通过兼并而整合，互联网公司向着实体行业方向更为深入。移动互联网到了"下半场"，中国进入数字经济 2.0。

●● 全球最大的信息消费群

自中国共产党的十八大以来，以习近平同志为核心的党中央审时度势、高瞻远瞩，擘画网络强国的宏伟蓝图，中国数字经济迎来了大发展的时代。"现在人类已经进入互联网时代这样一个历史阶段，这是一个世界潮流，而且这个互联网时代对人类的生活、生产、生产力的发展都具有很大的进步推动作用。"2012 年 12 月 7 日，党的十八大闭幕不到一个月，习近平主席在深圳考察时就做出了这样的论断。

进入新常态的中国经济，增长需要新动力，经济模式需要转型，行业生态需要升级。2013 年国务院发布了"促进信息消费、扩大内需"的指导意见，正式推广"信息消费"为新的经济增长引擎。这个表达全面覆盖了信息领域中大量涌现的新产品、新服务、新业态——既包括了"基于信息科技的消费"（比如电子零售和在线银行服务），也包括了"高质量的信息产品消费"（比如在线视频、电影作品）。双十一节日里的电商与网络娱乐盛宴，就显示了这两方面日益活跃的消费热点，以及信息技术不断激发的新的消费需求。

正如习近平主席提出的："以信息化培育新动能，用新动能推动新发展，做大做强数字经济"，推动互联网经济与实体经济的融合发展，已经成了国家战略。在 2016 年 9 月召开的 G20 杭州峰会上，中国首次主持起草了《二十国集团数字经济发展与合作倡议》并通过，数字经济成为与会各国关于创新增长方式、注入经济新动力的共识。同年 11 月，第三届世界互联网大会在中国桐乡乌镇召开，习近平主席通过视频发表讲话，更深化了"创新驱动造福人类——携手共建网络空间命运共同体"的普世主题。

根据中国互联网网络信息中心（CNNIC）的官方数据，截至 2016 年底，我国网民规模达 7.31 亿，普及率达到 53.2%，超过全球平均水平 3.1 个百分点。

中国网民规模已经相当于欧洲人口总量，是世界上数量最大的网络用户群。由于中国的手机品牌的崛起，高性价比的智能手机迅速在中国所有地区流行了起来。对于很多中国网民，尤其是在中小城镇的人来说，他们上网经常是依靠手机而不是个人电脑——事实上，他们首次上网，就是在他们开始使用智能手机的时候。

因此，移动网络用户在所有网民中的比例飞速提升。根据 CNNIC 的数据，在 2014 年年中，中国有超过 5 亿的人使用移动设备上网，首次超越了使用电脑上网的人的数量。到了 2016 年底，中国有世界上最大的移动网络用户群——6.95 亿人，占据了上网总人数的 95% 以上。台式电脑、笔记本电脑的使用率均出现下降，手机不断挤占其他个人上网设备的使用。未来的趋势似乎是智能设备将接近 100% 上网使用率，因为越来越多的新网民跳过了固定电话和个人电脑，直接进入了智能移动设备的年代。

图 1.4　移动网络用户占比的飞速增长（2007—2016）

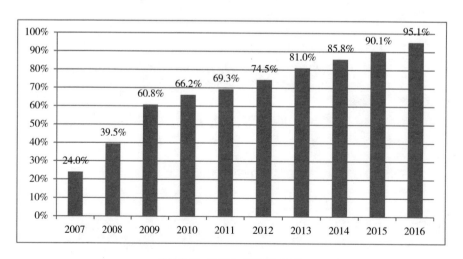

数据来源：CNNIC，2016 年 12 月

　　所以，中国市场除了无与伦比的网民数量，同样使之独特的还有一个事实，那就是中国也是世界上最大的"移动优先"和"移动唯一"的市场。如前所述，智能手机是用户上网的首选终端。这就解释了中国用户从一开始就偏爱大屏手机，以它作为一个舒适的平台来通过移动 APP（而不是个人电脑）处理几乎所有的生活事务和社交网络。另一方面，对于国内尚不成熟的服务领域，移动应用提供了无可替代的服务。比如，中国的信用卡系统不发达，这意味着对于众多用户来说，移动支付是"第一个"也是"唯一"的非现金支付方式。根据极光研究 2016 年的数据，平均每个手机用户安装了超过 50 个移动应用（50.8），并且平均每个月增加 3.4 个新应用。

　　同样具有中国特色的是，移动互联网在中国的主题是休闲和娱乐，而不是进行传统的信息搜索和电子邮件传递。这与中国网民的构成是以年龄在 39 岁以下的年轻人为主有极大关系。根据中国互联网络信息中心（CNNIC）的数据，截止到 2016 年底，中国网民中有大约 75% 年龄介于10—39 岁，29 岁以下的网民超过一半（占 53.7%）。中国网民的年轻一代，

图 1.5　中国网民的年龄结构

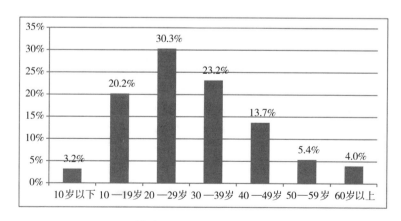

数据来源：CNNIC，2016 年 12 月

已经把他们的娱乐习惯转移到了移动网络上；而社交网络的渗透，又对年轻一代的消费习惯产生巨大影响（下一章将更详细地分析在数字经济中中产阶级的消费新特征）。

当前，中国的 80 后和 90 后移动网民逐渐成为消费主力人群，消费特点也从高价格敏感度转向个性化需求。据《2016 麦肯锡中国消费者调研报告》报告显示，中国消费者的消费品类正从产品到服务、从大众产品到高端产品转变：消费者开始增加提升生活品质及体验的开支，如 SPA、旅游和休闲娱乐等。超过四分之一的消费者声称愿意在休闲娱乐上花更多的钱消费。通过下表国内前十大被安装的移动应用 APP，可见移动用户在社交、购物和娱乐等方面的集中关注，可以看到互联网传统三巨头 BAT 在行业中的现有布局优势。

图 1.6　渗透率最高的前十大移动 APP（以用户安装数为基准）

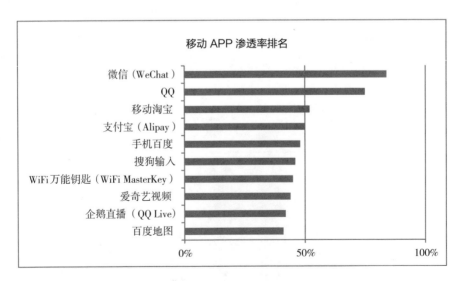

数据来源：极光研究，2016 年 12 月

● 超级平台之争

以在线娱乐和社交网络为核心 DNA 的腾讯控股，拥有两大流行移动短讯和社交网络 APP 微信和 QQ，稳坐榜单的前两把交椅（极光研究的另一组数据显示，腾讯拥有每日用户活跃度最高的前十个移动 APP 中的五个）。

即时通信是第一大上网应用类型，在网民中的使用率超过 90%（CNNIC 2016 年数据）。由于其随身、随时、拥有社交属性和可以提供用户位置的特点，即时通信逐渐从以前单一的通信工具演变成支付、游戏、电商等高附加值业务的用户入口，以其庞大的用户基数为其他服务提供了巨大的潜在商业价值。微信的朋友圈和 QQ 空间都是从即时通信工具所衍生的社交网络服务，而微信也相应成为一个整合移动商务、内容和娱乐的超级 APP 系统。

在电商方面，移动端的发展打破了商品购买的地理和时间限制，极大地丰富了购物的场景选择。阿里巴巴将淘宝的传统线上领先地位带进了移动购物世界，而其掌握的移动支付系统支付宝更加固了它的垄断地位。如图 1.7 展

图 1.7　2016 年中国移动购物交易的市场占比

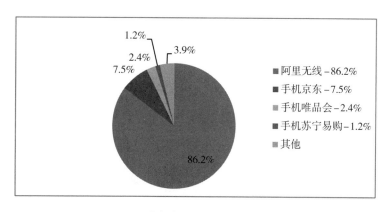

1.2%　3.9%
2.4%
7.5%

■ 阿里无线 – 86.2%
■ 手机京东 – 7.5%
■ 手机唯品会 – 2.4%
■ 手机苏宁易购 – 1.2%
■ 其他

86.2%

数据来源：艾瑞咨询

示的那样，阿里巴巴在 2016 年占据了令人震惊的 86.2% 的移动电子零售市场
（事实上，它在移动购物市场中的份额，比它在整体线上零售市场上的份额还
要大）。

搜索引擎巨头百度曾经自喻"冰山"，海面上是手机百度和百度地图两
大入口（两者都在上述前十名排行榜中），中部是核心业务搜索，海底则是
O2O（线上线下连接）的 3600 行。的确，服务 LBS（地理位置信息）搜索
是城市居民在每日忙碌通勤时的高频活动，也是 O2O（线上线下连接）业务
的核心。

图 1.8　位置 / 地图搜索能力是 O2O 商业模式的关键

然而，虽然在 PC 时代百度凭借着搜索业务牢牢占据着互联网的核心位置，
是掌握着信息分发的最重要入口，但是移动互联的特征是去中心化，流量不再
集中在搜索这一行为上，而搜索本身也更为分散（例如用户可以通过社交网络、
点评网络、订票网络等进行针对不同生活服务的搜寻）。由此，百度在搜索和相
关 O2O 业务中的地位发生动摇（后面章节会提到，O2O 业务曾是百度近年来的
重点发展方向，但在 2017 年从战略角度有所调整）。

必须强调的是，具有 BAT 背景的娱乐内容消费 APP 也在前十大排名之
列——包括百度的爱奇艺、腾讯视频（企鹅直播）和非常接近前十的被阿里收
购的优酷土豆（注：不同市场研究报告的数据对三者排名有所不同，但都不出

前十左右）。根据 CNNIC 的数据，智能手机在 2015 年年底已经成为网民观看视频的领先终端，排在电脑和电视前面。移动端的娱乐内容是网民在"碎片时间"的优先选择，因此对于 BAT 各自的网络帝国具有难以估量的战略价值：这不仅仅是一项重要收入来源，而且也是为了获取用户在自己平台上长时间停留的"黏性"。

总之，以 BAT 为代表的网络巨头以其不同的传统优势——信息搜索、电子商务和社交网络——进入了移动端的竞争，它们的共同的目标，就是创建一个自己的移动世界，让消费者可以完全沉溺进去，而不需要任何竞争对手所提供的服务。这个概念经常被称为一个"大平台"（或是"生态系统""闭环"等类似用语）。这种平台应该能够将每一种可能的零售商品、娱乐内容、生活服务，与寻找它们的消费者连接起来，无论是国内还是海外，线上还是线下。就如在新零售的例子中显示的，大平台将四个"C"（场景、社区、内容和联系）随时随地相连。

在"大平台"的概念下，BAT 凭借各自集团现有的巨大优势——用户流量、数据积累以及充裕的资金，在电影、专车、医疗、金融、电影、人工智能、机器人、联网汽车等各种相关领域跑马圈地。通过投资和收购，它们的势力范围早就远远超越了它们的传统核心领域，全面覆盖中国互联网的每一个角落。因为每一家的目标，都是创建一个自己的"生态系统"，所以它们相互间的布局非常接近，竞争也因为同质化而日益激烈。

在本书中的许多案例中，都可以看到 BAT 在细分领域中各有投资，缠斗厮杀。在同质化的竞争里，"烧钱"——以大量补贴来吸引用户——成了在中国市场最有效的推广方式，而市场与资本已经质疑这样的商业模式了。值得庆幸的是，中国数字经济已经逐渐成熟：从 2015 年初起，中国互联网迎来了一个前所未有的并购高潮，产生了诸如滴滴与快的、滴滴与优步中国、58 同城与赶集网、美团网与大众点评网、携程与去哪儿等百亿美元数量级的并购。这一系列的并购不仅减少了"烧钱"竞争，也形成了一批"新小巨头"，改善了整个中国互联网生态。

对于这批合并后诞生的新巨头，它们的体量、规模已经极度逼近 BAT 的边界。例如，今日头条、美团点评和滴滴三家已被称为 TMD 阵营。作为 BAT 与创业公司之间的中间层公司，它们开始挑战 BAT 的垄断地位，将竞争大趋势从用户（C）规模的横向扩展转化为对产业（B）的垂直纵深影响。当互联网公司向实体产业链、业务链的纵深进发时，不仅可以找到差异化的竞争定位，也更可能发现可持续盈利的业务模式。

● 向产业纵深扩展：打破 BAT 格局？

当互联网公司向实体经济深入，也意味着"互联网 +"的思维更为深化和成熟。从"互联网 +"的字面上看，其基本概念是"连接"。互联网将传统行业与顾客更紧密地连接，可以直观地为双方创造价值，包括：

● 增强市场透明度，消费者可以简单方便地对比众多公司的产品信息和价格。

● 满足长尾需求。线上市场可以集合所有的品牌和产品信息，这样在线消费者的选择，就比他们在实体店的选择要多得多。例如，在生鲜食品区，跨境电子商务为消费者提供了直接买到海外产品的机会。

● 提高商家的管理效率。例如，通过联网商家可以更及时地掌握库存信息。

● 降低交易成本。制造商可以跟消费者直接交流，减少中间环节。

● 引入新的竞争。网络急剧降低了入行门槛，这样创业公司就可以飞速起步、扩张然后参与到竞争里，使市场更有效率。

"互联网+"的更强大、更重要的影响在于，在全面消费升级、服务驱动的大背景下，传统行业可以重新评估其业务模型，实现商业模式的创新升级。换言之，"互联网+"主要倡导的是"网络思考"，而不只是"网络连接"，更不仅仅是使用电子商务作为另一种销售他们产品的渠道而已。在第四次全球工业革命（即当前基于互联网和智能技术，继蒸汽技术革命，电力技术革命，信息技术革命的又一次全球科技革命）的潮流下，未来传统行业将以"互联网思维"，将网络科技贯穿它们的所有业务。移动网络的"创造性破坏"（constructive destruction）几乎在所有的细分市场里都在进行，并且这种转型的速度和规模超过其他发达国家。

在零售业领域，中国绝大多数县级城市至今也没有类似美国沃尔玛、7-11品牌的连锁超市，由此对应，那些地区的电子商务在零售业商业总额的占比远远超过欧美市场。也就是说，当地的零售业，已经跨越超市、购物中心、连锁店门店等传统零售业态，直接从百货商场这一业态跳跃进入了电子商务时代。然而，在电子商务不断渗透之后，线上用户对于便利度和消费体验又提出更高要求，线下店面的体验价值又重新凸显。

比如，Nike Running 跑鞋品牌的新店里，消费者如果不清楚如何选择一双适合自己的跑鞋，可以请店员通过足弓测量等一系列专业办法，帮忙选择合适的跑鞋，而不像在线上只能按号码挑选。跑步族还可更进一步，用试穿鞋在跑步机上跑一段，感受一下试穿的跑鞋是否真正适合。在线下体验、线上支付消费模式里，交易在线上发生还是线下发生并不重要，电商平台与实体店也不再是对立的关系。真正重要的是线上线下相互补充，为用户提供最佳的消费体验；并且积累每一笔消费的数据，在未来为消费者提供更个性化的服务。

同样的变革也在服务、娱乐、媒体、金融和其他传统行业领域中深化。例如，从表面上看，在互联网时代线下观影增多非常出人意料，因为网络娱乐正在经历爆炸式增长；但这恰恰表明互联网对中国电影业形成了"互联网+"的深层次影响。事实上，电影业是所有O2O（线上线下）模式下增长最迅速的领域之一。在一部电影的完整生命周期里，社交网络的广泛影响贯穿始终，使观众对于电影内容有了前所未有的话语权。新型电影制作的趋势是利用网络数据了解观众喜好，然后根据需求定制电影。就像在餐馆进餐一样，新时代的电影爱好者喜欢主动定制自己喜爱的菜肴，而不是被动地坐在那里等厨师决定。

图 1.9　移动网络贯穿电影制作、发行和放映过程

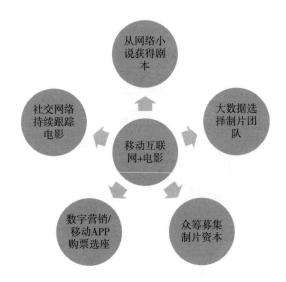

通过上述范例可以看出，传统企业和数字经济企业最大的不同，就在于传统时代重视顾客，互联网时代重视用户。顾客是一次性交易的终点，只有在交易时点出现，而在交易结束时便消失。用户则恰恰相反，全程参与企业的业务价值链，并且需要企业主动地长期维护。在数字经济里，产品和服务为企业和客户建立了一个初始联系，但更重要的企业行为是理解客户和管理客户。所以，数字经济企业的核心战略从产品销售转变为创造用户资源，而企业也从产品的提供者变成客户的运营商。

由此就可以理解，为什么作为电商龙头的阿里巴巴会提出"电商终结"，把自己定义为一个数据公司。电商、金融、物流、营销等场景，都是为阿里巴巴产生数据的渠道；而公司通过大数据技术，又把数据价值运用到电商、金融、物流、营销中去。换言之，业务场景创造了数据，又使用了数据。其奇妙之处在于，它不是消耗性的资源，而是越用越丰富。在本书中许多细分市场案例中，都可以看到数据在市场发展过程中的循环作用，并且带来巨大的发展空间。

如果说过去工业经济跟信息经济数字经济很少有交集的话，那么现在由于数据的力量，互联网技术和生产制造已经全面结合。有关实体经济和虚拟经济的争论就不再重要了，因为它们都在数字经济中统一了——或者说，数字经济已经形成了一种新的实体经济。它既包括以云计算、大数据等新一代科技突破所带来的增量市场，也包括激发传统产业转型升级所盘活的生产消费存量市场。无论是增量市场还是存量市场，都会产生大量新业态、新模式（可以统称为"新经济"公司）。

所以，长期的 BAT 格局在新业态、新模式出现后将彻底打破。以阿里、腾讯为代表的消费互联网巨头，利用过去在消费领域的大数据、云计算基础，开始深入到更为复杂的线下产业。同时，其他巨头凭借各自实体资源参战，如万达的商业地产、小米的智能硬件、京东的物流配送系统。再加上 2016 年以来的兼并收购形成的美团、滴滴等"新小巨头"，更多的"新经济"公司将主动向产业纵深扩展来寻找差异化，市场也一定会出现更多互联网业与传统企业的大规模兼并整合。

从另一个角度看，中国传统经济与生活方式同欧美发达国家间的差距，恰好是在第四次工业革命中跨越式发展的机会。一方面，制造、物流、交通、教育等诸多传统领域相继都将被互联网所改变和重构；另一方面，各种生活消费、娱乐等的场景也在涌现出新的数字经济模式。依托无与伦比的网络用户数量和相应的数据资源，中国有机会在这次信息化的革命里成为重要的创新中心，实现对欧美市场的弯道超车。

● 引领智能革命时代

数字经济已经成为当今中国技术创新、服务创新、业态创新最为活跃的领域。不久之前，中国的科技公司追随着硅谷的足迹发展，还是以成本低廉的山寨产品以及对网络商业模式的模仿而闻名。但是在智能手机逐渐普及之后，第二代创业公司围绕着爆发式增长的移动消费用户群，在商业模式和产品特色上，形成了独特的创新。于是，市场看到是 2CC 的兴起。

从应用的角度看，中国市场的进化方式与西方发达市场比起来非常不同，它进入移动时代的步伐要快得多。中国的后发优势恰恰成为其最大的优势，因为它实际上是从头开创了许多新业态。移动互联网消费方式在中国受热捧，很大程度是因为传统产业的不成熟，改进空间巨大。例如，PC 个人电脑不普及让没有电脑的人纷纷通过廉价简单的智能手机上网，信用卡不成熟让手机支付更容易推行，餐饮服务营销服务落后使互联网外卖雨后春笋般涌现……

事实上，在大部分 O2O 业务中，移动终端都是"唯一终端"，所以中国市场的后发优势更为明显。例如叫车服务 APP：一个人可以在电脑上发布内容，向其他人分享信息和资源，但是他没法儿在街道上打车时也背着电脑，司机也没法儿把电脑安装在自己的车里。在这样的"移动唯一"领域里，市场数据显示美国叫车服务公司优步在中国的服务比在美国的发展还要迅猛得多。优步在全球的搭乘量最多的三大城市——广州、杭州和成都——都出现在中国。

所以，中国市场最独特之处，就是中国是世界上最大的"移动第一"和"移动唯一"的市场这个事实。在中国，电脑和信用卡还远未普及到每个人，因此中国用户总是无时无刻不在使用手机，而中国也因此在诸多移动商务的应用、业态和模式方面获得了跨越式发展，成为全球行业的领头羊。就像优步中国的例子里展示的那样，新的移动应用，在中国要达到可观的规模，所需的时间比在别的地方要短。因此中国市场不仅是最大的用户市场，也是最好的移动应用的实验室。

由此，在下一代移动应用的创新上，2CC 兴起将成为新的潮流。更重要的是，中国新兴的创新环境，正在创造出一个引人注目的创新浪潮，从移动互联网延展到人工智能、3D 打印、无人机、机器人等广泛领域。随着独具中国特色的原创功能、原创应用、原创模式越来越多，中国在未来科技产业发展方向上可能会拥有更广泛的话语权——而不仅仅是在移动互联网的应用领域。

中国的创新生态圈汇聚了从 BAT 这样的成熟网络公司"毕了业"的创业者、具有国际视野的网络公司和它们经验丰富的企业家、无限的年轻高校毕业生，大量的天使投资者和风险投资，以及成熟的"中国制造"工业制造业体系。他们有机协同，聚力将中国打造成世界上最具潜力的创新中心之一，使创新公司不断涌现。这种生态圈的有机发展，类似硅谷系统过去几十年所经历的乘法效应——由来自英特尔（Intel）、谷歌和贝宝的几代创业领军人物在硅谷创建了一拨又一拨的创业公司。

图 1.10 中国的创新系统

更重要的是，中国新一代科技公司正在迈向全球科技创新的最前沿，已不再以西方公司为基准了。随着物联网、云计算、大数据、人工智能等技术的发展，互联网正由 PC 互联网、移动互联网进入新的发展阶段，即智能互联网（SMART INTERNET）阶段。在新的浪潮里中国公司与国际公司几乎站在同一起跑线上，正在全面地参与激烈的全球竞赛，从移动互联网延展到人工智能、3D打印、无人机、机器人等广泛领域。在当前中国市场，代表最新人工智能方向的智能硬件和智能资讯发送等已经崭露头角。

在下一波"万物互联、万物智能"的浪潮里，中国市场的独特优势，是它无与伦比的网络用户数量和相应的用户数据。截止到 2016 年底，中国的网民数达到 7.31 亿（超过了欧洲全部人口），其中手机移动上网用户数达到 6.95 亿，移动用户在互联网人口中的比例（95%）都超过了欧盟、印度和美国。数字经济 2.0 下的用户数据，在整个经济活动中变成主要生产要素，成为科技公司的重要公司资产，也是未来中国创新的基础。

图 1.11   各国移动互联网用户的比例

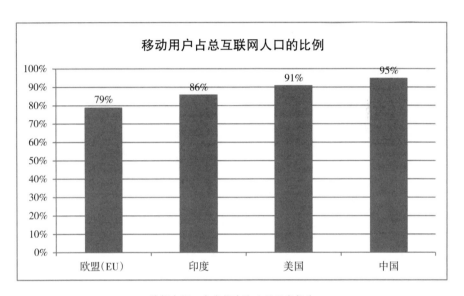

数据来源：麦肯锡咨询公司研究报告

　　如果说在数字经济 1.0 时代，美国硅谷代表了技术原创的中心，而中国则代表了最大的应用市场，那么在 2.0 时代，中国市场与美国硅谷同样具有领导创新与流行的态势，而不仅仅是一个流行追随者。依托无与伦比的网络用户数量和数据资源，中国有机会在下一波全球信息革命里成为重要的创新中心，可以跟美国硅谷一起创造未来。

第二章
全球影响力: 用户、合作、投资、竞争

数字
经济 2.0

百事可乐 vs 可口可乐（微信广告战）

中国特色的"数字"中产阶级

社交平台：海外品牌的新渠道

跨境电商：海外产品的新通道

国际投资者：最大赢家之一

不都是赢家：商业模式的重塑要求

第四次工业革命：技术领域的中美正面战场

● 百事可乐 vs 可口可乐（微信广告战）

2014 年，百事可乐在中国春节期间，用它的微信公众号，发布了"把乐带回家"广告。利用微信的特色，百事帮助人们在这个传统节日里，有创意地以数字形式向亲朋好友传递美好祝愿。

中国用户可以把自己的声音录音发送给这个公众号，然后公众号会将其混音并制作成"把乐带回家"主题曲，再发送到用户在全国范围内的亲朋好友的智能手机上。除此以外，语音功能让用户可以自己添加音效，比如添加马匹疾驰而过的音效，来庆祝马年。这里传达的品牌信息就包含在主题曲里，而百事可乐的商标这两个字也巧妙地通过"乐"字的双关语融进了广告里，因为百事可乐，在中文里的意思是"在一切事上快乐"。

跟百事可乐一样，可口可乐也发起了相似的当代华语流行歌曲"可乐歌曲瓶"活动。对于每一句歌词，可乐瓶上都有一个二维码，可以用微信的扫码功能去读取。扫了二维码后，就激活了一个歌曲的短小片段，包括了类似《宝贝对不起》等流行华语歌曲，还有同年的巴西世界杯主题曲；同时，这个歌曲片段可以在微信以及其他社交媒体平台上分享。

通过添加歌曲印在可乐产品上，可口可乐将其饮料包装变成了一个自我表达的媒介。中国饮料消费者可以通过分享他们选择的可乐歌曲，来表达他们当时的不同情绪和感受。这次活动流行起来以后，也激发了粉丝的热情，去收集印着不同歌词的可乐罐和可乐瓶，就像过去人们集邮一样，这就引发了更多的消费者的关注。可口可乐通过添加可在社交网络上分享的音乐，将可口可乐这一全球品牌，转型成了消费者的独特的个人体验。

百事可乐和可口可乐，在微信社交平台上相互广告竞争，这是跨国公司在拓展中国业务时，利用了移动网络科技的巨大影响的一个绝佳范例。一个像微信这样的移动社交网络，不仅仅向用户提供了全新的短讯服务以及娱乐频道，而且还重塑了消费者行为，改变了围绕着它的商业上的利益相关者。通过携手微信，这两个国际品牌，改变传统的促销方式，为消费者带来全新的产品互动体验，在销售产品的同时实现品牌价值积累。数字科技对于消费者在产生消费决策时是如此重要，如此强大，以至于连在中国发展了几十年的跨国企业，都在全方位地重新思考它们在中国的营销策略。

与老牌传统消费品品牌相比，全球知名的两性健康品牌杜蕾斯（在国内几乎是避孕套的代名词），更是在网络平台上将广告创意和用户服务推到了极限边缘。与本身品牌的特性相对应，杜蕾斯将其官方微博定位成为一个"有一点绅士，有一点坏，懂生活又很会玩的人，就像夜店里的翩翩公子"。当跨栏世界冠军刘翔在奥运跨栏赛上失利，杜蕾斯官方微博迅即发出这样一条微博：最快的男人并不是最好的，坚持到底才是最强大的。

而在微信平台上，杜蕾斯微信账户为用户提供了关联敏感信息的互动营销。根据提示输入"杜杜家族"，可以看到杜杜系统中推荐的产品列表，而复制相应的信息列表再粘贴到对话框中，则可查看产品详情。随后，系统会出现一些诱人的提示，例如，"回复您的星座名试试看，杜杜给你挑了款适合你的产品噢！"用户在读到这条信息时，恐怕都会忍不住好奇，输入自己的星座试一试，然后在打开的页面中下载一个客户端，"阅读全文"，仔细看看杜杜将会提供的更多服务（你懂的）。

从更宽广的角度来看，在全球范围内，中国的电子商务已经在移动网络营销方面到达领先地位；与此同时，伴随数字经济一同成长的中国消费者还在要求更为创新的线上线下购物体验。这也为从未涉足中国的外国公司打开了新机会的大门，因为在新的时代，它们甚至可以不需要有在中国的实体店。就像本章里提到的那些品牌和零售商的例子表明的那样，对于在中国的跨国公司和任何想把产品带入中国的公司，能否掌握移动网络策略，能否发展出社交网络广告营销，可能就决定了其成败去留。

●● 中国特色的"数字"中产阶级

通过全球化增长，中国在 21 世纪形成了世界上最大的中产阶级（根据国际咨询公司的数据，已经达到相当于美国总人口的 3 亿人规模，而且在未来 7 年里还将翻倍）。除了它的规模和重要的可支配收入之外，新兴的中产阶级更有独特的中国特色：他们迅速地接纳了互联网和移动应用，他们的日常活动的消费都已经全面的数字化了。

根据中国互联网络信息中心（CNNIC）的最新年度报告，截至 2016 年底，中国拥有世界上最大规模的移动网民人口，达到了 7 亿网民，而其中，使用手机上网的占了 95.1%。他们更多地使用网络来进行娱乐活动和消费——发送短讯、社交网络分享、打在线游戏、看电影等视频以及购物——

而不是为工作搜寻相关的业务信息，这就为中国消费者市场带来了全方位的巨大变化。

首先，新一代消费者，不仅熟悉移动电子商务，并且对线上交易充满信任。

因为拥有智能手机的人很多，而国家的宽频通讯基础设施做得好，中国的消费者在刚拥有消费能力时就直接开始在网上购物，而他们也迅速地变成了移动网络购物者。他们飞快适应了新技术和数字媒体，所以他们对电子零售系统使用得非常熟练。比如说，西方消费者更喜欢干净的、流线型的网页设计，而中国购物者更喜欢繁杂的、紧凑的网页设计，因为这似乎能创建出一种快节奏的购物氛围。

CNNIC 的 2014 年度报告已经发现，中国网民对网络的态度，更多的是"信任和分享"。2014 年 12 月，54.5% 的网民在在线信息里展示了信任，而在 2007 年这一数字是 35.1%。根据国际邮政公司（IPC）在 2017 年初公布的数据，相对于其他国家的消费者，中国消费者更倾向于在线购物，36%的消费者每周至少网购一次。对在线信息流的信任，成了社交信任不可分割的一部分，这就给那些电子商务和网络金融的深度网络的应用和发展打下了社会基础。比如说，缺少资金进行传统广告营销的品牌，现在可以在线吸引消费者并且在很多情况下，它们在线跟消费者的互动，是传统媒体做不到的。

其次，社交网络对消费者的购买决策有着巨大的影响力。

社交网络进入中国的时间不长，但根据科尔尼资讯公司在 2014 年发布的关于网联客户的报告（Connected Consumer Study），中国消费者在做购买决定时，对社交媒体的依赖程度，已经是美国消费者的十倍之多。普华永道咨询公司（PWC）早在 2014 年的全球零售调查就显示，86% 的中国消费者都是通过社交媒体来购买产品的，而世界范围内，这个数字只有 48%，并且差不多所有的中国消费者都会利用社交媒体来发现、研究和评价品牌。

这其中的缘由，在很大程度上可以用文化差异来解释。在中国，社交、应酬和购买行为融汇交织在一起，导致中国消费者倾向于在做购物决策之前，习惯于询问朋友的看法。消费是社会互动的延伸，而购买决策不仅仅是为了满足个人需求和欲望，而且还成了个体之间的关系不可分割的一部分。另一个文化差异在于，中国消费者对正式的宣传通常持怀疑态度，就连质量证书也难免会遭受质疑。相反，他们更看重自身关系网络中熟人的推荐。于是，社交网络平台成了中国电子消费生活不可或缺的一部分。

中国消费者对社交媒体的飞速适应和深入使用，为那些想要了解巨大数量的中产阶级并与其互动的公司，创建了独特的机会。社群经济正是基于互联网社群而形成的一种经济思维与模式：在网络技术提供的平台上，社群成员基于社群的归属感和认同感而建立社交网络。在社群内部的横向沟通，社群及成员新的需求自然形成。因此，诸如博柏利（Burberry）、雅诗兰黛、迈宝瑞（Mulberry）、星巴克这样的海外品牌，都在积极地利用社交网络来发展在中国的新营销策略。

其中最重要的例子就是微信。它以即时短讯 APP 的形式起步，现在已经进化成了国内最大社交网络所支持的移动商务系统。它的社交网络功能，在不少重要方面塑造着消费者行为。很多品牌也利用它这个高效的渠道，来跟消费者互动。尤其是对于定向营销来说，微信有着特殊价值。比如，一个年轻的白领，可能有一个高中同学群，一个大学同学群，一个研究生同学群，一个前同事群，一个现同事群，等等。每一个群，都关系着特定的共同社会行为：前同事群可能会定期聚餐，而研究生同学群可能主要是分享 IT 研讨会内容和主管人员培训机会。结果是，微信群可以被市场营销者目标化，为特定的群提供定制产品。本章的下一部分，将会详细分析它们在微信上进行营销活动的一些精彩案例。

第三，网络将空前数量的海外品牌，带入了中国消费者的视线内。

当中国消费者在线购物时，比起在实体店里，他们在零售品牌上有更多的选择。对于品牌产品，电子商务是一个重要的渠道，可以将它们的分销扩展到一线城市以外的区域，将产品售卖到非一线城市的、依赖在线购物的消费者手上。再者，在线娱乐内容的爆炸性增长，给中产阶级展示了范围更宽广的品牌选择。品牌形象被精心地植入到背景音乐、电影、电视节目、运动节目和其他内容里，然后通过众多视频网站，触及从沿海城市到乡村地区的广大中国观众。

比如，香槟或者气泡酒在中国的特殊场合或者庆典仪式上，没有红酒那么流行，但是由于近几年的中国电影大片"小时代"系列（被视为中国版的"欲望都市"）中的有关片段，在年轻一代人的心里，激起了对法国香槟的新兴趣。这个电影系列，描画的是上流社会 20 多岁的女孩子的生活方式，同时给观众看到了大量的时尚品牌。在其中一部"小时代"系列电影中，当女主角们在意大利罗马街头追逐一个小偷时，她们一同飞奔经过很多时尚品牌的旗舰店。

第四，年轻一代消费者是彰显个性的消费者。

中国消费者，既是活跃的电子商务买家，又是积极的社交网民。这两者的组合，引发了一个新的社会现象，叫作"晒"，这种行为对于数字化营销来说至关重要，这种营销的目标群是出生在 20 世纪 80 年代和 90 年代的年轻人。她们享受着奢侈品牌所代表的地位，而且持续迈向更上一层的奢侈品牌。

白领阶层总是盯着视频网站上西方电影和电视剧里的最新的产品和潮流。甚至连年轻的农民工，收入显然不是很高，但可能都愿意花一个月的工资，购买诸如苹果手机这样的高端产品。同时，他们的商标品位也不断成熟：年轻的中产阶级不再以手袋或服装上装饰的商标为潮流，而是喜欢国外当地的奢侈品牌以及有传统的国际品牌和小众品牌，以彰显个性。

与此对应，年轻的消费者喜欢在线上分享他们独特的体验。事实上，在线"炫耀"（或者说"晒"）他们的生活方式是很多中国年轻人的社交的一部分，（比如某人刚刚买下来的奢侈品，或者某人正在用餐的高级餐馆）。而与此对应的重要的身份象征物，是通过视觉内容——照片和视频才晒的，所以像微信这样的社交网络平台为这种行为提供了完美的平台。CNNIC 的 2014 年度报告数据显示，60% 的中国网民喜欢在线分享他们的体验，13% 的网民非常喜欢这么做，而 47% 的网民相当喜欢这么做。尤其是年纪在 10 岁到 19 岁的网民，差不多 66% 都非常喜欢或相当喜欢分享体验。

具体来说，国外化妆品牌一直都是中国消费者喜欢晒的类型，因为他们很享受紧跟流行走的感觉。此外，就像本章后面会讨论到的那样，国外的新鲜食品是新类型的"消费得起的奢侈品"，深受年轻的中产阶级欢迎。比如说，他们消费像加拿大黑莓或者智利樱桃这样的进口水果时，通常会在他们的朋友圈里晒一下。对于品牌来说，"晒"意味着年轻网民并不是被动消费者，他们其实是积极地在社交网络里寻找一种渠道，来表达他们对某品牌的欣赏（或者他们也可能会在社交网络上表达对品牌的不满）。大品牌非常关注社交网络上的"晒"的行为，因为这是一个重要的营销渠道，可以更好地理解年轻消费者。

总之，因为新的移动连接，这一代年轻的中产阶级消费者经历和体验了诸多全球品牌，同时对定制和个性化的产品和体验，有着强烈的需求。每一个品牌，都得产生独特的火花，来持续跟年轻的炫耀型消费者互动，并为他们在网络社交平台上的活动提供新的素材和内容。比如，英国皮革品牌迈宝瑞（MUL-BERRY）为方便注册的微信用户浏览而为 APP 专门提供部分皮革产品和数字产品目录，而且用户可以观看迈宝瑞 2014 年秋冬季广告活动的幕后场景——该次活动请来了超模卡拉·迪瓦伊。

图 2.1 洗发水十大品牌 2016 选票比例（%）

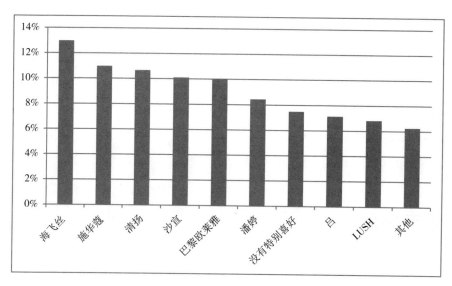

数据来源：《第一财经周刊》市场问卷 2016 年 10 月

　　以《第一财经周刊》2016 年对流行品牌市场调研中的洗发水品类为例：多年来前三名几乎都被宝洁系列的品牌所垄断，但在 2016 年只剩下了功能性最强的海飞丝排列第一，同样强调柔顺功能的飘柔和潘婷已经被品牌形象更为高端的施华蔻取代，其原因可能在于这两个品牌无论是在产品内核还是营销手法上都缺乏创新和创意。当消费者发现功能性上更为优质或是在营销手法上更有趣的品牌时，就迅速将注意力分散给了那些新品牌。其中英国品牌 LUSH 则借着其手工、天然、趣味、可食用等特点抓取了喜爱猎奇的消费者。韩国品牌吕则打着韩国草药配方的招牌，给予网络视频发烧友们身处韩剧场景变身韩剧女主角的幻想，借助跨境海淘的兴盛，在进入中国市场后很快获得了关注。

　　所以，海外品牌需要重新思考在这种新背景下它们在中国的广告营销策略。西方品牌不能像它们在 20 世纪 80 年代和 90 年代刚进入中国做的那样，仅仅是将他们的全球广告翻译成中文了事。在数字经济下，新消费者群的品牌忠诚度下降，而更依赖于他们自身的体验，因此品牌必须不断地通过更新它们所对应的文化与故事（brand identity）来创造新的市场身份。就像本章示例中展示的那样，本土化的营销，加入时代流行或传统文化（比如百事可乐的主题曲契合了中国的春节传统），并且引入中国在线用户的参与行为（比如可口可乐歌词瓶的收集，或是用户悄悄询问杜蕾斯微信账户有趣的信息），证明是维系和重塑品牌忠诚度的有效方式。

● 社交平台：海外品牌的新渠道

微信既可以发信息，又可以传图片，还能聊天，是融合即时通信和社交网络的超级APP。利用微信的短讯、图片和语音功能，品牌可以很容易地展开多媒体市场营销活动，这种活动由大量用户生成的内容支持。比如，跟上述可口可乐和百事可乐市场营销活动相似的还有麦当劳的微信语音营销，进行的"巨无霸说唱"比赛，来推广它的招牌产品巨无霸汉堡包。

"巨无霸说唱"的背景是著名歌唱秀"中国好声音"节目主持人华少，他总是以一段语速飞快的独白开场，来介绍节目并且感谢赞助商。麦当劳让顾客以"华少风格"来一段"巨无霸说唱"，然后把他们录下来的视频或者音频传给麦当劳的微信账号。无数的玩笑成功地吸引了公众的积极参与。尤其是这次"巨无霸说唱"的主题十分随意、轻松且有趣，这也非常契合麦当劳的品牌定位。

有趣的是，微信营销的最戏剧化和最成功的范例，就来自直接跟微信联系着的移动支付服务"微信支付"的推广（在本书稍后有关移动购物支付和互联网金融章节中，还将对这一案例做更详细的分析）。

为挑战阿里巴巴在电子商务界的一家独大地位，腾讯进入了移动支付领域，而这一领域，过去是由阿里巴巴旗下的支付宝掌控的。微信支付于 2014 年春节期间，发布了"数字红包"这个活动以后，在用户使用上有了突破性进展。数字红包服务，让人们可以很方便地通过银行账户（而非现金），在节假日给亲朋好友送礼物，并且它不仅仅是简单的金额转手，还包含了额外的特色，令这个过程更加有趣和吸引人。这次活动异常成功：上亿用户在春节期间，守着他们的智能手机抢红包，而且他们还愉快地把自己的银行卡信息注册到了微信上，摇身一变，成为微信支付的用户。

同时，微信上的目标化营销，可能会在未来为品牌提供更多广告价值。大体上说，微信用户的年龄、性别、兴趣、教育背景、社会行为和消费习惯，这些信息都可以被零售商用来更加详细地筛选目标消费者，而不必继续通过大量的电子邮件和公众微博来推广产品了。因为微信也是一个短讯 APP，它能够让品牌同其追随者，有类似一对一的交流。无数的西方公司，都接受了微信，来以一种成本低廉而且容易受到广告接收者欢迎的方式，去跟它们的粉丝进行交流：没有多余的横幅，没有重新定向的点击链接，而且很快就能得到追随者回应的评价和建议。

为何微信能给我们如此大的想象空间？其根本原因在于微信聚集人的方式和传播信息的方式与现有所有媒介都不相同。微信的核心功能是满足熟人之间的沟通需求，这也是人最底层的需求之一，在此基础之上，微信建立了一种基于熟人的、有界限的、F2F（视频支持的面对面，英文名词 Face to Face 的简称）的、社会化的信息传播方式，使得信息的传播更精准、更具有说服力和更具效率，同时也提出了更高的要求。

从企业促销推广策略的发展演化看，其经过了三个阶段，从原始的促销奖励到互动的激励，再到跨界整合的"社交式促销"，其营销效果越来越明显。微信具备一定的即时性、互动性、可见性、影响性以及无边界的传播性等特质，其十分适合企业的广告宣传和推广。企业可以通过二维码发送把受众的焦点迅速集聚到自身产品上，从而进行一系列的营销活动。在微信中寻找自己的特定市场，为潜在客户提供个性化、差异化服务，以软营销征服潜在受众，打造更优质的品牌服务。通过社交平台，企业能自定义很多功能，能充分和顾客互动。

表2.1　企业促销策略：三个阶段

	方式	效果
促销1.0	简单直接的折价或优惠（例如"再来一瓶"或是"集包装换礼品"）	企业与消费者是一次性交易，无法让消费者真正形成品牌好感
促销2.0	企业尝试建立专属会员服务平台和积分兑奖网站，以常态化的促销奖励积累用户	缺少互动，消费者对于品牌难以形成真正的归属感
促销3.0	移动互联网与社交平台（如微信公众号、商品编码、电商平台）	将消费利益和消费乐趣同时实现，消费者在体验流程中不知不觉地关注品牌，实现了消费用户和品牌粉丝的双重集聚

当然，社交营销也有需要仔细考虑的方面。例如，当设计一个品牌的社交媒体对话在一些封闭的社交网络圈子里引发对品牌的负面评价时，公司可能没法儿及时发现并且及时做出回应。换言之，移动互联网下公司的危机处理能力必须更强。此外，习惯于实时沟通的消费者在面对公司公众号时，也会期待着公司可以回应他们的每一次反馈，而在他们的期待没能被直接满足的情况下感到失望。因此，营销者必须建立并维护好同消费者持久的双边互动。

● 跨境电商：海外产品的新通道

　　因为中国的消费潮几乎是 21 世纪才出现的现象，所以国内零售消费市场仍然是碎片化的。与美国相比，中国还没有出现跟美国的沃尔玛规模相类似的全国零售连锁店。虽然近期涌现了大量的购物中心，但是总体覆盖率还是很低，大约是每一百万人对应两家购物中心（差不多是美国的十分之一）。

　　与此对应，网络覆盖和电子零售业的增长填补了这个需求空白。像阿里巴巴这样的在线市场出现了，这不仅将卖家和买家连接了起来，而且提供了相关的支持服务，比如市场营销、物流和支付。在线市场扩充了消费品供应，因为小型商家现在也能参与进来了。根据阿里巴巴的数据，到 2015 年时，阿里巴巴的电子商务网站上已有一千万企业在做小规模买卖。

　　电商的发展也为跨境交易创建了发展机会。中国电商市场的总体规模在逐步攀高，而作为电商行业中较为年轻的跨境电商，代表了最快发展的领域。2012 年 12 月，由国家发改委、海关总署共同开展的中国跨境贸易电子商务服务试点工作全面启动。跨境电商逐步进入商家和消费者的视野，一批海淘网站出现。2010—2013 年，中国跨境电商得到初步发展，以 C2C 代购模式为主的洋码头、跨境电商购物经验分享社区小红书相继成立。2014 年，阿里巴巴发布了专用的"天猫国际"，来为售卖海外产品的在线商铺提供平台。

　　很快，在市场前景和政策红利双重驱动下，京东、天猫、亚马逊、网易等互联网巨头纷纷进入，跨境电商平台更为多元。对于小型西方公司来说，这些平台特别有用，因为通过这样的渠道，可以向世界上增长最快的消费者市场推广很多产品，而且还不必在中国开实体店。在线推广也意味着速度更快、范围更广地接触到中国的消费者（包括更多"小而美"的非标长尾商品，这是实体店无法做到的）。根据 Analysys（易观）的 2016 年底数据，跨境电商在总

体电商中所占的比重不足 10%，服务更趋专业化，因此跨境电商市场增长空间
巨大。

　　比如，2015 年英国皇家邮政在阿里巴巴的天猫上开了在线店铺，作为一个
链接来将中型和小型英国公司同中国消费者连接起来。皇家邮政会处理必要的
公司文档，也会提供诸如市场营销、推广和客户服务之类的支持服务。作为回
报，皇家邮政会接受产品销售任务，还有通过它的包裹速递部门的物流费用。
这一安排，目标在为英国零售商和出口商提供接触中国市场渠道，因为小商家
自己负担不起在中国开实体店的费用。

图 2.2　你在跨境电子商务网站上买哪个国家的产品买得最多？

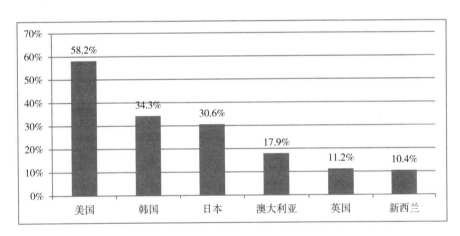

数据来源：CNNIC，2014 年 12 月

　　对于新兴的网上中产阶级来说，对高质量产品和服务的需求从来没有这
么强烈过。在国产商品经历一次次的品质风波后，许多人将目光转向了海外
商品上；另外在物流、服务、售后等不断改善下，人们也更容易淘到心仪的
海外产品。

　　根据 CNNIC 的 2014 年底数据，在跨境电子商务网站上的中国消费者，最

多购买的是美国市场的产品（占 58.2%），来自韩国（34.3%）和日本（30.6%）的产品紧随其后（见图 2.3）。

图 2.3　2015 年网购用户海外网购的商品品类

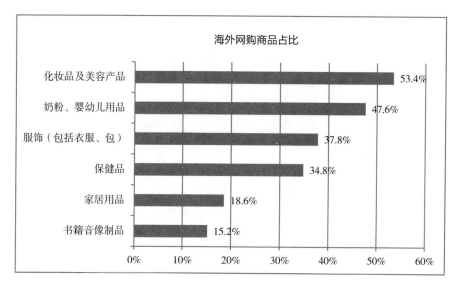

海外网购商品占比

数据来源：CNNIC，2015 年 12 月

目前，化妆品及美容产品是海外网购第一大消费品类（见图 2.3），而食品是中国市场上增长最快的板块之一（如外国奶粉），因此也是阿里巴巴、京东和其他电商的一个重要部分。当国外奢侈品牌引导着潮流时，最新最酷的产品则是来自海外的新鲜食品和水果，比如新西兰的羊肉，阿拉斯加的螃蟹，墨西哥的牛油果，这不仅仅是消费者的消费升级，也反映了中国公众对食品安全问题的强烈关注。近些年，中国消费者对本土食物的信心，受到了一连串食品安全丑闻的震撼，那些丑闻，将所有人变成了食品安全专家，甚至促成了百度公司的一次意外科技创新。

案例：百度筷搜

2008 年，因为婴儿配方牛奶中被广泛发现添加的三聚氰胺，众多中国消费者对商品安全开始重新评估。后来的地沟油事件，更震撼了整个国家。让众多中国消费者震惊的是，"地沟油"指的是废油从餐馆的煎锅、除油器，甚至下水道收集来，随后重新回收，变成非法的食用油。

围绕"地沟油"，却带来了百度公司的一次意外科技创新。每年愚人节，科技圈会恶作剧地宣布一些子虚乌有的创新。在 2014 年愚人节，百度在官网宣布要推出 dulife 梦幻手环。该手环的独特之处是，可以还原佩戴者的梦境。与此同时，百度发布了一段创意概念视频，视频里是一种可以鉴别菜里有没有地沟油的智能筷子。结果，大众对于还原梦境并不热切，但这双"筷子"却因触碰了中国消费者"食品安全"的普遍痛点而受到广泛关注。

在同年 9 月的百度世界大会上，百度 CEO 李彦宏宣布这个"认真的玩笑"已从概念变成产品，叫作"百度筷搜"。这种"智能筷子"设备上的传感器可以收集 pH 值、温度等数据，然后向连接的智能手机 APP 传输数据，向用户提供对测试的油的数据分析。百度还宣称未来将研发可识别奶制品三聚氰胺、鉴别土鸡蛋、鉴别真假羊肉串等功能的新版本。

2015 年 5 月的 One Show 国际创意节上，"百度筷搜"代表中国一举斩获 3 项金铅笔奖、1 项铜铅笔奖。同年 6 月，"百度筷搜"斩获了戛纳创意节技术创新金奖。但是一些食品专家已经警告过，地沟油生产者可以想出对付智能筷子的手段。因为传感器只能测出少数的变量，用于分析，而根据专家的说法，地沟油的生产者，可以很容易地添加相关的化学物质，来让地沟油产生一个假的安全测试结果。看来市场需要百度不断创新，来满足人们对更高质量健康生活的渴求。

类似于百度筷搜，信息技术公司还出过一些有创意的建议，但是它们仍然没能提供一个彻底的解决方案。一些创新使用了数据技术来追踪食品运输过程，确保食品不会在运输途中受到污染。比如，佳沃集团——联想集团的子公司——是中国最大的点对点水果公司。它在中国和国外拥有大规模农业运作，产出高质量水果，而且它还发展出了"整个运输链的可追踪性"APP，来追踪食品，从种植园一直到消费者的餐桌上。使用智能手机 APP，消费者可以很简单地扫一下食品包装上的码，然后得到水果的运输信息，还能检查农场的土壤和水的检测信息。

然而，因为普遍的食品丑闻已经撼动了消费者的信任，中国消费者对他们智能手机 APP 上的认证信息也持怀疑态度。他们担心，这种认证信息也是编造的。甚至连科技公司生产出来检测化学物质的智能设备，比如百度生产的智能筷子，也被消费者怀疑是奸诈的食品商家下的套路。因此，对于进口食品的需求迅速增长。中国市场研究集团在 2015 年的市场研究显示，为了有一定的安全感，很多消费者愿意支付 30%—40% 的额外费用来购买进口牛奶、肉类、水果和蔬菜。

2013 年，阿里巴巴的在线市场天猫，开始支持美国食品公司直接将产品运送到中国消费者手上，获得了中国消费者的热烈响应。比如，2013 年，太平洋西北地区的农场主，通过阿里巴巴平台将 180 吨樱桃卖到了中国，并在中国引发了樱桃热潮，在 2014 年的销售量更是翻了三番，达到了 600 吨。受到市场增长鼓励的电子商务公司，纷纷与外国政府和生产商签下新鲜食品和水果的订单。阿里巴巴在电子商务上的主要对手京东，也同美国、澳大利亚、法国等国合作，开始经营跨境食品电商。

2016 年 4 月 8 日颁布《跨境电子商务零售进口税收政策》（以下简称"4·8 新政"）影响重大，但从新政后的第一个"黑色星期五"（每年 11 月的第四个星期五，也即美国感恩节第二天）来看，消费者对于跨境产品的需求并未受到"4·8新政"影响，跨境需求的高速增长趋势没有改变。

2016年11月底，国内各大跨境电商企业的"黑色星期五"活动落下帷幕。在2016年"黑色星期五"促销活动中，天猫国际用7小时就超越了去年同期全天交易额；亚马逊海外购销售额与去年同期相比实现翻番，同时是当年"双十一"当日的6倍；京东全球购的个人洗护、3C等品类的订单量为去年同期的两倍，保健品类的销售额实现翻番；洋码头的交易额超去年同期的6倍，人均消费近3000元，增长超两倍。

当然，不容忽视的是，跨境电商的政策在2016年逐步成型。相关部门在税收、跨境支付、海关等一系列管理方面将愈加规范化，进口电商免税时代将逐渐走向终结，这也迫使平台在政策红利消失下加速专业化。从短期看，跨境电商政策红利消失，各厂商确实受到了较大的冲击，经历了一段时期的阵痛；但国家相关部委在进行了实地调研、听取了各方意见后，做出了正面清单（即只有清单上的商品能够按照跨境电商零售进口的新税制来进口，清单之外商品仍执行一般贸易税收政策或行邮税政策）暂缓实施的决定，给了跨境电商行业足够的喘息和过渡的时间。例如在2016年"黑色星期五"开始之前的11月15日，商务部宣布将"4·8新政"的过渡期截止时间从2017年5月延长到2017年底。其中，与普通消费者关系紧密的税制调整仍继续执行，商品正面清单暂缓执行。

从长期看，国家相关部委出台的一系列有关跨境电商的政策法规，主要是为了维护国内消费者的合法权益，维护国内商业环境的公平，以及维护现有法律法规的严肃性，其目标是引导跨境电商行业向着法制化、公平化、规范化的可持续方向发展。跨境电商在总体电商中所占的比重不足10%，市场增长空间仍然巨大。根据阿里研究院发布的《2016跨境电商发展报告》，2015年，中国跨境电商（包括批发和零售）交易规模达4.8万亿元，同比增长28%；预计到2020年将达12万亿元，占中国进出口总额约37.6%。

然而对于外国商家来说，通过跨境电子商务进入中国，仍须面对若干瓶颈。

首先，物流已成制约跨境电商发展的最大痛点。物流配送效率一方面影响卖家的运营成本控制（物流成本过高），另一方面关乎用户体验。目前，中国电商已开始整合资源，欲打破物流的瓶颈（派送时间过长）。中国目前没有一家类似美国 FedEx、UPS 等公司的可以服务全球的电商物流企业。与此同时，中国 70% 以上的跨境电商物流是由跨国企业完成的，中国快递物流企业在全球的物流服务、网络和全球服务能力、国际市场份额、技术管理水平等方面，竞争能力太弱。例如，对国际特惠产品，跨境递送的时间比起国内大部分地区熟悉的当日送达还有极大的差距。可喜的是，为了提高用户满意度，阿里巴巴、京东、网易考拉海购等都在大力投资相应的跨境物流供应链。

表 2.2　国际特惠产品——华北与国际各区间发送时间

	发送时间
美国	4—7 天
日本	4—6 天
欧盟国家	5—8 天
巴西	8—10 天
俄罗斯	12—14 个工作日

数据来源：顺丰（某快件服务参考时效表）

其次，外来货必须面对价格方面的激烈竞争。对于大多数日常必需品，国内的价格要低廉得多，而且在很多情况下，还提供当天到达的免费物流服务。外来的标准产品，成本价本来就更高，加上额外的进口税和海运费用，再要在拥挤的中低端市场上竞争，是非常困难的。由此，外国商家必须把他们的产品跟那些本土对手区别开来。来自海外农场的水果等新鲜食品就是一个好例子：因为中国消费者对食品安全的担心，它们能流行起来。另一个范例是西方的时尚品牌。这些产品可以收取溢价，来覆盖进口税和运输费用，因为中国消费者常常觉得外国品牌要更时尚，而且比本土品牌的质量更好。

最后，虽然外国商家不必在中国开设实体店，但是电子商务平台当然不是免费的（交易手续费和其他费用）。更进一步说，商家可能仍然需要在中国开一些实体店或者与本地商家合作，来理解一个全新市场的微妙细节。尤其是，在线上线下不断融合的大背景下，一个实体店可以在线上竞争白热化的市场里以不同角度吸引消费者的注意。比如，美国品牌 GAP 在阿里巴巴的天猫上开了在线商店，但是也有在中国的实体店。

🌑 国际投资者：最大赢家之一

在中国的数字经济和电子商务大步迈进的时候，国外金融投资者变成了最大的赢家之一。它们早年向 BAT 进行相当规模的投资，而现在已经有了几百亿元的资本收益。比如，日本投资公司软银，早在 1999 年就向阿里巴巴投资，在阿里巴巴上市时，它持有其 34% 的股票。南非媒体集团纳斯帕斯，在 2001 年向腾讯进行大规模投资，当腾讯上市时，它持有 38% 的股票。下列图表展示了国外公司在 BAT 的控股，以及公司在 2017 年中期的大约市值。京东的资历相对来说较短，规模也较小，但是它超过五百亿美元的市值同样吸引来了众多国外机构的投资。

图 2.4 阿里巴巴（约 3500 亿美元市值）

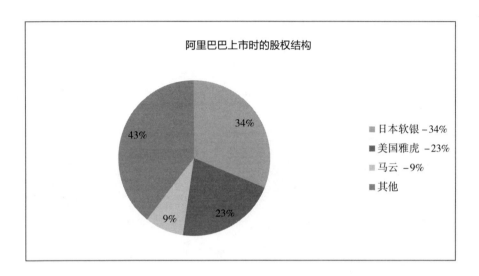

图 2.5 腾讯（约 3500 亿美元市值）

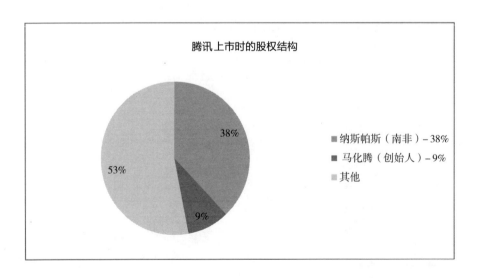

图 2.6　百度（约 650 亿美元市值）

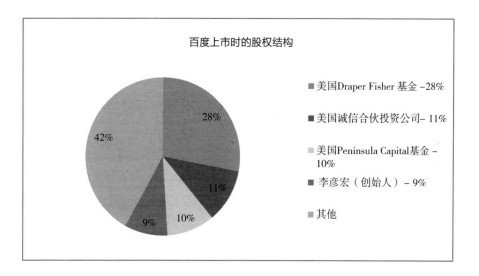

图 2.7　京东（约 500 亿美元市值）

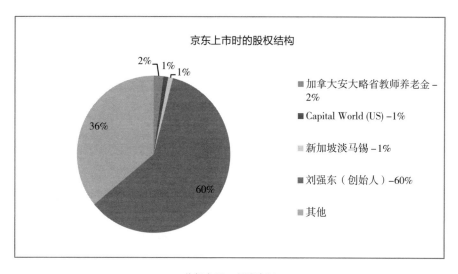

数据来源：彭博资讯

向这些中国移动电子商务公司投资，在很大程度上就是投资于中国消费力的迅速增长，以及移动电子商务作为更重要的渠道已经渗透进入所有传统行业这一不可避免的潮流。本书里，有不少例子都是关于中国最新的数字经济公司的成长故事。如果说第一代公司——BAT——的故事是"国外模式适应中国"（企业家将西方市场的网络公司模式搬到了中国），那么新一代创业公司的故事就是"全新模式生于中国"。新一代中国公司利用中国市场的巨大规模和迅速增长，创造出了先进功能和独特商业模式。此外，它们还在海外市场上进行稳步扩张，往全球科技巨头的方向迈进。

⬤⬤ 不都是赢家：商业模式的重塑要求

当然了，中国的移动商务革命里，不是每一个玩家都是赢家。一些消费品公司没能意识到，中国的零售业转型的速度是多么快，而变革又是多么彻底。根据 2015 年尼尔森调查的数据，大约一半的中国消费者已经在网上购买食品了（这比率是全球消费者的两倍之多）。然而中国的一些最大的跨国公司，对这种重要潮流的反应很慢。

比如，在线食品销售商的出现，是对沃尔玛这样的实体连锁超市的最大的威胁之一，但沃尔玛的应对比起移动互联网的爆发速度明显太慢。沃尔玛进店消费顾客的数量已经在逐年下降，因此它被迫加强它的在线营销策略。尽管沃尔玛是最早那批在中国开网上商店的零售商，但是一直到 2015 年，它才开发了一个移动 APP，让消费者可以在智能手机上下单，然后选择是送货上门还是消费者去自提。非常明显的，沃尔玛在线上市场的滞后，影响了公司近年来在中国的表现。

　　事实上，根据欧析企业管理咨询公司在 2015 年发布的一份报告的分析，从 2010 年起，几乎所有中国的主要食品销售商，都经历了近乎持续的负增长。在这段时间里，它们的销售增长几乎全部来自新开的门店。大型传统零售商的萎靡不振也传递到了生产它们货架上的消费品产品的国际品牌公司。比如，联合利华过去 20 年，在中国一直保持着日常必需品的领导地位。但是 2014 年的第三、四季度，公司宣布自己在中国的季度销售额下降了至少 20%，这震惊了市场。

　　换句话说，在中国改革开放初期，海外名牌可以轻而易举地用它们的品牌产品，占领传统零售商的货架，但移动电子商务的出现改变了竞争。

　　首先，像阿里巴巴这样的在线市场，汇聚了所有的品牌和产品，这样消费者在网上购物时，就有了多得多的选择。再者，在新鲜食品和水果的领域里，消费者可以通过跨境电子商务直接买到国外产品。因此，消费品的制造商，如果想要打入在线市场，可能就得为在线市场开发更复杂的品牌和产品组合。

　　其次，在移动电子商务时代这个大背景下，每一个品牌都在智能手机的屏幕上，努力吸引着用户的注意力，这时候，那些占据了实体店货架的显眼位置的国际品牌，它们的传统优势被削弱了。与此同时，对科技敏感的年轻一代，越来越不爱看电视节目，而电视广告就无法再吸引他们的注意力了，这意味着移动设备上的市场营销，正在变得越来越重要。然而，传统的海外品牌却还在寻找它们的数字营销策略之中。

　　第三，可能也是这场变革最具挑战的方面，那就是在数字零售市场（e-retailing）上，网络效应（network effect）的影响巨大。那些太晚进入在线市场的品牌，它们的产品销量很可能一开始就很小，这样它们在类似阿里巴巴的在线市场站点上的搜索排名就会比较低（因为销量是排名的一个重要参数），由此在线消费者要挑选这些产品就会变得更困难。换言之，那些对在线策略反应迟钝的公司，它们在移动战场上的路是一条满是荆棘的上坡路。

　　让这场变革变得更加复杂的是，线上线下两个市场之间的界限越来越模糊，各方都在重视线上和线下消费者行为。因为中国实体店铺的房租直线上涨，而在线零售商的物流中心则可以放置到租金低廉的地区。比如，京东是一家直销电子商务网站，但是它也同便利店合作，来分销新鲜和冷冻的食品，消费者可能会选择去便利店里挑选产品，也可以选择由电商直接送货到家。

因此，传统的跨国零售商的应对，是通过扩张在线业务和线下店铺开张、发展多渠道功能来进行反击。在互联网背景下，它们把店铺变成分销枢纽，利用它们的品牌信任来吸引在线消费者，并且使用它们现存的店铺网络来提供多渠道购物体验，比如在线下单然后去店铺提货。2015 年，联合利华在京东的跨国电子商务平台——京东全球购上开了一家店铺，创建了一个在线渠道。沃尔玛在 2015 年的活动，就包括了重新整修现有店铺，增加实体店的数量，以及为智能手机开发一个全新的购物 APP。考虑到跨国零售商的规模优势（在许多种类产品里都有最大的购买规模）和它们的先行者优势（拥有最佳位置的店铺将继续吸引消费者），它们仍将是网上市场的强有力竞争者。

● 第四次工业革命：技术领域的中美正面战场

总之，移动转型已经对所有在中国市场做生意的公司产生了巨大的影响。在中国的数字繁荣里，国外投资者掘到了一桶又一桶金，更多的消费品公司看到了把正在扩大规模的中产阶级发展成客户的新的途径，早就打进中国市场的跨国公司开始重新思考它们在这个充满变数的市场里的策略。然而，真正的最正面战场是在技术领域本身。毫无疑问，全球科技产业的竞争版图本身，因为出现在中国的网络和科技公司而深度变化，而硅谷的科技巨头也无法忽视在太平洋彼岸出现的强劲的竞争对手。

过去十年里，诸如亚马逊和易贝这样的美国科技公司，都受到了中国市场的吸引，主要是因为这个市场的巨大规模以及因此带来的潜在机会，但是它们早年在中国发展得并不理想，障碍是语言、监管和文化壁垒。然后它们继续把重心放在美国和其他发达国家市场上了。类似的，面对着中国数字经济 2.0 这样一个其规模和增长速度在世界上没有对手的市场，中国本土的公司，诸如BAT，都选择了先占领国内市场，再进行海外扩张。于是，在每一个区域和产品类别里，中美市场都各自有极具规模的公司布局。有趣的是，在未来，一方的本土市场都是另一方为维持增长而必须攻占的最重要的市场。

从这个角度就可以理解，中国的两大电子商务公司，阿里巴巴和京东在纽约交易所的首次公开募股，并不仅仅是展示了中国市场上的移动网络繁荣和经济模式转换。它们的美国上市——阿里巴巴在纽约股票交易所上市，京东在纳斯达克股票交易所上市——既撼动了海外资本市场，也震惊了全球虚拟世界（因为中国公司正在进入美国对手的本土市场）。尽管过去十年，中国公司和美国公司分别形成了两个独立、隔绝的本土市场，但是两者之间的竞争正在升温。除了在彼此的领土上的正面战争，中国和美国的科技公司也在其他的全球市场上碰面了，尤其是在亚洲和非洲的新兴市场。相信在美国硅谷的科技巨头都近距离地感受到，中国和美国的科技玩家之间的全球化竞争已经进入了一个全新时期。

从某种角度看，中国公司目前面对的来自海外市场的挑战，非常像美国公司，比如亚马逊和易贝，在 20 世纪杀进中国市场时面对的挑战。十多年前，这些美国科技公司也是被中国市场的巨大的用户基础和迅速的市场扩张吸引而来。然而，文化、语言、政治和技术上的背景，比它们想象中要复杂得多。于是它们很快撤退，转而选择了在过去这些年里，把精力集中在北美和欧洲市场上。

然而，在数字经济 2.0 和第四次工业革命的背景下，中国科技公司的海外扩张是必然的大势，别无选择。虽然在中国国内总能获得更多的增长，但是这个世界上增速最快的市场，将不可避免地缓慢下来，而中国顶级科技公司必须探索并找到它们的下一拨 10 亿客户，来维持自己的业务增长。在这个意义上，扩张进入海外市场，事关生死存亡。虽然它们迈向海外市场的旅程充满了挑战，但是有它们的海外上市和重要的国外投资机构股东，阿里巴巴、腾讯和其他的中国公司应该有可能比多年前美国公司在中国做得更好，更能处理好文化差异。

正因为移动经济的本质是相互关联的，所以硅谷巨头和中国的网络公司都在市场的很多领域里，建立一种亦敌亦友的微妙关系。中国市场上正如火如荼进行着的创新，对硅谷以及全球科技业的领头的科技公司来说，具有战略价值。基于中国新兴的创业生态系统，中国科技和网络公司将可能为全球市场提供特色创新产品和商业模式。这两个市场之间的交互影响与发展，贯穿了本书的所有章节。

第三章
智能手机的普及与升级

智能手机行业的变局

小米：线上崛起的黑马

OPPO 与华为的逆袭

竞争还在手机外

◖◗ 智能手机行业的变局

在 2014 年的最后几天，急速崛起的中国智能手机制造商小米，由其创始人兼 CEO 雷军宣布完成了新一轮融资，总融资额达 11 亿美元。就在几个月之前，2014 年夏天，小米刚刚坐上中国智能手机市场——也是世界最大智能手机市场的头把交椅。与小米手机标志性的在线市场营销步调一致，创始人是雷军通过社交网站微博上的认证账户宣布融资交易完成。

在 2014 年底这一轮融资，小米公司估值达到了 450 亿美元（接近雅虎的市值），甚至排在那个月早些时候刚刚到达 410 亿美元估值的美国打车公司优步之前，使它成为当时世界上最具价值的创业公司（优步的估值随着其后来的新一轮融资而超越了小米）。中国和西方的移动科技世界，自然地关注这个新兴公司。在中国这个越来越成熟的市场上，同国内综合科技企业以及诸如三星和苹果这样的国外巨头竞争，它能继续保持它的领先地位吗？最重要的是，小米有多大的可能性，能把它在低成本智能手机上的成功模式，应用在更多的智能产品区域，来变成一个新的全球网络科技巨头？

然而，在 2015 年国内手机市场开始有出现用户饱和和增速放缓的迹象，而智能手机品牌之间的战争变得白热化。不久之后，在 2015 年第三季度，中国科技巨头华为，占据了国内智能手机销售第一的位置，而小米的同期出货数量出现了自 2010 年起的首次下降。忽然，这个引人注目的创业公司能否在竞争愈加残酷的中国智能手机市场上维持它的高增长，出现了未知数。

随后，小米在 2016 年经历了最困难的一年。2015 年全球出货量排名中国第一的小米，在 2016 年全球排行榜中跌出了全球前五，被国际市场数据公司 IDC 归在"其他"类别里，而之前位列小米之后的华为、OPPO 和 vivo 后来居上，分列三到五名（见表 3.1）。

表 3.1　全球前五大手机厂商的市场份额（2016 年全年）

全球前五大手机厂商	市场份额占比
三星	21.2%
苹果	14.6%
华为	9.5%
OPPO	6.8%
vivo	5.3%

数据来源：IDC

目前从全球市场来看，苹果、三星、华为进入三强争霸阶段，国内由华为、OPPO、vivo 三家组成了新的一线阵营。并且，在三星和苹果相较 2015 年都在全球市场份额有所下滑时（三星上一年占比 22.3%，苹果则为 16.1%），分列三到五名的中国手机厂商，都在 2016 年同比增长，显示了它们出色的竞争实力。未来智能手机市场的发展方向在哪里？以"互联网公司"定位的小米和其他智能手机品牌将如何在更大的智能硬件市场中重新定位？

⬤⬤ 小米：线上崛起的黑马

　　小米是中国智能手机市场上最大的成功案例。它创建于 2010 年，最初融资只有 4000 万美元。雷军同前微软和谷歌的工程师林斌（共同创始人）合作，带领着其他五名工程师在北京郊区的小办公室里创建了小米。2011 年 8 月，小米发布了它的第一代智能手机米 1（参考时间点是，苹果当时已经在发布 iPhone4 了）。同时，它开始设计一个自有的 MIUI 软件平台，类似谷歌的安卓系统，来支持小米手机。

　　小米最初的目标用户是年轻人，完全通过互联网线上进行市场营销；而它的产品在网上激发的关注，吸引了很多追赶潮流的青年消费者。不到五年的时间里（到 2014 年），小米成了中国领先的智能手机品牌（尽管不少中国的市场研究公司偶尔会发布不一样的排名）。但是小米从来都不把自己当作一个高端设备制造商。它坚称自己是一家网络公司。即使有人非得把它和它的主营业务智能手机联系起来，那么它也是一家有网络细胞的智能手机公司。

　　小米在前几年的飞速增长和领先地位，其实就是移动互联网在中国市场迅速普及的一个缩影。而当前智能手机市场所出现的新的发展变化，例如品牌升级、线上线下渠道融合等，也在智能手机之外的数字经济领域中同样出现，贯穿于本书的其他章节。因此，在讨论小米目前面对的竞争和挑战之前，有必要先回顾一下当年令它成为智能手机市场上的世界最大黑马的几大因素。

　　首先，在它的智能手机发布以前，就累积了一批年轻的核心客户（"米粉"）。在 2011 年 8 月小米发布它的第一代智能手机之前，有一年多的时间小米一直在做基于安卓的 MIUI 软件平台。这个 MIUI 系统，积累了 30 多万发烧友

（他们称自己为"米粉"），他们是小米智能手机的最初的核心消费者。小米手机专注于那种年轻的、受过高等教育、想要智能手机但是消费不起高端品牌的消费者。虽然他们的购买力有限，这些年轻用户都懂网络并且活跃在社交网络上，而他们在网上论坛同公司的互动，以及他们之间进行的交流，都加强了米粉的根基。

因为它已有的粉丝群，小米的第一代智能手机——米1，在两天之内就销售一空，而米2和后续产品也以相同的风格很快售空。每一种新机型，最初都会在它的网站上以限时抢购的方式限量销售（大约有50 000台）。那些抢到了的幸运者，会在米粉的论坛上晒手机，这就制造出了对产品的潜在的需求。小米的竞争对手指出小米只是刻意制造出了短缺，来进行饥饿营销，以此制造话题（当然，忠实的米粉并不认同）。如今小米的饥饿营销，并不像过去那样有效了，这可能是因为产品已经不再新奇，或者也可能是因为公司的竞争者纷纷提供相类似的产品，侵蚀了粉丝根基。

其次，在中国市场爆炸性增长期间，使用低价策略来飞快抢夺市场占有率。智能手机在中国，在某种意义上就像十年前的个人电脑。对于很多中国人来说，智能手机是一种身份象征。人们非常关注他们接触的圈子里的人都在用什么手机，甚至连收入不高的人，都迫切想要一台"能上台面"的智能手机。诸如苹果和三星这样的高端品牌并不覆盖巨大规模的中低端市场，而小米的低价、高性能设备，成功地迎合了众多中国消费者想要第一台高质量智能手机的欲望。

小米的米系列产品（旗舰版）和红米系列产品（经济版）都是在价格上极具竞争力的产品。它于2014年发布的旗舰版米4，其硬件规格只是略逊于iPhone6，每台的售价大约在330美元，比iPhone6售价的一半还要低，而红米的价格只是苹果价格的四分之一。需要注意的还有，中国的电信运营商环境，对小米非常有利。运营商补贴的下降，使更多的中国消费者去购买跟运营商无关的独立品牌设备，这就为新的低成本品牌的发展创造了空间。

与此同时，小米在提供一流的金属材质外壳、屏幕分辨率、芯片处理器、摄像头和其他功能上不遗余力，以保证它的低价是跟高质量产品联系起来的，而非"便宜产品"。设计上它跟苹果的相似性，也令它在众多中国消费者眼里，成了苹果的替代品。再者，它的在线市场营销策略和在社交媒体里激起的浪花，持续地创造出了一种有吸引力的形象，同年轻、时髦的生活方式联系了起来。有以上种种因素，小米成功地为购买力一般的消费者创建了一个充满激情的品牌。

值得一提的是，小米接受销售智能手机的低利润，这是其创始人雷军设计的网络商业模式的一部分。小米的计划是利用它高质量的智能手机，来很快吸引一大批忠实的追随者（就像苹果手机那样）；随后的一个主要收入来源，将来自对伴随着手机的服务和配件收费。类似于美国电商亚马逊发布了低价的Kindle，来鼓励消费者购买更多电子书和娱乐内容的做法，它也计划要通过为用户在网上的其他需求提供专有软件来收费。在公开采访里，雷军曾经评论说，网上的"最好的产品"——网民最喜欢且最常使用的产品，比如电子邮件和最具娱乐性的内容，都是免费的。他相信，一家网络公司，要吸引用户，最快的方法就是通过一款免费提供的旗舰产品，这也正是小米一直在通过售卖接近成本价的产品来吸引并聚集这么多用户的原因。

第三，利用网络大幅降低营销广告成本。 国内大型电讯和科技公司如联想、华为和中兴，传统上主要通过运营商来销售智能手机；而小米从一开始，就几乎完全通过网上售出所有手机。小米的调度系统就很像美国戴尔电脑的"准时化"生产模式：因为手机是在线预订并分销的，小米能有效地缩短消费者需求信息的流通时间，因此也拥有了非常快速且高效的供应链（值得一提的是，因为在线销售没那么透明，所以独立市场研究公司给出的产业排名数据有时候是相互矛盾的，于是品牌的相应排名就变得不确定和有争议了）。

这种在线模式保证了小米不必担心分销商的成本，因为电子商务销售只涉及仓储和物流的费用，这也契合了小米对自己的定位——"一家互联网公司"。依据同样的基本原理，小米并没有投资于传统市场营销。它转而聚焦在口口相传的广告营销和社交媒体渠道上了，这比传统广告营销要便宜得多。小米的管理层，也很擅长使用创意策略，在社交媒体上激发关注，来获得免费的广告并吸引潜在的新顾客。

比如，在2014年底的一次公司执委会会议以后，公司的联合创始人林斌，提出要他的执行团队进行俯卧撑比赛。林斌后背上放着小米平板电脑，跟其他几个主管一起做俯卧撑，直到体力不支地倒下。一张比赛照片被传到了网上，被米粉在社交媒体上广为分享。这种基于社交网络的曝光，对小米来说不仅仅是免费的产品宣传，它也强调了小米品牌和公司文化的定位就是一个年轻、有趣的创业公司。无论是史蒂夫·乔布斯还是林斌，消费者都更愿意同被一个人物代表的品牌进行互动，而小米巧妙地通过网络将公司形象、产品品牌和消费者紧密相连。

第四，跟粉丝群进行的持续的深度互动。小米刻意且小心翼翼地鼓励、投资并发展出了一个粉丝社区，就是这个粉丝群在通过生活方式吸引力来推动购买。通过社交媒体，小米拥有了超过1000万的粉丝，从中国最发达的沿海地区一直延伸到内陆城市。这些社区都有组织有规模，并且分享着对小米及其产品的同一种热情（甚至达到了崇拜的程度）。公司的在线论坛，每天都有几百个新帖子，很多米粉通过这种方式交到了新朋友。那些在小米论坛上花了大量时间的人，最终可能会成为社区里的VIP，并且被邀请去参加为特定的粉丝举办的派对活动。这就让会员制和在线活动变得更具吸引力了。

小米能够加强粉丝忠诚度的一个特定的重要方式，是将它的粉丝和用户包含进了软件升级计划里。小米每周五发布一个新版本的操作系统，而且它听取了来自米粉的关于设计和功能的在线建议。每一个新版本发布以后，没过多久，成千上万的米粉都会飞快地在网络论坛上给公司提供功能、设计、漏洞和潜在解决方案方面的反馈。这种"根据用户反馈来升级"的做法，也适用于硬件测试。一旦他们接受了来自粉丝的建议，就会马上付诸行动，改进会很快出现在新版本里，而粉丝们很享受这种持久的参与感、成就感和持有感。

本质上看，品牌的核心价值就在于能够维持与消费者群体的持续互动。从某种角度看，小米不是在售卖手机产品，而是在邀请用户加入它的社区。最好的例子就是很多米粉的群体活动和每年由小米组织的米粉节日。在 2014 年 4 月，小米创建五周年的纪念日上，小米发布了很多新产品来庆祝公司的这个重要里程碑。令人惊叹的是，除了当天米粉买下的超过 100 万台设备这个销量之外，小米还卖出了成千上万的"米兔"——小米的吉祥物，戴着中国军帽的毛绒玩具兔子。这最能表明，消费者在这种情况下，不仅仅是在购买一款时髦的、高性价比的智能手机，他们购买的其实是品牌本身。

● OPPO 与华为的逆袭

在全球市场增速缓慢，排位稳固的同时，国内智能市场格局则又呈现出另一番景象，增长势头远超全球平均水准，而其竞争也更为激烈。根据国际数据公司（IDC）在 2017 年初的数据报告，在 2016 年中国智能手机市场，OPPO、华为、vivo 位列前三，占市场份额近半。而苹果、小米的市场份额下滑明显，分列第四、第五位（见表 3.2）。与全球市场的增速数据相比，华为、OPPO、vivo 成了市场上取得高速增长的少数智能手机品牌。

表 3.2　智能手机 2016 年中国市场前五名

中国市场前五份额	手机厂商	2016 市场份额	2015 市场份额
1	OPPO	16.8%	8.2%
2	华为	16.4%	14.6%
3	vivo	14.8%	8.2%
4	苹果	9.6%	13.6%
5	小米	8.9%	15.1%

数据来源：IDC

在 2015 年，中国的智能手机市场继续成熟，并开始展现出饱和的早期迹象。比较普遍的观点，是智能手机市场很快将会像个人电脑市场经历的那样，变得完全饱和，而智能手机也会像当年的个人电脑一样，变成低价的标准化产品。出人意料的是，2016 年，在全球智能手机市场整体格局进步一稳定的同时，国产智能手机市场却进入了大变局时代。短短一年时间，国产智能手机市场份额排名第一的位置，就经历了从小米到华为，华为到 OPPO、vivo 的两次更迭。

更出人意料的是，智能手机的平均价格在 2016 年显著上升，与先前普遍预期的价格下降完全相反（有手机品牌曾经提出过"硬件免费"的营销策略）。根据尼尔森智能设备份额监测平台的数据，2016 上半年，中高端智能手机（2000 元以上机型）的整体份额已达到 47.59%，同比增长近 4.38%。而中低端智能手机（1000—1999 元档机型）的整体份额同比下跌 1.17%，在 1000 元以下机型整体份额跌幅更是高达 3.21%。GfK 和 IDC 的数据也几乎是同样支持了这一趋势。由此可见中国消费者的品位，正在抛弃低端智能手机，并且在设备升级时对品牌形成了新的要求——正如上一章描述的"数字化"的中国中产阶级的特征一致。

从 IDC 数据来看，在消费升级上先行一步的华为、OPPO 成了这轮大潮的最大受益者，诸如 OPPO 在 2016 年前三季度销量（IDC 数据）同比增幅都超过了 100%。从华为和 OPPO 推出的机型上，就能很明显地看到两家在细分市场上的不同针对性。OPPO 推出的机型外观时尚，符合年轻人的审美和气质，主打 VOOC 闪充、拍照等功能也都能满足年轻消费者的核心需求。而华为从外观到 UI 设计，再到最具竞争力的通信功能，都符合商界人物最优先关注的要求，在年龄较长的商务群体中更受欢迎。以下将对这两个品牌的不同成功因素做相应分析。

（1）华为

华为于 1987 年在深圳创建，并在过去十年里，走出了本土市场，成了全球通信设备市场里最具竞争力的领先公司之一。华为是以世界领先的通信设备公司这一形象而闻名的，同时也是一家全球范围内的主要跨国网络服务供应商，足迹遍布世界各地。

华为加入智能手机市场的主要原因可能在于，华为一直预测通信和 IT 这两大科技方向终将合并，而智能手机、智能穿戴设备和物联网的出现正是这一潮流的开始。华为高管曾经在采访中表示，华为是一家移动通信设备供应商，在全球从事建设固定宽带和移动宽带网络，"因为拥有这一技术，所以我们能让我们的移动设备联网后运行得更好。我们认为我们能较其他手机厂商更好地支持'最新网络技术'（而不仅仅是智能手机）"。

与华为在其他产品领域一样，它在智能手机方面的策略也聚焦在大力投资到研发上，以提供出众的技术功能，在定价时自然向往高端走。它的移动网络设备的背景也是一个优势，因为华为在固定宽带和移动宽带技术方面也处于全球领先地位，这就意味着，它在研发、制造手机时，可以跟它最新的网络电讯科技结合起来。

例如，华为的 Mate7 手机，是本土品牌里最早定价能达到 650 美元的手机。这种手机之所以在高端区，主要是因为其独特的科技功能（比如 Mate7 手机可以连接移动硬盘）。华为 2016 年能够站稳全球第三的位置，并在市场份额上缩小与三星和苹果的差距，也正是因为华为在技术研发、品牌效应等方面厚积薄发，比如荣耀 Magic 之所以一推出就获得了市场广泛关注，是因为这一产品集中了华为在人工智能上的最新进展。

看到小米的在线营销上的优势，华为在 2014 年，将零售和电子商务网站的销售率增加到了 80%，而将运营商比率降低到了 20%。有趣的是，尽管华为消费者事业部主管兼华为执行副总裁余承东公开承认，华为的市场营销模式的转型受到了小米的商业模式的影响，但是他却公开坚持说"小米从来都不是华为的对手"。

2015 年春节期间，余承东在微博上发布了公开评论，称某"屌丝品牌"，转"高大上"没戏，因其缺乏独特的核心功能。余承东并没有明确指出他的评论里的品牌是哪个，但是人们自然想到了小米就是他说的那个"屌丝品牌"，因为他的评论强调了品牌的粉丝群和性价比。此外，余承东还警告说，小米可能会失去它最初的"屌丝"用户群，因为它试图变成一个高端品牌。这条微博在发布后，过了仅仅 7 分钟就被删掉了，可是仍然激起了米粉的愤怒评论。

不过，如果不看这个讯息的戏剧化过程，其传递的信息却是值得小米深思的。在这个变化中的市场里，重新做品牌定位的小米，可能会面对难关：它的可能路径，要么在低利润的情况下谋求高销量——薄利多销（就像联想在个人电脑市场做的那样），要么找到一个方法来转型，打入高端区，但前提是必须能提供有特色的功能（就像华为的 Mate 系列），做出领先的产品，再一次成功使它的粉丝激动起来。因为小米的品牌标识最初跟高质量和低价格联系了起来，所以它面临的风险是，一些小米用户可能会把小米当作过渡产品，随后他们会升级到奢侈品牌的智能手机。当那些消费者购买力增强时，他们可能就不再是小米的忠实用户了。因此，小米的品牌推广，必须跟随着它的消费者持续增长的购买力一起进化，因为在很多草根的内心深处，也渴望有一天能加入高大上的群体。

（2）OPPO

比起华为的世界前三，OPPO、vivo 成为中国国内第一更令人意想不到。

就在小米通过社交媒体以各样方式吸引和维护粉丝，将在线营销上的优势发挥得淋漓尽致，以至于传统上主要与电信运营商合作来销售的手机品牌如华为中兴纷纷调整策略来增加网上销售渠道时，OPPO、vivo 却在 2016 年通过线下的渠道赢得了大量市场份额。

这一奇特的景象在数字经济时代似乎不可思议。其背后的主要原因在于中国的庞大市场在不同区域发展不平衡。沿海与内地、城市与乡村的不同细分市场的需求有较大差距。由此，飞速发展的智能手机行业在市场分布上也展现出了不同的区域分布特点：从 2011 年到 2013 年，是中国市场的普及阶段，性价比高的手机热销。到 2014 年底，中国城市用户的智能手机普及基本完成，对应的市场进入了下一个阶段，换机阶段；而四线以下以及更为广袤的农村市场则开始进入智能手机大规模普及阶段。

于是，对国产智能手机品牌而言，三四线及以下市场的市场增量将成为增长的主要推力。但在网络购物熟练度以及互联网基础设施普及程度上，四线及以下的农村市场，都与发达城市存在显著差异。直接从广告普及来说，潜在用户的信息来源还主要通过线下渠道。覆盖这个市场需要的是渠道下沉，深入扎根，融入用户的日常生活，这对于从一开始就主打互联网模式的小米难以发挥特长。目前在一线城市中，OPPO、vivo 的手机用户相对苹果、华为等大品牌仍较为少见；但是近两年在三四线的销量增长迅猛，覆盖了许多中产之外的用户需求。

OPPO 和 vivo（OV）品牌来自步步高电子有限公司（该集团的前身还可追溯到 20 世纪 90 年代人们所熟悉的小霸王学习机）。在进入智能手机领域之前，OV 品牌通过液晶电视、DVD、MP3、功能手机等传统家电产品零售积累了多年的线下渠道。据报道，OV 拥有 20 万个销售网点、5300 家左右的专卖店，不同规模的线下门店深入到三四五线城市，这是其他手机品牌所难以在短时间内复制的。

比起线下渠道的逆袭，OPPO、vivo 挤下华为取得中国市场占有率冠军位置一样的出人意料，显示出换机升级市场中以消费需求为导向的创新方向。由于手机的同质化和硬件过剩，智能手机的高配置并不代表高体验，配置性价比突出并不等于品质性价比突出。在消费升级时代，消费者购买产品，更多着眼于自己的核心需要和生活体验，而不仅仅是买技术参数。

根据极光研究院的数据，在 2016 年第四季度，华为用户在更换手机时，更多地选择购买 OPPO 和 vivo（24.1%），超过继续选择华为的（23.5%）。可见在消费需求面前，技术专利并非万能。毕竟任何专利技术若是要转化成流行产品，最终还是要面向消费者的实际消费需求。OV 没有盲目堆砌硬件指标，而是成功地把握住了拍照、充电两大最核心的差异化特点。

图 3.1 华为用户在更换手机时的品牌选择

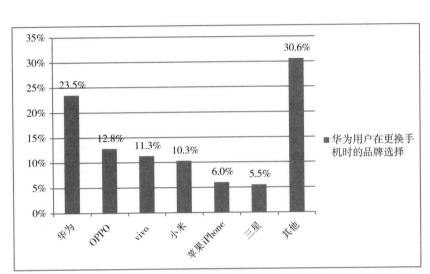

数据来源：极光研究院，2016 第四季度

由于 OPPO 的目标用户主要面向年轻群体，他们更希望手机具备更强的拍照功能，为此，OPPO 又升级了拍照技术。2016 年，该公司推出的最新产品 OPPO R9s 采用的 IMX398 传感器，能够支持双核对焦技术，该技术正是 OPPO 与索尼共同研发而来。类似地，vivo 以其拍照产品 Xshot 占据国产拍照高地，将自主研发的 1600 万柔光自拍推向目标用户。

同时，OPPO 做了众多市场调研，发现充电时间过长是智能手机用户的一大痛点，为此该公司开发了 VOOC 闪充技术。随后，OPPO 将此技术作为营销的重点：热播时间的火爆综艺总有着 OPPO 的身影，不论是节目里的手机赞助还是之前"充电五分钟，通话两小时"这样的电视广告，都非常容易给用户留下深刻的印象。

（3）展望

根据 IDC 发布的报告数据，2016 年全球智能手机全年出货量达到 14.7 亿部，与 2015 年全年 14.4 亿部相比，仅增加 3000 万部，增幅仅为 2%，几乎可视为"零增长"。赛诺数据预计中国手机市场在 2017 年增速是 1%，而且未来三年都是 1%—2% 的增长，显然总体规模与国际市场一样见顶。未来的发展趋势可能包括：

一是线上线下的资源整合趋势会进一步强化，线下渠道成为主要增长渠道。在 2016 年，智能手机市场线上渠道的增速大幅下降，而线下渠道增速实现了大幅提升。受 O2O 模式（见本书第五章）等因素驱动，"上下联动"的走势将更明显，未来线上线下的传统优势差距将进一步缩减。包括华为和小米等都在学习模仿 OV 模式，开始推出面向线下市场的产品和策略。未来 OV 在线下是否也会同样面临其他品牌在线上渠道的瓶颈，还有待观察。

二是寻找差异性定位的难度增加。当下消费者都至少使用过 3 台以上智能手机，对手机性能、体验以及品牌等方面都十分挑剔。在互联网时代，消费者的喜好和需求也比以往任何时代都变化得快，因此能否提前预见或洞察到消费者需求的变化，对任何品牌都非易事。其次，预见到用户需求之后，如何实现差异化的技术功能也是挑战。此外，在智能手机品牌不断趋同的大势下，过于雷同的产品又缺乏竞争力，品牌定位太特立独行又存在风险，这恐怕是目前手机公司共同遇到的最大难题。

三是行业整合将出现。面对不断压缩的利润空间，只有占领高端市场的手机公司才可能获取较大的市场份额与利润，维持营运并且持续科研创新；同时更多的边缘手机品牌将无法独立生存。从这个意义上说，2016 年是国产智能手机市场走向超越的关键年度。

乐观地看，从单纯追求性价比到注重产品质量、用户体验的转变，是国产手机整体崛起、攻占高端市场的开端。近年来，智能手机市场似乎陷入创新瓶颈而进入平庸时代，但在 2016 年下半年，市场却看到 OPPO 的 VOOC 闪充技术、小米的全面屏、华为的双摄像头、荣耀 Magic 的人工智能等创新，打破了市场同质化（尤其是小米 MIX 概念机，让人又一次看到了小米的实力）。随着国内市场的发展与整合，国产智能手机可能成为国际行业下一轮变革的领先力量。

● 竞争还在手机外

小米坚持称自己为一家"网络公司"，而不是一家智能手机公司，它解释说它更注重提供给铁杆粉丝的网络软件和服务。当大多数手机品牌将售卖出去视为关系的终结时，小米将它视为一个开始。小米的软件和服务都由它的专利系统 MIUI 支持，而小米对来自它们的更高的利率能够补偿手机销售的低利率有信心。

然而，如果看看苹果——这家曾被小米努力模仿的公司——就会发现这种策略带来的利润增长可能有限。跟其他使用开源平台安卓操作系统的智能手机制造商不同，苹果使用自己的专利操作系统，并且将系统完全控制在自己的掌握中。毫无疑问，苹果的 iPhone、iMac、iPad 和 iWatch 产品家族发展出了巨大的忠实用户群。但是当苹果谈到营业收入和净利润时，主要还是 iPhone 在为公司赚钱，而来自软件和服务的收入只占了总收入的很小一部分。

另一方面，"用户"的感念本身在移动互联网经济中也是模糊的。小米并不完全"拥有"那些在小米设备上消费网络服务和交易的用户，因为小米设备仅仅是一个硬体媒介，让用户可以进入其他网络实体的移动商贸平台。比如，使用小米手机，网民可能会通过腾讯的微信朋友圈，发现最新的在线游戏推荐，或者通过阿里巴巴的移动市场淘宝来进行在线购物，或者使用百度搜索引擎，来搜索附近餐馆的位置和订座信息。他们的网上消费，更多的是受到具体电子商务服务 APP 的吸引，而不会与他们的手机或其他移动设备绑定。

由此可以理解小米创始人雷军近期给小米的定位，就是"软件 + 硬件 + 网络"。他认为手机是软件、网络服务和硬件的聚合系统，而不仅仅是一个交流用的设备。而小米手机也只是"物联网"概念的小米"智能家居"体系中的一个智能硬件而已，因为小米可以把同样的"网络思维"应用到很多其他智能设备上。

图 3.2　小米的未来——"三个小米"

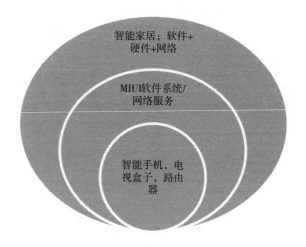

也就是说，小米在未来将进化成一个拥有三层产品的公司。小米的核心是它成熟的智能手机、电视机顶盒和路由器产品。第二层，则是基于小米的 MIUI 软件系统的网络服务，用来支持硬件产品。第三层，也就是近期的发展，是建立一个小米品牌的系列智能家居设备。为此，2013 年，雷军启动了"小米生态链"计划：在五年内，小米准备投资 50 亿美元，进入 100 家硬件创业公司，以小米手机为核心，与周边生态链的企业结盟，在它们身上复制小米模式，共同推出智能家居产品。

2014 年 12 月，小米科技斥资 12.66 亿元入股美的集团，双方将在智能家居及其生态链、移动互联网业务领域进行多种模式深度的战略合作，并对接双方在智能家居、电商和战略投资等领域的合作团队。在 2015 年，小米投资约 10 亿美元，用在对 39 家公司的收购和投资上。2017 年 3 月 29 日小米向市场推出"米家"品牌，"米家"的由来是"小米智能家庭"，代表了小米智能家居战略，其首款产品"米家压力 IH 电饭煲"，是可以通过手机 APP 进行操作的智能电饭煲，用手机 APP 扫描大米的二维码，即可自动识别品牌和产地。通过云端的数据库来快速识别米的种类。APP 识别之后，可以根据扫描结果，精准匹配到一个加热方案。

当然，这种"软件 + 硬件 + 网络"的策略，也同样面对各方面的挑战。

首先，很多网络公司都在努力整合软件和硬件。当小米以智能手机硬件起步，建立起一个网络公司时，其他主要的网络公司，都在扩张，把它们现有的在移动电子商务里的核心力量发展进硬件领域。就像小米自己的手机上预装了 MIUI 系统和它的 APP 商店一样，电子商务公司也在智能硬件上投资，以便从移动终端或访问点开始，直接控制它们的用户的移动体验。

例如，电子商务巨头阿里巴巴，就直接在智能手机制造上做了投资。2016 年 1 月，阿里巴巴买下了中国手机制造商魅族的少数股份；后者的 MX4 手机的早期版本，运行的是阿里巴巴的云 OS 系统。两家公司将合作，在"科技家居"的背景下，进一步开发阿里巴巴现有的基于云计算的移动操作系统云 OS。又如腾讯有一个定制版的安卓操作系统，叫作腾讯 OS，这个系统也扩展到了网络连接的智能硬件领域里了。跟谷歌的安卓 OS 的开放模式类似，腾讯为设备制造商提供它的系统，作为一个的开放的平台。

其次，小米在扩张规模时，它的核心企业文化开始变得模糊。如本章之前所讨论到的，对于小米智能手机的成功来说，米粉文化功不可没，并且代表了公司的核心企业文化。事实上，小米早在发布第一台智能手机之前，就通过它的 MIUI 系统，吸引来了它的基础粉丝群。有三层产品的小米，现在比起之前来，有一个大得多的消费者基础，但是由于同样的原因，在设备种类增加时，要维持它跟每一个用户的紧密联系，就变得愈加困难了。距小米的核心产品较远的消费者，可能不会像当年的忠实米粉那样看待公司了。能否继续维持一个围绕着设备创新的活跃的忠实用户社区，对于未来小米的品牌形象、核心文化和商业模式来说是一个关键因素。

第三，小米在通过投资生态链企业进入在小米发布一系列的新产品时，质量监控可能会成为一个难题。回想小米在高速发展阶段，手机产品是成本定价，而技术配置各方面超越了客户的预期，形成正面的口碑。小米智能手机代表的价值定位，意味着在消费者心目中，小米品牌是跟高质量相联系的。但在智能家居、智能硬件领域，小米主要是控股或投资参与智能企业，所以对消费需求、产品研发、产品供应链等方面的问题，小米无法像在智能手机领域那样全面参与并掌控。

于是，当小米将自己的触角分散到了多个领域里，其智能家居设备产品从手机向自行车、平衡车、插线板、灯泡、手表、移动电源、无人机、智能摄像机、空气净化器、电饭煲等诸多硬件全方位铺开的时候，小米品牌（传统上对应高性价比）难免会因为智能产品出来不久后的质量问题而受冲击。例如小米净化器刚出来时的噪声问题一度引来网上的热议，影响小米智能产品的口碑。日本电气巨头索尼公司也曾经引领一代标志性科技产品，但后期为追求互联网模式，试图走软、硬件结合的策略而失去硬件优势的案例，值得借鉴。

案例：索尼的"互联网转型"

索尼的早期辉煌来自公司在硬件领域的领先地位。索尼品牌的随身听（Walkman）、特玲珑彩电、BRAVIA液晶电视等都以独特的工业设计与技术匹配了市场需求，在综合体验上能够超越同期产品，进而确立了行业标准，为索尼带来品牌溢价。

索尼的标志性成功产品随身听（Walkman）曾经是代表一个时代新潮生活方式的标杆性产品。原本只能在室内才能欣赏到的高音质立体声音乐，Walkman让高音质立体声打破地域的局限，让用户可随时随地，室内室外都能同样欣赏高音质立体声。当时的索尼品牌头戴式立体声收音机的体验与音质几乎在当时无可匹敌，年轻一代消费者追逐Walkman的热潮绝不亚于新世纪的苹果手机现象。而索尼稍后的Playstation游戏机，也曾是"革命者与颠覆者"形象的视频游戏品牌。

索尼的转折点在于硬件被认为只是连接网络的终端，由此确定软硬件融合的商业模式。具体表现在减少对电子业务的投入，计划转型为一家涵盖内容以及网络业务的娱乐公司。在美国，索尼品牌形象是索尼影视娱乐公司，而不是像在日本是硬件公司。因此，索尼在近些年一直在推动"硬件与软件融合"的生态。公司管理层认为只有与网络与内容相连后，硬件才被赋予附加值；家电、手机等硬件只不过是连接网络的终端，更有价值的是网络业务与构筑网络业务的商业模式。索尼后来的战略即是开始拥抱互联网，但是在向娱乐化转型时，硬件产品的核心竞争力丧失。

例如，索尼在2010年与谷歌合作推出索尼互联网电视，但索尼互联网电视是以谷歌 Android 操作系统为基础，通过互联网传输电视节目只是 Google TV 的战略之一，谷歌做的是开放平台，即能加入 Google TV 战略的合作厂商并非索尼一家。索尼互联网电视因此而丧失了产品的差异性而被迫卷入价格战。

另一方面，索尼自从开始放弃自身硬件优势转而投向软硬件融合战略的时候，索尼的产品线却在不断延伸。索尼后期的产品，无论在索尼手机、3D 电视，还是索尼互联网电视等，其硬件技术与行业的差异性不明显，同样陷入价格战无法自拔。由此也导致索尼后来鲜有让世人惊艳的产品问世，使索尼品牌步入平庸。

最后，小米在有关网络娱乐内容竞赛里，参与得比较晚。尤其是，所有的网络公司都很重视娱乐内容，因其具有战略重要性，可以吸引网民到移动世界里，因为中国网络的主题就是娱乐。一方面，娱乐本身就是一个收入增长的重要来源。另一方面，当消费产品的电子商务变得逐渐饱和时，独特的内容可以作为特殊因素，来吸引用户进入一个特别的电子商务系统里，留住他们，并且还可能将他们引向相关的移动交易（后面的章节会专门讨论移动平台上的娱乐内容的爆炸性增长。所有主要网络公司都在扩展娱乐内容方面大规模烧钱，以建立一个可以将在线和线下娱乐产业整合起来的平台）。

为此，小米不仅投资了重要资本到好几家主要在线视频网站上，而且还计划组建自己的内容出品团队。小米做出的有史以来最大的单笔投资，是向百度支持的在线网站爱奇艺投了三亿美元。爱奇艺是中国最大的在线视频网站之一，而且它还有一个分支——爱奇艺电影公司，它主要做的是同国外合作伙伴一起联合出品电影。这样的投资，给了小米重要的获得高质量内容的入场券，来进一步补充它的视频数据流能力。2016 年初，小米也宣布了它在组建一个全新的团队，叫作小米电影公司，来进军影视行业。因为视频内容同小米的核心业务很不同，并且行业竞争已经把娱乐内容的价格越推越高，所以它是否在内容方面能赶上竞争对手，仍须拭目以待。

从本章的结尾看，小米的商业模式的演变过程正反映了移动互联网经济所经历的多方面探索与未来的方向。从一开始，小米是效仿苹果软硬一体化的商业模式，推出基于MIUI定制系统为核心的软硬一体化战略。其后，雷军在2014年曾经表示小米更像亚马逊，小米卖移动电话就像亚马逊卖Kindle一样，即通过硬件来进入内容业务，去寻找中产阶级庞大的内容消费方面的机会。近期对生态链企业的投资布局，则是在未来物联网和人工智能的方向所做的大布局。

有趣的是，目前小米的最大优势反而可能是在硬件方面。由于其核心产品智能手机一直与国内品牌做激烈的低价竞争，小米在供应链管理上累积了大量的经验。但像阿里巴巴和腾讯这样的网络公司并不生产硬件，它们就得处理复杂的供应链问题，或者通过收购设备制造商或与其合作来获得硬件能力。它的创始人雷军过去曾经常说，小米有些像苹果，但是其实它更像混着谷歌元素的亚马逊。在智能手机方面，也许小米是一个成功的"基于互联网模式营销"的公司；但是小米要成为它的创始人心里的"互联网公司"，还有一段很长的路要走。

第四章
全渠道零售的时代

数字
经济 2.0

●● 京东将来会成为悲剧？

"京东将来会成为悲剧，这个悲剧是我第一天就提醒大家的。"

这句话是阿里巴巴的创始人和主席马云，在跟他的朋友的私下对话里说的。在这段私人对话里，马云批评了阿里巴巴在电子零售业的主要竞争对手京东的商业模式，但是他没有料到的是，他的朋友方兴东与刘伟把这段对话写进了合著的《阿里巴巴正传》一书。由此，马云告诫员工"千万别碰京东"的话在 2015 年年初被公开了，成了十几亿中国人在春节期间的热门话题。

马云断定京东的模式前景悲观，其核心问题是京东的商业模式的可持续性。"不是我比他强，"他说道，"而是方向性的问题，这是没办法的……"跟美国电商亚马逊类似，京东拥有自己的仓储物流，管理货存，并且自己安排递送包裹给零售消费者。马云认为，京东模式的代价最终会过于高昂，因为中国十年之后，每天将有 3 亿个包裹，你得聘请 100 万人，那这 100 万人就搞死你了，你再管试试？"

因此他的建议："千万不要去碰京东。别到时候自己死了赖上我们。"

这段话在中国的社交媒体上疯传以后，阿里巴巴的马云在社交平台上致歉："这次聊天，友人间的吹牛闲聊被公开成报道，对大家都不公平，特别是对京东公司可能会造成无端的困扰和添乱，我深表歉意。"他进而澄清说，如果中国的网络市场只有一种正确的电子商务模式时，那才是真正的悲剧。京东接受了道歉，但是它的回复里强调了自己的模式的核心价值："我们会继续提供中国最好的在线零售体验。"

因为京东的品牌形象是卡通狗，而阿里巴巴的天猫商城有一个猫作为吉祥物（据说把最初"淘宝商城"改名天猫，是因为猫很挑剔，天猫的寓意是追求好品质、好品位的商品和好的网购环境），所以这两家电商巨头间的竞争有时也被戏称为"猫狗大战"。它们是中国市场上最领先的两个电子商务品牌，而且都在美国成功上市了，都拥有巨大的市值，然而它们代表的是两种非常不同的商业模式。

阿里巴巴运作着最大的电子商务市场，而京东是中国最大的在线零售商。阿里巴巴更像是美国 eBay 和 PayPal 的结合体，它的市场是连接买家和卖家的平台，此外它还提供诸如在线支付等服务。另一方面，京东更像是美国亚马逊，直接处理存货、销售与配送。阿里巴巴控制着市场上的交易流量并获得很高的利润率，而京东从它对自己的销售网络的控制来盈利。撇开你来我往的口水战不谈，阿里巴巴和京东之间的竞争，其实是关于中国零售的未来方向的。

● 阿里巴巴的绝对领先地位

在中国，阿里巴巴是无可争议的 C2C（消费者对消费者）和 B2C（企业对消费者）电子商务的市场领头羊。它是一个任何商家进入中国市场时都无法忽略的平台。除了在移动互联网各细分领域广泛布局，阿里巴巴运作着两个不同且强大的网络市场：淘宝（C2C）是一个忙碌的在线集市，提供了范围很广的消费品。而天猫商场（B2C）则是一个更高端的平台，提供的是品牌产品。

表4.1 淘宝和天猫市场的对比

	淘宝	天猫
开始年份	2003	2008
概念	C2C 集市（相当于 eBay）	B2C 商场
设置	卖家发布全新或二手的商品售卖	每个品牌都能在商场里建立起自己的虚拟店铺
用户	个体，小商家	国内外知名品牌，比如苹果、宝马和特斯拉
用户成本	无代理费；主要收入来自向商家收取的在线营销服务费	向卖家收取开设店铺的费用和交易佣金

将阿里巴巴同它的竞争对手区别开来的第一个因素是它的巨大交易规模。对于阿里巴巴来说，多年来最重要的业务发展指标一直都是商品交易总量（GMV）。GMV 可以被定义为一个特定的电子商务站点经手的交易总额，所以它跟阿里巴巴的收入有着直接的联系。同时它也提供了关于公司的增长和市场定位的额外的信息，因为它帮助市场去评估竞争对手之间的扩张速度和相对市场份额。

在十多年的快速增长以后，阿里巴巴的电子商务在中国遥遥领先。2012 年，淘宝和天猫的商品交易总量已经超过了亚马逊和 eBay 加起来的交易总量。根据阿里巴巴的数据，淘宝和天猫发出的包裹，占到了中国总包裹的一半以上。根据艾瑞咨询的最近期年度报告，在主要的 B2C 购物网站里，阿里巴巴的交易总量远远超越了京东。

图 4.1　2016 年中国 B2C 购物网站交易规模（GMV）的市场份额

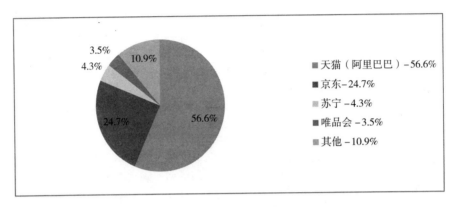

数据来源：艾瑞咨询

　　事实上，在阿里巴巴于 2015 年同之前也是中国顶级 B2C 零售商的苏宁合并以后，只剩下了一家公司——最大的限时抢购网站，唯品会——是除了阿里巴巴和京东以外占据了一定市场份额的公司。如果加上在线集市淘宝（C2C），艾瑞咨询的 2016 年年度数据显示，虽然与 2015 年相比，京东、苏宁易购、唯品会的份额有所增加，但平台模式的淘宝和天猫依然一家独大（同属于阿里巴巴），在整体网购交易规模中占比 76.0%。

　　在 2016 年新年演讲里，阿里巴巴的 CEO 张勇首次强调了，阿里巴巴未来的商业模式将不再聚集在商品交易总量的增长上。他把商品交易总量（GMV）同一个国家的国内生产总值（GDP）做了对比——中国过去强调的是 GDP 的增长率，但是新的重点已经变成了国内经济的可持续发展。因为创建者马云曾经公开说过，阿里巴巴会维持至少 102 年（因为公司建于 1999 年，这意味着公司可以横跨三个世纪），所以对于阿里巴巴来说，重点是长期公司战略，而不是商品交易总量上，这样才能确保它的企业文化、商业模式和业务系统能够长久。

　　值得一提的是，商品交易总量，并没有会计学准则（GAAP）下的营业收入概念那么精准。大体上看，电子商务网站的商品交易总量，包括了这些网站的所有交易，无论交易是否真的付款并且完成。这就意味着，商品交易总量的数据，可能也包括那些随后退款或者取消的交易。根据媒体报告的说法，每年双十一的退款率，占了商品交易总量的单数位百分比。

此外，商品交易总量的数据，也受到了"刷单"这种市场行为的影响——包括电子商务网站上的虚假交易——这是一些极端的卖家想出的手段。在阿里巴巴 2014 年上市的招股申请里，描述了这种风险因素，那就是网站上的卖家可能会"参与进虚假交易里，为的是人为地提高他们在市场上的排名"。除了销量以外，顾客评价和其他与交易相关的参数也明显可以被"刷"出来。

虚假交易和评价的主要原因是争夺市场优势地位。因为在线消费者在市场上有无数的选择，所以卖家之间的竞争残酷异常，他们拼命努力，让自己的产品可以被买家看到。比如说，一个爬到搜索结果的第一位的方法，就是出价购买两个网站上的最好的广告位。但是一些卖家觉得，要获得热度，在线打广告实在是太贵也太复杂了。因此，对于这些卖家来说，有一个捷径是创造出虚假的高历史成交量，来欺骗阿里巴巴的内在系统，把他们的商品放到一个更显眼的位置。比如说，天猫是根据销量给卖家排名的，那些销量高的卖家的商品很可能会出现在主要的推广页面上，来吸引更多的消费者的关注。

这种"刷单"行为严重误导了消费者。阿里巴巴已经采取了很多措施，来清理它的平台上的虚假订单，来改善电子商务环境。公司使用大数据技术，来识别虚假交易。如果一个卖家被发现伪造交易量和评价，阿里巴巴就会删除虚假的好评，把卖家从搜索结果中移除，罚款，或者停止卖家的在线交易资格。然而，因为有高销量和好评的卖家通常排名十分靠前，商人有强烈的刷单动机，而他们也投资了更加先进的技术，来让刷单变得更难以觉察。因此，尽管电子商务玩家投入了更多资源来监管它们的网站，但是这种猫鼠游戏可能还会持续下去。

"刷销量"

中文里的"刷"，意思是"擦拭、涂抹"，所以一些英文媒体的翻译中包含了"刷子"的意思来描述人们刻意粉饰交易量。其实，当"刷"跟交易量联系起来的时候，它更可能是从"刷屏"引申来的；因为有一笔新交易时，屏幕会闪烁，而且销量会刷新。

"刷销量"的形式很多。一般的做法是，雇兼职员工、自己的雇员或者职业服务提供者来进行虚假下单（因为上述原因，一些媒体称这些人为"刷单者"）。在虚假下单之后，商家仍然会安排配送，因为像阿里巴巴这样的网站需要一串独特的配送码。最初，商家只是会发一些空包裹。如今，因为阿里巴巴和其他网站加强了对空包裹的监管，商家可能会发一个里面装着杂物或垃圾的包裹，比如装着空瓶子、一沓报纸或者小石头。

随着在线零售平台改进了科技，提高了对它们的网站的监管水平，商家社区也努力在提升自己的对抗能力。社交网络上都可以找到对刷单的最新最佳操作的讨论。一些可以刷单而且摒弃了实际购买过程的软件出现了，并且唾手可得。在网上随便搜索一下，就能很容易地找到一些链接，提供"刷单""刷信誉"和"刷好评"的服务。

刷单软件也变得越来越成熟。新的版本支持很多设置，可以让虚假订单看上去像是人为完成的，而不是机器完成的。比如软件可以设定不同的时间，来完成不同的订单，订单之间的时间间隔也不同，并且还能为交易提供随意的评价。难怪那些广告中的一个，广告语就是"想刷多少就刷多少！"

　　阿里巴巴的另一个巨大优势，是它的市场模式和相关的高利润率。阿里巴巴的巨大交易量并非意味着阿里巴巴在运营着一个利润很低的平台。相反，阿里巴巴为卖家和买家提供一个交易平台，不用存货和处理物流，获得很高的利润率。

　　因为阿里巴巴是一个在线交易的服务商，而不是一家在线零售商，公司的利润类似于一家软件公司，而不是一家零售商。这帮助解释了为什么它比像京东这样的"直接在线零售商"的利润率要高，此外它还能享受资本市场上的溢价。2014年上市时，阿里巴巴的报告称，它的运营盈利率超过了40%，这个数字对于任何一家交易规模巨大的消费品公司来说都是很不可思议的。

　　市场理论通常认为，不成比例的利润率通常会跟一个不成熟的市场和早进入市场的玩家的优势联系起来。所以也有市场分析认为随着电子商务市场变得越来越成熟，这种优势会慢慢减弱，直到整个行业达到一种更正常、统一的的利润率。而阿里巴巴的粉丝会认为，交易市场平台的"网络效应"（network effect）具有自我强化性，使后来的竞争者抢夺客户变得极端困难。这种说法的意思是，现存的平台拥有数量巨大的卖家和买家，从而让任何卖家和买家搬到一个新的在线市场去的成本变得太高了；而更可能的情况是，更多的买家会吸引来更多的卖家，而更多的卖家会吸引来更多的买家。

　　这种辩论还在继续，而阿里巴巴的盈利率仍然很高。然而，一般的市场规则是，一个无所不包的业务模式可能没法儿永远维持这么高的利润率。首先，阿里巴巴的天猫，还有淘宝（尤其是淘宝），发展的规模实在太大了，覆盖的商品也太多了，所以零售消费者要找到他们最满意的产品也需要做相当的研究工作。而且阿里巴巴只是为卖家提供了一个平台，它并没有卖家和商品的全部信息。由此一些专业网站出现了，专门指导买家在阿里巴巴的市场上自如穿梭，然后也通过积累流量来推出它们自己的产品。

　　有趣的是，一个这样的例子是由一名前阿里巴巴员工创建的蘑菇街网站

（Mogujie.com），并且自身已成为估值超过十亿美元的独角兽。蘑菇街网站，一开始是一个社交购物服务平台，用户可以在这里交换女性时尚商品的照片和信息。根据媒体报道，网站的两名创始人，都曾在阿里巴巴的团队里，参与设计出了阿里巴巴的购物网站——淘宝的界面。社交是蘑菇街的特点：当一名年轻女性消费者挑选女士服饰和其他时尚单品时，她们通常会急于先看看时尚潮人或者她们熟悉的人试过或者评价过的单品。蘑菇街通过指导买家在淘宝上购物，获得了迅速的增长，然后则成了一个专业的时尚电子商务平台，直接吸引来了卖家。

另一个范例是前文提到的最大的限时抢购网站——唯品会。随着在线消费者变得越来越老练和成熟，他们追求的是更加专业的产品和不同的购物体验，由此一些专业网站应运而生，提供跟传统的、有标准化商品的电子商务不一样的服务。唯品会通过专注于限时抢购，从两大电子商务巨头——阿里巴巴和京东的缝隙中脱颖而出。作为中国最大的"在线折扣零售"平台，这个利基玩家也在纽约证券交易所上市了，并拥有约100亿美元的市值；这也从另一个层面，反映了中国的电子商务市场的巨大消费规模。

就像它的英文名（VIP.com）暗示的那样，唯品会为消费者提供特殊的产品。但是这些特殊产品，并不是昂贵的VIP服务。它进行"限时抢购"，也就是跟流行的著名品牌合作，以大力的折扣来销售它们的积压商品。然而这种销售可能只持续短短的一段时间，并且产品数量也是有限的。网站一开始售卖奢侈品，但是很快就加入了更多的大众市场的服饰、化妆品和配饰品牌，并且承诺价格跟实体店里销售的商品的定价相比，有巨大的折扣。

唯品会创建于2008年，它能迅速建立起与品牌的合作伙伴根基，部分原因还多亏了新兴电子商务与传统零销间激烈竞争。很多零售商都伴随中国近期的经济增长而大幅扩张，并且建立起了库存和仓储。同一时间，价格竞争也愈加激烈，让很多库存过多的公司手上积压了产品。唯品会通过限时抢购为商家清理了库存，因此它在与商家合作时，有了对积压商品的优先选择权。它的买手团队有几百个成员，包括了前时尚杂志编辑和地区品牌经理，以丰富的经验，来为网站挑选有吸引力的混搭商品。

对于零售渠道的消费者来说，在限定时间争抢优惠，带来的老派实体店中的刺激感，是一种有趣的购物体验，这跟静态地面对电脑和手机进行 B2C 购买很不一样。

这种实际折扣、时间压力和有限数量结合在一起，效果十分强大，消费者更可能会冲动消费，而不是进行典型的在线购物（在静态的线上购物时，消费者会提前记录下的购物清单，然后在线上平台理性地寻找他们所需的商品）如今移动平台的即时性，使消费者可以随时参与，并将便利带到了中、小城市，让更多的消费者有了这种全新的购物体验。

阿里巴巴当然注意到了"限时抢购"已经成了中国市场上一种成功的特殊销售模式。据 2015 年中的新闻报道，阿里巴巴以 1 亿美金的价格，收购了50% 的魅力惠的股份。跟唯品会类似的魅力惠，也是一个奢侈品和时尚单品的限时抢购平台，也向消费者提供打折的商品。在这次交易以后，阿里巴巴成立了一个专门服务团队，来帮助魅力惠发展它的用户根基和物流服务，而魅力惠协同天猫，一起向消费者提供更多的大牌奢侈品。

阿里巴巴的模式的第三个优势，是它的"轻资产"模式，因为它不需要投资到物流（以及相关的雇员）上。跟美国 eBay 相似的是，阿里巴巴只是把买家和卖家联系了起来，它没有自己的物流网络，它跟物流公司合资，建立起了一个物流网络。而京东则在它的物流配置上下了重本，因为它认为掌控物流是为消费者提升消费体验的一个关键因素。一个卖流量，一个卖服务，这是阿里巴巴模式与京东模式的核心区别，本章下一节将做详细比较分析。从公司长期战略的角度看，阿里巴巴会被迫发展自己的物流网络，来更好地服务消费者吗？或是京东投入物流网络代价太过高昂，将无法维系（就像马云预言的那样）？

●● 京东 vs 阿里巴巴

像之前提到的那样，以商品交易总量（GMV）为指标，京东的规模仍然比阿里巴巴要小很多，但是这主要是它们的不同商业模式决定的。阿里巴巴就是一个卖家和买家的平台（跟 eBay 有些相似），而京东有库存，作为一个直接在线零售商，直接把商品销售给消费者（更像美国亚马逊的模式）。在近些年的正面对抗中，京东以其不同的定位（"全供应链"），成为阿里巴巴强劲的对手。

首先，它们对电子商务零售业的物流，有着不同的操作方式。近些年里，在京东的周年庆期间，京东的创始人兼 CEO 刘强东常常会穿上有京东标志的大红色衣服，戴上摩托车头盔，然后骑上一辆三轮电动车，自己去送货。也许有人会把这个看作一种有创意的营销宣传活动，但是通过这么做，创始人刘强东强调了高效的配送和服务是京东运营策略的中心——如此重要，甚至连创始人和 CEO 自己都需要体验一下商品从京东到达普通消费者手上之前所经历的一路磕磕绊绊。

如果思考京东的发展历程，就会明白公司 CEO 自己亲身去体验物流其实并没那么戏剧化。京东在 2004 年创建，从经营电脑产品出发，开始了在线零售业务的拓展。当时的中国内地仍然缺乏基础设施，并没有像美国一样有诸如 UPS和 Fedex 之类的高质量的物流服务。价格低廉、送达快速的京东，很快从竞争中脱颖而出。如今，这些特色仍然是京东的核心公司价值和发展方向。尽管在多年的城市化以后，很多新道路和桥梁能够顺畅地连接起大多数地区，中国的零售配送和服务区域仍然有很大的提升的空间（比如，物流引起的货物损坏是个普遍的问题，而许多内地消费者，尤其是山区里的消费者，还无法体验沿海城市的"当日送达"的便利）。

从 2007 年起，京东就成了第一家可能也是唯一一家在物流上下了重本的中国电子零售公司。在投资人的支持下，京东在仓库、配送中心、物流站点方面投入了几十亿美元，它的快递员团队以卡车、摩托车和其他任何实用的交通工具（如改装的三轮车），穿梭于世界上人口最密集、交通最繁忙的一些城市。在网上购物，动辄就要十多元的运费，往往使网购消费者和商家踌躇于网购和销售的成本。凸现京东对其物流能力和营业模式的自信的是，京东在2010年宣布：不限金额，不分会员级别，不分品类实行全场免运费。

表4.2　2014年京东的物流系统数据

种类	规模
库房	86个（分布在36座城市里，占地150万平方米）
物流站点	1620个（分布在495座城市里）
自提点	214个
快递员	24 412名
库房员工	11 145名
客服	5832名

数据来源：京东的首次公开募股（IPO）招股说明书，2014年4月1日

因为京东向它的电子商务消费者承诺了高质量的商品和及时的送达，京东的商业模式被视为是亚马逊和UPS的结合。京东的理念是自己来完成从线下订单到商品送达的整个过程，以更好地控制配送服务和商品质量。相应的，京东的IT系统，支持并监管着整个过程，而且它把这个系统的数据跟其他商家共享。尽管建立自己的配送系统耗资巨大，但是京东可以比它的对手更快地处理订单。而且，京东的支持者相信，这种模式将京东同它的竞争对手区别开来，因为这种模式的假货更少，配送中产生的损坏的机会也更小（比如说保健品，或者新鲜水果这种容易在配送中损坏的商品）。

跟有自己的物流服务的京东不同的是，阿里巴巴依赖于第三方的物流提供商。但是这并不是说阿里巴巴就没把物流当作消费者的购物体验里的重要环节。它跟物流合作伙伴配合起来，在更多的中国城市里加速配送服务，而且它还直接投资到物流系统里。例如，2013 年阿里巴巴、银泰集团等合作伙伴共同组建了菜鸟网络，一个数据驱动、社会化协同的物流及供应链平台。这次入股为阿里巴巴带来了很多物流合作伙伴，而且它还不必直接拥有这家企业里的任何一家实体物流公司。作为回报，阿里巴巴提供了自己的大数据和 IT 部门，来帮助建立一个配送路线计划、实时追踪、消费者满意度评价、订货量预计等信息的物流信息系统。通过信息系统所支持的仓配网络，打破了以往快递行业"揽件—中转—派件"的业务流程，使阿里巴巴的物流合作伙伴得以优化它们的仓库、交通和人力资源配置，从而大幅提升了商品配送的时效，优化了物流服务体验。

京东和它的创始人刘强东相信，随着更多的中国人迈进中产阶级，他们会更重视购物服务。因为这个原因，京东将它先进的配送服务和强大的售后服务，视为在电子商务业竞争的一个决定性优势。比如说，在最近的一次光棍节促销里，京东使用的广告口号就是"相同价格，买正品"。在京东的一个广告里，一名年轻的白领在进行面试时感到尴尬，因为她在网上新买的红裙子，在面试官的沙发上留下了染色痕迹。广告没有说她是在哪家网站买的裙子，但是所有人似乎都知道那是京东竞争者的网站。

然而，阿里巴巴的创始人马云觉得京东的模式难以长期发展，因为它无法面对中国的电子商务市场的爆炸性增长。根据 2015 年咨询公司 KPMG 的报告，中国的电子商务市场已经比美国的要大了，而且到了 2020 年，它的规模将超过美国、英国、德国、日本和法国这些市场加起来的总和。事实上，京东已经雇有 5 万名员工，来处理库存和物流，但是据说它的物流网络仍然在比如光棍节这样的购物高峰时期有了明显的不足，被迫在全国范围内雇用临时工来帮忙。

京东的一名高管曾经这样描述目前中国的电子商务物流面对的挑战："有 30 支 NBA 球队，但是只有几家学校的体育馆可以打球。"

引用具体的京东数据，阿里巴巴的马云声称京东这种依赖基础设施的模式，所需要的资本投资将会随着市场的增长而呈指数增加（见"从猫狗大战到马牛之争"方框）。"你知道京东现在多少人吗？"他提出了这个问题然后自己回答："5 万人！阿里巴巴是慢慢长起来的（暗示阿里在行业的时间更长），现在才 23 000 人。收购加起来是 25 000 人。你知道我为什么不做快递？现在京东 5 万人，仓储将近三四万人，一天配上 200 万的包裹。我现在平均每天要配上 2700 万的包裹，什么概念？中国十年之后，每天将有 3 亿个包裹，你得聘请 100 万人，那这 100 万人就搞死你了，你再管试试？而且它的 60% 收入是在中关村和淘宝，它自己网上不可能这么大量。所以，我在公司一再告诉大家，千万不要去碰京东。别到时候自己死了赖上我们。"

从猫狗大战到马牛之争

因为京东的品牌形象是卡通狗，而阿里巴巴的天猫商城有一个猫作为吉祥物，所以这两家电商巨头间的竞争有时也被戏称为猫狗大战。2015 年春节期间，阿里巴巴的创始人马云和京东的创始人刘强东，在社交媒体上，就各自的商业模式进行的你来我往的唇枪舌剑交锋，给中国网民带来了节日的欢乐。

面对马先生对自己的商业模式的直接质疑，京东选择了以一首精妙的中文诗歌来回应。京东的诗歌暗含讽刺地赞美马云先生是一个孤独的智者，而京东会思索他的"远见"。

然后诗歌继续对比两家公司，声称京东正在努力提高客户服务，而市场很大的阿里巴巴的质量管理则做得不佳。如同诗歌所言，阿里巴巴确实"在讲台上大展云图"，而京东则"在柜台前专注服务"；阿里巴巴"舌绽莲花"，善于空谈，而京东则脚踏实地地"建设商路"；阿里巴巴作为一个市场，"八方来财，轻松自如"，而京东则选择了"采销合一，质量把关"，试图"感动主顾"。总而言之，虽然"我们常常相互盼顾，但其实并不同路。让你如此操心，使我泪流如注。"

京东对自己的模式展示出了极强的信心，它总结道，"时间会证明，它是个公正的和事佬。"诗歌的精妙在于它使用了双关语，融合了马云的姓氏——"马"字，因为阿里巴巴预计自己会存活至少 102 年，而中国古代哲学家庄子曾用"白驹过隙"一词来形容时间飞快流逝。诗歌最后那句是："一马倏忽不见，我自躬耕而行。心怀虚无之念，不必妄自多情。"

在社交媒体新浪微博上，马云用自己已认证的账号向京东道歉，但是坚持说他的评论是私人对话里的一部分，缺乏对话的背景。"恭喜您马总，聊天聊嗨了？没想到朋友录音成文吧？"（马云转述，他的公关部王老总在取笑他）但是马云承诺自己的公关部，在未来他会更小心的——就像网上传说的那样，证券交易市场的内部交易者会选择一些人没法儿穿很多衣服的地方讨论事情——这样参与者就无法带上麦克风和录音设备了。"防不胜防，下次聊天上澡堂……"

附：京东作诗回应马云标题是：《我们会做好自己，实践将证明一切》

什么是大师？

大师就是你问他格局，他跟你说骄傲——阿里、腾讯、百度已经不是一个档次，我们阿里一马当先。

你问他战略，他跟你说孤独——再过三五年，有几个人看得懂我在买楼？

你问他未来，他跟你说命运——如果美国有一个阿里巴巴，亚马逊还能活吗？

你问他竞争，他跟你说悲悯——京东将来会成为悲剧，这个悲剧是我第一天就提醒大家的……

其中禅语机锋，我慢慢悟。但目光怜悯又让我糊涂。

你起于讲台，纵横捭阖，大展云图。

我兴于柜台，俯身躬耕，专注服务。

你舌绽莲花，构建系统，俯瞰众生。

我筚路蓝缕，傻大黑粗，建设商路。

你建场收租，八方来财，轻松自如。

我采销合一，质量把关，不敢马虎。

你点钞机一开，好运自然来，我们羡慕，却不嫉妒。

我子弟兵数万，努力做自己，尽心只为，感动主顾。

虽然我们常常相互盼顾，但其实并不同路。

让你如此操心，使我泪流如注。

莫名感（qi）动（miao）之后，既然你要穿越三个世纪，我们相约百年好不好？

改一首诗送给你，时间会证明，它是个公正的和事佬：

一马倏忽不见，我自躬耕而行。

心怀虚无之念，不必妄自多情。

两个互联网巨头之间的唇枪舌剑引起了不少的风波，而这两位创始人的强烈个性给这种对呛添加了更多的色彩。然而，电子商务业将这种你来我往看作严肃的辩论，争论哪种模式代表着会在长期胜出的电子商务模式。仔细体会京东回应马云所作的新诗，面对着马云对京东的可持续增长的质疑，京东的回应并没有直接提供为自己的模式辩解的经济分析。从某种程度上看，京东自己的话，间接地承认了它的模式涉及高成本和投入（"俯身躬耕，构建系统，建设商路"），并且没有像阿里巴巴那么轻松盈利（"建场收租，八方来财，轻松自如"）。

但是京东还是自信地继续走着自己的路，建立起了它的物流网络。在它的官网上，京东骄傲地宣布，它有中国电子商务业最大的仓储设施。根据 2016 年底第三季度财报期间的数据，京东的物流平台的配置比起 2014 年上市期间的规模又上了一个规模层级。但是在 2016 年 7 月，《财富》杂志中文版发布了 2016 年中国企业亏损榜，在榜单中，京东商城以亏损 93.7 亿元成为 IT、互联网行业中亏损最多的企业，又一次获得"亏损王"称号。

表 4.3　2016 年京东的物流系统数据

种类	2014 年 4 月 1 日规模	2016 年 9 月 30 日规模
库房	86 个，占地 150 万平方米	254 个大型仓库、550 万平米的仓储设施
物流站点 / 自提点	1620 个物流站点，214 个自提点	6780 个配送站和自提点
覆盖全国区县	近 2000 个区县	全国 2646 个区县

数据来源：京东的 2014 年招股说明书，2016 年 Q3 财务数据

因此，在中国网上零售增长速度在不可避免地放慢的大背景下，京东模式的长期可持续性，是一个不可回避的公司战略问题。

京东通常被拿去同亚马逊做对比，后者是美国领先的网络零售商。它们有

相似的发展轨道，并且商业模式上也有相似之处。例如，它们的资产负债表上都有"很大的"资产；它们都在自建的库存系统上投入了很多资本；就像京东相信快速且可靠的配送是消费体验里的区别因素一样，亚马逊也强调更为快捷的配送。然而，比起更为成熟和业务多样化的亚马逊，京东的收入来源分布上有很大的区别。

比如说，亚马逊先进的系统和数据处理提供了直接零售之外的收入来源。亚马逊在云计算业务方面做了大力投入，命名为亚马逊网络服务（Amazon Web Services，简称 AWS）。当亚马逊把它的仓库和物流系统提供给零售合作伙伴时，亚马逊收取一定的费用。此外，亚马逊还发布了 Kindle 电子阅读器，围绕 Kindle 系列和其他亚马逊的职能设备（亚马逊还进入了智能手机领域）打造全新的数字媒体生态。亚马逊的消费者会使用电子阅读器 Kindle 来看亚马逊原产的娱乐内容（如在中国大红的美剧《纸牌屋》），而在娱乐内容里还可植入其他亚马逊产品的广告。

目前，京东的主营业务聚焦在零售上，它的损失的很大一部分都可归因于它跟其他零售商的价格战。正因如此，虽然京东经常被视为中国的亚马逊，但是目前京东主要还是"一家完全将网络融进了自己的商业模式的零售公司"。在2016 年底，京东集团推出"京东物流"全新品牌标识，并正式宣布将以品牌化运营的方式全面对社会开放。一直被视为京东集团烧钱最多的成本中心的物流配送，能否迅速成为开放平台的利润中心，市场拭目以待。

此外，京东进一步努力拓展从核心零售业务衍生的其他营收来源。美国零售商沃尔玛的案例显示，来自零售的利润还是很有限，但是零售业提供了公司可以操纵的交易量和现金流，而京东正在朝向金融服务的方向迈进。2015 年 6 月，在京东一年一度的网络销售大会上，公司提供数据显示有大约 8% 的网络购物者是用京东借贷在消费，而这个数字是前一年的好几倍。除了越来越多的人在从京东金融处借钱然后在公司的电子商务平台上消费以外，金融服务公司也在提供小额贷款。京东还在逐步建立起了自己的信用打分系统，因为公司从事电子商务已经有十多年，它本身就有现成的大量在线购物数据。

和开放京东物流一样，消费者金融商业很可能会成为京东前进道路上的一个重要的新收入来源。在这种背景下，它不仅仅是一家零售商，而且还是一个像沃尔玛那样的在线供应链和金融公司。总之，京东正在飞速创新和转型，京东模式的支持者认为，京东融资的资金大量用于仓储和物流建设，打造自身优势，未来随着建设投资的完善，营收的高速增长，盈利是完全可期的；而京东也将成为一个越来越像亚马逊的真正的网络公司。

第二，中国农村地区已经成了最大的新战场。中国差不多近一半的人口都在农村，所以这个市场在电子商务方面的潜力十分巨大。随着城市市场变得越来越饱和，农村地区为电子商务公司提供了最大的增长潜力。一方面，数亿村民开始使用电子零售网站，成为活跃的网上消费者了。另一方面，电子商务创建出农副产品运输到城市里的新渠道，每一个农民都可以成为在线商家，因为城市对新鲜、安全的农业产品的需要正在快速增长。

根据 CNNIC 在 2016 年底的数据，虽然农村地区的网络人口还在增长，中国农村地区的互联网普及率近期有了下降的趋势。未来农村地区网络人口的增长，需要的是向偏远地区的网络基础设施的大量投资，这可能需要中央政府的政策来继续支持。而且，改变购物习惯，从实体店转向在线平台，这对很多农村居民来说，可能需要一些时间。他们必须建立起从虚拟店铺里购买产品的信任感，发展出品牌意识，并且学会如何在线下单。

图 4.2　农村地区的网络普及率（%）

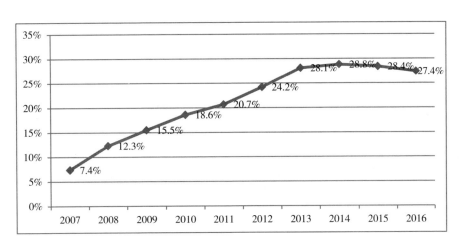

数据来源：CNNIC，2016 年 12 月

　　近年来，阿里巴巴和京东都发起了大规模的活动，来刺激农村地区对电子商务的兴趣。2014 年 5 月和 6 月，京东跟农业部合作发起了活动，邀请村民来它的网站购物。它也派了一个团队的雇员，在长达六个月的时间里，在超过 100 个镇子上进行营销活动。他们邀请当地人去学习如何在网上购买书籍、杂货和其他日常用品，虽然这些东西对于城市居民来说都是再熟悉不过的了。2014 年 7 月里，阿里巴巴进行了一个月时间的推广活动，全国范围内，凡是在它的网站上购买家用电器的人，可以享受免费送货服务。

　　现在，农民成为在线购物者和生鲜农产品的互联网店主的趋势不错。咨询公司麦肯锡在 2015 年发布的一份报告显示，虽然网络普及率比较低，但是超过 60% 的农村地区的互联网用户都在网上购物，他们差不多跟城镇居民一样活跃。更有趣的是，调查显示，超过 25% 的农村购物者，跟一线和二线城市的购物者相比，更觉得自己能够玩转网络，而且将自己视为是"在线购物大师"，热切地尝试着新产品和服务。

这就帮助解释了为什么"淘宝村"正在如同雨后春笋一样在全国各地发展起来（见"淘宝村"方框）。根据阿里巴巴的定义，一个"淘宝村"指的是"一座村庄，超过 10% 的家庭都有网络店铺，而且村庄一年的电子商务收入可以超过人民币 1000 万"。根据阿里巴巴集团的阿里研究团队的《中国淘宝村研究报告（2016）》，全国的淘宝村从 2009 年的 3 个，发展到 2016 年超过 1300 个淘宝村，广泛分布在 18 个省市区。其中，浙江、广东和江苏的淘宝村数量位居全国前三位。

淘宝村

淘宝村是网络改变中国农村地区生活方式的最佳范例。青岩刘村号称"淘宝第一村"，它在总理李克强 2014 年 11 月参观了村庄以后，变得声名远扬。总理同网店店主、供应商和快递员交谈，称赞电子商务为城市和农村居民创造了平等的商业机会，并且缩小了两者在生活水平上的差距。

15 年前，青岩刘村还是一个以农业为主的村庄。它属于浙江省的义乌市，这座城市以出产小商品而闻名世界。义乌国际贸易中心是世界上最大的小商品批发市场。当网络热潮到达这个村庄时，一些具有创业精神的农民想到，村庄是一个开网店的完美地方，因为它距市中心只有几公里，隔壁就是一个很大的货运市场（义乌国际贸易市场），而且空房子很多（因为农民都进城打工去了）。

青岩刘村变成了阿里巴巴电子商务网站的很多供应商的总部。现在，跟村庄联系起来的网店的数量，是村子里房子数量的十倍之多。村里满是仓库、物流公司、广告公司、打包公司和所有种类的服务供应商，这里就像是一个大型的繁忙的露天运输中心。从一片农田到一个电子商务中心，青岩刘村是中国迅速城市化和网络普及的一个缩影。

从青岩刘村第一代商家的经验来看，一个村民要参与到淘宝的市场里，是非常容易的：一个乡村企业家只需要有一个 20 平方米大的空间，买一台二手电脑，再找到基本的网络链接就可以成为一家在线零售（B2C）的创业公司，去拥抱电子商务了。有无数店铺的青岩刘村和遍布全国的其他淘宝村，共同构成了阿里巴巴的电子商务帝国的根基。进而在 2015 年以来，B2B 类的电商村开始规模化出现，这类村庄与本地产业集群的关联更加紧密，并且极大地拓展了未来淘宝村交易规模的想象空间。

跟培养农民的互联网购物习惯相比，配送系统是攻占农村市场一个更大的挑战。在中国东海岸的那些大的繁华城市里，几乎所有的东西都能在一天之内送达，但是农村地区的送货情况是完全不同的。很多快递公司不在县级以下的农村地区提供服务，因为村子分布得很散，地址难找，而且狭窄的农村道路也经常没法让送货的车顺利通过。需要改进的关键地方，是更好的送货上门服务（这样农村地区的消费者就可以享受同样的快递服务了）以及更好的售后服务（对于城市里的消费者来说这已经变成了理所当然的服务）。

京东已经宣布，公司未来几年计划在不那么发达的地区开几百个实体服务中心。除了要完成农村地区的"最后一公里"物流以外，这些服务中心还准备吸纳新人，培训几千名雇员，来推广电子商业，帮助农村地区的消费者在网上下单，并且提供售后服务。究竟是阿里巴巴的淘宝村这种基于社区的系统会胜出，还是京东的物流系统能赢得更多农村地区的用户，我们拭目以待。因为中国农村地区有 6 亿人口，并且互联网的渗透还有巨大空白，因此农村地区的竞争可能会决定谁才是中国市场份额的终极赢家。

第三，移动零售领域——特别是基于社交网络、娱乐交互的移动零售——的战役才刚开始全面打响。中国有规模最庞大的智能手机用户，因此消费者往移动端转移的潮流势不可挡。这一方面反映了中国消费者对购物速度的要求和对任何时候都能购物的便利的要求。比如说，根据 CNNIC 在 2014 年的数据，13.9% 和 10.6% 的消费者，分别是在使用公共交通工具和排队的时候，在智能手机上进行购物的。另一方面也体现了社交网络、娱乐交互在形成购物念头和决策过程中的影响日益增加。艾瑞咨询的 2016 年电商年度研究报告的数据显示：唯品会、聚美优品、蘑菇街等新兴的时尚电商的移动端在整体交易额占比中均超八成。

在跟腾讯结盟之前，京东的移动渠道很有限。就在京东于 2014 年首次公开募股之前，腾讯以 2.15 亿美元的价格买下了京东 15% 的股份。结盟以后，京东服务在中国的微信平台上占据到了显眼的推广位置；腾讯的移动支付工具也填补了京东的电子商务空缺——阿里巴巴的电子商务帝国有它附属的支付宝来支持，后者是在中国占据了领先地位的在线支付系统。京东的支持者期待，京东通过跟腾讯和微信的结盟，可以从移动社交网络为京东带来新的用户，并且将网络的娱乐特色加入到直接零售里。

为此，京东已经测试了不同的市场营销模式，来迎合微信用户的购物习惯。比如在 2014 年，它通过腾讯的 QQ 和微信社交媒体网络连接的零售门路，向中国区的用户排他性地预售微软的 Xbox One。京东的创始人刘强东 2015 年 10 月，在一段采访里声称，在 2015 年第二个季度，超过 20% 的新的京东用户来自微信和 QQ 社交网络。但是挑战在于，京东还必须有效地把微信上的社交流量成功地转化成购买意愿，然后再变成购买行为（主动上阿里巴巴购物平台的用户，大致都是已经有购物计划的买家）。在同一段采访里，刘强东承认，京东只成功地让不到 10% 的来自腾讯的用户在网站上购物。

　　由于腾讯已经拥有移动社交网络的超级 APP 微信，阿里巴巴自己努力建立的短讯 APP "来往" 因为微信的网络效应没能成功做大。由此阿里巴巴近年来在很多项目上大力投资，包括新浪微博（中国版的推特）和 UC 浏览器——中国最大的网络浏览器公司之一，去扩张集团的社交网络和移动能力。到目前为止，阿里巴巴将电子商务领域的传统领先地位带进了移动购物世界。就像图 4.3 展示的那样，2016 年阿里巴巴在移动购物中依然稳居首位，占比 82.6%（虽然较 2015 年下降 1.6 个百分点）。

图 4.3　2016 年中国移动购物交易的市场占比

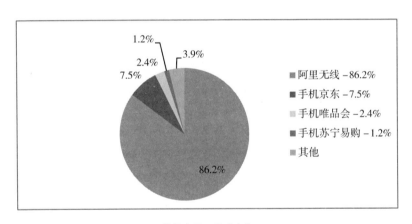

数据来源：艾瑞咨询

　　从市场发展的方向看，京东和微信的结盟对于京东未来的移动电子零售来说，有很大的潜力。对于生活必需品和标准化产品来说，口口相传的营销没有多少空间；但是当消费者需要的是更多的品牌产品时，社交推荐的影响要更大一些。根据 CNNIC 在 2015 年对在线购物市场的报告，中国消费者在购买决定上，基本上仍然会首先考虑价格因素，而不是品牌因素。然而，京东正在等待90 后和 00 后这两代人成为主流消费者——他们追逐品牌，并且热衷在社交网络上与同伴分享，这可能会给京东和微信平台的销售带来巨大改变。2015年10月，这两家公司宣布了新的合作，叫作"品牌商贸"，来把两家最好的资源放到知名品牌的产品上。艾瑞咨询的年度数据显示，在2016年京东占比增长1.8%至7.5%，是唯一获得较大幅度提升的企业。

图4.4　网络购物用户购买商品时，网购决策的关键因素

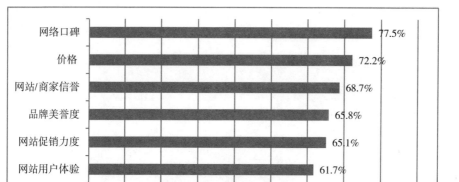

数据来源：CNNIC网络购物市场研究报告，2015年12月

　　就如本章开篇提到阿里巴巴的马云对京东模式表示强烈悲观，马云也给京东和腾讯的结盟给出了方向性的结论，一并出现在他的两位闲聊朋友的畅销书里。马云认为无论是微信红包，还是腾讯联手京东，都还只是战术级的举措，对阿里构不成真正的威胁。"今天中国，战略取胜，我们是高于腾讯不少。"根据那本书，马先生是这样说的，"今天微信跟大众点评合作，大众点评没搞出什么；微信跟滴滴合作，也没见搞出什么；今天微信跟京东合作，更愚蠢。"在这个模式辩论里，也只有让时间再一次作为见证人和调停者，让我们拭目以待

（不过，仔细品味马云的评论，似乎他关注的主要竞争者是微信而不是京东。在下一章将会看到，依赖着独特社交网络力量的腾讯，建立起了自己的移动电子商务平台，成为阿里巴巴在O2O市场中的强劲对手）。

全渠道（omni-channel）模式

关于中国未来的电子商务模式的辩论还在继续，以下表4.4总结了两大电商在策略上的不同之处。

表4.4　阿里巴巴和京东的主要区别

	阿里巴巴	京东
商业模式	零售商的在线交易平台	在线直接销售
经营范围	电子商务市场 宽广的多种服务 聚合性在线系统	直接零售和物流配送 开放物流系统给第三方 进入了金融领域
交易额	巨大	相对来说比较小
物流	跟第三方公司合作，提供物流服务	在全国范围内拥有库房、调度中心和配送网络
收益来源	市场营销和服务收入；佣金	零售价和成本的差价
利润率	高	低
资产	轻	重
发展方向	变重（比如银行业务、医疗服务）	变轻（比如网络金融、智能电子）

除去运营模式的不同，两家公司都依赖着规模经济，来降低成本，而阿里巴巴目前在这一重要领域领先。到目前为止，阿里巴巴的交易平台 / 第三方物流模式，被证明比京东的模式要更具扩展性。因为阿里巴巴的模式只需要网络入口、消费者下单和一个物流地址来到达新地区的新消费者，总体上看，它在中国扩张得更快，规模经济的效益更明显。对比看来，京东的模式是资本密集型的，因此市场份额较小、增长速度相对较慢。

然而，尽管阿里巴巴目前资本投入少而利润率更高，这却并不意味着京东平台的"重资产"模式就没有任何竞争优势。京东拥有它的商品库存和物流系统，这不仅给了京东对运送过程和产品质量的更多的控制，而且也给公司在未来给越来越多的年轻消费者提供定制的消费体验提供了抓手。此外，在这个飞速变化着的移动网络市场上，任何公司的互联网商业模式随时都有可能被新生的竞争者所颠覆，因此重资产为公司提供了更多的抗风险能力。

事实上，阿里巴巴和京东都在向一个更"资产"平衡的模式发展。比如说，阿里巴巴正在向银行和医疗这样的重资产上投资，而京东正在向更轻巧的领域，比如网络金融和智能电子方向迈进，来提高它的收益率。最能显示它们的相似方向的，是它们都在加强跟传统零售巨头之间的合作。

随着近年来在线购物的崛起，传统的零售商在逐步地失去客户，因为人们都到阿里巴巴和京东这样的购物网站购物去了。这种转变的第一波浪潮自然影响到了标准化商品——所谓的"购物篮商品"——比如文具、厨房餐具、附带产品等，因为事实证明了电子零售既方便又经济。不久以后，甚至连品牌服饰——消费者更愿意在购买之前试穿的商品——也受到了电子商务的影响。零售店逐渐变成了展示间或者试衣间，消费者会先去店里看看，但是随后却在网店购买商品。简而言之，传统的线下零售似乎快要逐步消失。

然而，在大量消费者转向在线商铺并开始利用移动网络在线购物的时刻，阿里巴巴却引领新潮，在近年里向传统零售商大力投资。2014 年 3 月，阿里巴巴以 6.92 亿美元的价格收购了著名百货公司银泰 10% 的股份。在收购时，银泰在中国拥有 28 家门店和 8 个购物商场，以及超过 150 万的固定消费者。在宣布联手的时候，两家公司发布了"全渠道"的策略（即打通线上线下全部渠道的零售模式），想要把银泰在全国的零售门店系统，同阿里巴巴的电子商务平台和消费者的大数据结合起来。

在阿里巴巴入股以后，银泰计划把它的全部库存放到网上，并且把它的固定客户信息跟阿里巴巴的支付宝系统联系起来。其中一部分的改进是智能库存，就是关于各种商品的定价信息、更新数量和实际地点的实时系统。比如说，如果一个消费者在一家门店里找不到一件尺码或者颜色合适的 T 恤，数据库可以找到距这个消费者的家最近的库存商品，然后从实体店里，把商品直接寄送到消费者家里。过去，门店会先要求另一家门店把商品送过来，或者要库房把商品送到门店，才能让消费者来门店自己取货，而这常常要花好几天时间。

阿里巴巴更近的线下零售收购，是它有史以来最大的投资之一，并给电子商务业界带来了更多的冲击。2015 年 8 月，阿里巴巴向苏宁投了 283 亿元，成为苏宁第二大的股东，而苏宁则以 140 亿元，购买阿里巴巴的股票。苏宁是中国最大的零售商之一，在交易时它在中国的 289 座城市里拥有超过 1600 家门店，售卖电器产品、家电和其他产品（值得一提的是，电器销售也是京东的核心业务）。

当然，京东绝对不会无视竞争对手的大动作。在阿里巴巴和苏宁结盟的那个月里，京东以 43.1 亿元的价格，购买了永辉超市 10% 的股份，后者是另一家国内主要超市。永辉超市创建于 1998 年，在京东投资的时候，它已经在中国拥有 364 家门店，并且计划在未来一些年里再加开几百家。跟阿里巴巴向银泰的投资类似，京东的目的也是利用永辉现存的实体店网络，来加强自己的供应链，并且令自己的线下产品更加多样化。电子商务界在"全渠道"上的竞争，现在已经是一场白热化的战争了。

在这三笔投资里，阿里巴巴和苏宁的联盟尤其特别。需要指出的是，苏宁在结盟之前已经发展出了自己的电子销售市场。作为一个传统电器零售商，苏宁进入电子商务领域的时间比较早，而它也投资高科技，来为自己的在线商铺和实体店搭建交叉渠道。就如本章开头的电商市场份额图所显示，在 2015 年同阿里巴巴结盟之前，苏宁本是就在中国 B2C 电子零售商三甲之列。

阿里巴巴和苏宁之间的联盟，是电子零售进入全渠道时代的最佳范例：它意味着即使电商和线下零售巨头都清醒意识到，没有一家零售公司可以轻易涵盖在线和线下的所有消费者。在如今的高度连接的世界里，一个消费者的购买路线跨越了线下和在线平台。商家必须保证，它们能涵括消费者所有可能的渠道，因为有了智能设备的消费者正在变得越来越精明，可以玩转所有渠道。

为了给消费者提供无缝转接的体验，网络公司和传统的零售商必须使用在线和线下的一切接触点，来涵盖消费者的购买决策和实际购买的路线全程。这包括了在线搜索和对比，在线下商店里试用，在线支付或者线下支付，在线安排配送，或者在实体店自提。在全渠道的背景下，处于便利位置的门店会继续吸引消费者前去，但是当使用网络、市场营销、物流、售后服务同客户互动时，它们也要有一点在线商铺的氛围。结果是，在线电商和线下零售的区别正在变得模糊，几乎要消失。

全渠道模式为消费者提供了无限的选择，并且使用过程十分方便和简单。然而商家则必须向大数据科技大力投资。全渠道时代的消费者可以便捷地在"进店购买，在线购买、物流递送，社区提货"等多种交易场景间自由切换，所以零售业需要通过更多的渠道来触达顾客，同时相应地在所有渠道上追踪消费者的行踪。需要收集的商业数据不仅仅包括消费者针对具体商品的购买模式，而且还涉及他们的总体消费习惯，还有他们的社交网络和社交行为。要获得回头客，商家必须为消费者提供个性化的购物体验：不仅仅了解消费者的需求，还得知道他们想在哪里购买，以及他们想要怎样的体验。

比如说，面对着电子商务挑战，购物商场都被迫以建筑设计、提供商品之外的服务和创造一种放松的环境之类的创新，来使自己脱颖而出。一些高端商场，将文化展览之类的"体验消费"，融进了自己的零售门店里。目标是为来商场的人提供额外的体验，这样他们就不得不亲自来到商场里，享受购物体验，而不是就坐在家里，点击鼠标来完成购物（这种消费者的在线购物和线下活动的结合 O2O 是下一章的主题）。

"全渠道"潮流解释了，为什么阿里巴巴的 CEO 张勇，会在他的 2016 年新年演讲里，提到公司未来的增长策略时，会更多地强调"数据"，而不是"商品交易总额"。他还继续将阿里巴巴定义为一家"数据公司"，使用用户、商家和服务系统的数据，来运行阿里巴巴的系统。在这个背景下，数据位于张勇描述的电子商务的四个未来方向的核心位置（见图 4.5）。

同样，在这个"数据"背景下才可以更好地理解最近围绕物流数据的一场激争。2017 年 6 月，阿里巴巴旗下的菜鸟网络与物流龙头顺丰快递因快递柜的信息端口问题出现争执，相互关闭数据接口。随后，事件波及范围持续扩大，多家快递公司以及京东等电商平台都从不同程度上涉入此事，各家公司纷纷选边表态，直至三天后中国国家邮政局介入调停，双方握手言和。整个过程中，核心客户数据的归属是所有争执的焦点。一方面，作为阿里系的菜鸟网络，当然是希望能整合到更多直接的物流数据；而对于快递龙头顺丰，也希望通过数据更加深入到电商等领域。菜鸟与顺丰之争，预示了未来电商行业围绕数据的竞争将日趋激烈。

图 4.5 电子商务的未来方向

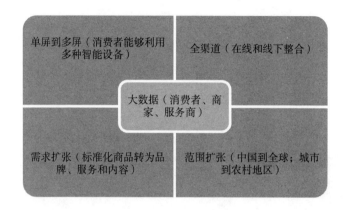

在这一章的结尾，再回头看看阿里巴巴和京东的商业模式的辩论吧。虽然它们的创始人之间的唇枪舌剑会让一个旁观者相信，它们的商业模式之间有着本质的差异，但是在"全渠道"时代，伴随着各自的持续扩张它们未来会在零售领域逐渐相似。不过，那一个争论已经不重要了——阿里巴巴的马云在近期提出，阿里从 2017 年起不再使用电子商务概念，因为这个词将被淘汰。未来的线下企业与线上企业将完全融合，利用大数据，形成"新的零售业"。毫无疑问，新的模式辩论又将开始了。

第五章

移动电子商务和线上线下 O2O

数字
经济 **2.0**

● 红包大战三部曲

科技的发展一直在悄然改变中国传统的春节习俗。在几十年前的春节人们可能是去参加龙灯、灯笼、鞭炮这些传统活动；改革开放之后电视在城乡家庭普及，除夕夜人们开始阖家看春晚；在VCD和DVD风靡的时代，人们在春节期间呼朋引伴看大碟；在普通手机和短信发达的年代，群发祝福短信伴随跨年钟声到达每一个人的手中。在这个数字时代，传统的"压岁钱"红包习俗也走上网络，并且成为在移动设备上人人参与的互动游戏。

网络红包的首次出现，是在2014年初马年的春节期间，由腾讯在其即时通讯和社交网络平台微信上推出。居民向家人和朋友表达问候，公司向雇员们表达感谢，都可以使用微信红包的方式。发红包的人先把红包功能和他们的支付功能连接起来（比如银行卡），然后就可以方便地把钱装进虚拟的红包，通过微信送给他们朋友圈的人。收红包的人可以瞬间收到红包，不过需要把他们的银行账户和红包关联起来，这样才能够用红包里的钱进行线上消费或是支付线下服务，比如叫出租车。除了微信用户发放的红包以外，腾讯自己也向公众发放了大量的红包，向全国用户拜年。

图 5.1　网络红包中的移动电子商务（内容显示不完整）

发红包的人
- 其银行账户和微信支付系统连接
- 转钱进入微信账户
- 在微信社交网络上发放红包

移动支付系统
- 微信社交网络
- 腾讯支付系统（微信支付）

收红包的人
- 安装微信应用
- 获得网络红包
- 连接银行账户，获得红包金额
- 通过微信支付线下消费

腾讯当然不是在为中国网民的春节庆祝扮演圣诞老人的角色。因为收发红包的人都需要安装和关联微信支付应用，还要关联他们的银行账户和贷记卡，腾讯希望这样网民就可以在玩游戏的同时成为微信支付用户。通过网络红包，腾讯巧妙地引发用户去体验微信支付系统，以传统习俗配合营销策略来争夺对中国消费者的电子钱包的控制权。

让很多互联网公司（甚至包括腾讯自己）惊讶的是，网络红包概念在一夜之间获得了中国用户的热捧。从除夕到初八，有超过 800 万用户参与了红包活动，超过 4000 万个红包被领取，很多人甚至为红包到了废寝忘食的程度。许多用户发现通过电子手段发放红包更加方便和安全，特别是城市中的农民工无须带着大量现金加入"春运大军"。

年轻人则更喜欢红包游戏中的娱乐元素：由于免费红包的数量是有限的，人们必须抢着去点击链接，以确保能"抢"到红包。抢这个词把红包从一种被动的传统习俗变成大家都参与的活动，并且增加了悬念，让整个过程变得更加有趣。2014 年春节，数亿人黏在他们的智能手机而不是平时过年时的庆祝活动上，想要尽可能多地抢到他们亲朋好友和腾讯发放的红包。

此外，用户还可以象征性地把钱扔进微信群里面的朋友，通过算法将钱随机分配给大家。红包未打开之前，没有人知道里面到底有多少钱。这种悬念不仅给用户带来更多的乐趣，而且还增加了发放红包的黏性：在实际结果出来之前，用户会一直关注红包，而在开红包后，取决于他们从整个红包当中拿到了多少，他们会以开心、骄傲、嫉妒或者失落的情绪一直继续谈论。同时，微信红包整个过程设计得非常简单，用户只需要点击几下就可以玩这个游戏，这让游戏更加流行。许多移动互联网用户可能从未用过电脑，甚至不会用手机打字，但是抢红包却没有任何难度。

腾讯的微信红包瞬间风靡，最震惊的还是阿里巴巴的创始人马云。趣味、黏性和便捷三个特征使微信支付获得了一场成功的营销活动。这场突如其来的抢红包风潮，让微信用户心甘情愿地将其银行卡绑定至微信上。腾讯只用了很少的资金投入，就获得了大量的活跃用户，以及重要的数据（银行账户信息），还让用户熟悉了微信支付服务，为微信推广移动支付奠定了基础。虽然阿里的支付宝比微信支付早十年进入互联网支付服务，但是比起支付宝，人们每天更经常打开微信的平台界面。在他对阿里巴巴员工的讲话中，马云将微信红包活动比喻为"珍珠港偷袭"（正如本章更多案例所显示的那样，趣味、黏性和便捷是移动互联网商业模式成功的三大关键因素）。

所以在 2015 年农历春节新年，阿里巴巴与腾讯同时推出红包活动，开始新年红包大战。根据中国媒体报道，阿里巴巴首先发出的总额达到 100 万元的 99 999 个红包，在 3 分钟以内就被抢光。在公司层面，网络支付工具支付宝发出了 4.3 亿红包，总价值达 1 亿美元，同时还包括了数亿美元价值的网络现金券。腾讯方面则继续与传统新年节目进一步连接：微信红包与 CCTV 的春节晚会合作，通过晚会直播向全球的中国观众发出了 1.2 亿个红包。

从数字经济的角度看，红包之战是两大巨头之间一次最大规模的正面较量。在移动互联网时代，用户的线上购物向移动端转移，所以互联网公司必须为他们提供移动支付系统的支持。但是这只是在线交易更大图景转换的开始。正如本章中更多案例所展示的，移动支付系统已经成为移动互联网用户和线下消费活动之间的重要纽带，这被称为是O2O业务，比如餐馆订餐、杂货店送货、到家美甲，或者电影订票等。互联网用户熟悉移动支付之后，能够驱动很多线下领域的移动商务发展，而远远不仅是零售电子商务。因此，第三方移动支付市场的竞争对于互联网公司的整体布局有着全面的影响。

相对于腾讯的微信支付，阿里巴巴的支付宝有更长的历史，从一开始就有淘宝、天猫和阿里巴巴其他电商网站所带来的数亿用户。然而随着微信应用的爆炸性增长，微信支付最近几年也显示出强劲的增长动力。同时，红包创意活动在一夜间吸引了无数微信用户注册微信支付服务。因此，腾讯得以将其支付市场份额在短短的一年时间内从5%上升到10%。马云所震惊的，不仅仅是阿里巴巴在移动支付领域的市场份额，更是更广阔的O2O市场。

2017年春节是红包诞生的三周年。然而腾讯在2016年底却又一次震撼市场，宣布微信不再对大众发送春节红包，其理由是微信红包已完成历史使命，将不会参加2017年春节红包大战。当然，网络红包已经成为人们新年活动的必然节目，腾讯也没有真的退出春节红包大战（而是由其另一个社交平台QQ参战）。阿里巴巴向娱乐、趣味性方向深入（下一章将详细讨论移动娱乐），由支付宝推出了AR红包。以花椒直播为代表的直播内容平台作为新媒体，也加入春节红包大战。此外，还有更多电视台与品牌参与到红包营销，红包已不再是互联网行业的专属游戏。网络红包逐渐成为数字经济的基础营销和运营工具，恐怕微信团队在2014年春节首秀时也未曾料到。

● O2O 的市场潜力

O2O 是个移动网络时代的新词，代表的是线下的商机和线上活动的结合。O2O 大致可以定义为是利用互联网使线下商品或服务与线上相结合，线上生成订单，线下完成商品或服务的交付。所以 O2O 包括 Online To Offline（线上到线下）和 Offline To Online（线下到线上）。在国内 O2O 和"线上线下"一词基本是通用的。

随着智能手机和移动互联网基础设施的普及，从 2014 年起更多中国人使用移动设备作为主要上网渠道。城市居民每天在城市中穿梭，使用智能手机安排他们每日的快节奏生活。在小城市和乡镇，没有台式机的人通过手机获得了上网初体验，也越来越多地在移动端来消费。他们很快适应了手机购物。由于巨大人口基数和城市化的推进，中国城市人口比很多发达国家密集，因此在 O2O 服务市场的发展上，在全球处于领先地位，并且潜力巨大。

短短几年以前 O2O 在中国还只是一个概念，但是现在却被认为是对现有电子商务模式最具颠覆性的力量——虽然在许多细分 O2O 市场还在寻找盈利模式。一、二线城市的网络发展水平、信息需求力度、产业支撑能力等都实力领先，因此 O2O 企业在一、二线城市率先布局，迅速集聚了颇具规模的 O2O 用户，未来发展重点将转向深化用户 O2O 应用行为，提升消费档次和使用频度。另一方面，O2O 产业逐渐渠道下沉进入三、四线城市用户，将迫切需要释放的商务、娱乐需求转化为 O2O 需求，迅速拓展用户规模。

O2O 市场主要包括三大参与方，即消费者，线下商家和线上平台；他们之间的复杂互动，可以归类为三种主要的 O2O 业务可以被描述如下。其中第一种模式覆盖了所有的服务种类，具有最大的商业潜力，也是本章的重点。

1. 商家通知潜在顾客，引导他们到了自己的店铺来体验顾客尚未了解的特别商品和服务。

2. 消费者在城市中活动的时候，进行网络购物（也就是移动电商）。

3. 商家向特定的消费者群体提供促销活动和服务信息，鼓励他们重复购买，管理品牌知名度。

表 5.1　O2O 三种业务

O2O 业务各方	第一种	第二种	第三种
消费者（目标）	体验新服务或非标准商品	处于方便或线下的困难而特别购买	获得促销和优惠信息，运送和服务更方便
商户（目标）	吸引新顾客	线上销售商品	忠诚顾客的重复购买
移动平台（服务）	线上发现机制（折扣券，顾客评论，社交网络和移动支付等）	移动支付系统完成特定交易	顾客关系管理（CRM）

第三种业务——移动信息推送

O2O 基本的形式是向用户提供持续的广告和促销信息，和线上、店内打折信息，这在前面章节中已经叙述过。例如，品牌在社交网络上建立自己的公众号，使用微信向订阅者发布信息，管理会员，和常客以及潜在顾客互动，并发送有针对性的促销信息。可口可乐、麦当劳等微信营销案例证明，O2O 信息推送可以帮助品牌吸引新客户，提升顾客忠诚度，或者提升潜在重复购买率。

又如，在全渠道零售环境下，电商网站和零售商会考虑，如何将折扣信息与顾客的消费习惯匹配，在他们进店的时候发送到他们的手机上。即使对尚未联入公司网路联系的消费者，商家也可以通过线下的接触点将他们纳入。走在大街上，几乎所有餐馆、花店、美容店和语言学校在他们的广告上都有二维码，以便经过的网民可以扫描加入，来了解商品和服务信息。

第二种业务——移动电商

这种 O2O 可以被称为移动电商，顾客可以在穿梭现实世界中时，随时随地通过移动终端进行网络购物。前一种业务的 O2O，只是在线下生活中，使用用户的智能手机等移动设备，作为发送产品信息和公司信息的新渠道。而移动电商可以让顾客在网上随时随地下单。相对于传统的电商环境，这需要更多的技术和平台支持，为消费者提供一个完整的购物体验。

其中，移动支付服务是一个关键环节，它对应的是中国消费者对任何时候购物的速度和便利性的需求。很多购买的决定是一时的决定可能来自线下的广告，聊天，或者只是突发奇想。因此，如果电商平台没有准备充分的方便的移动支付功能，大量的购买决定最终可能不会形成真实交易。移动支付在中国要远比美国和欧洲这样的发达国家更加广泛。很多中国人从没有使用过信用卡，现在却在使用互联网管理他们的支付、储蓄和投资；正如很多中国人没有用过台式电脑，却使用了智能手机而成为网民。

阿里巴巴集团所控制的支付宝设立于 2004 年，在中国第三方支付市场上历史最为悠久，现在无疑是全世界第一大移动支付公司，支付宝不仅处理阿里巴巴淘宝和天猫在线商场的支付业务，而且还处理很多其他各种类型的线上线下支付，包括公用事业账单、订票、餐馆和出租车账单。根据支付宝 2016 年初发布的报告，移动支付在中国欠发达的西部地区最为流行，这出乎很多人的意料。西藏自治区 83.3% 的在线交易由移动用户完成，在全国是最高的；其次是其他四个西部省份，贵州，甘肃，陕西和青海，那里平均接近80%的在线支付交易是通过移动设备完成的。其实原因可能非常简单，因为在人烟稀少的地区，线下的服务行业和银行基础设施等都欠发达，线上消费和移动支付给当地人们带来巨大便利。

腾讯缺少一个类似于淘宝或者天猫这样的平台，但是因为社交和购物行为在中国已经混合在一起，微信就成为通过口碑来推广商品的理想场所。通过微信，腾讯获得了一个基于社交背景的电商平台，它的发展过程反映了移动互联网公司移动业务中移动支付系统的重要性。

2013年9月腾讯启动了微生活体系，这是一套在微信上支持O2O企业的服务体系；但是，微生活受到的关注非常有限，主要问题就在于缺少移动支付系统。其背景是，微信研发团队采取了非常小心的措施，限制在微信上进行营销和广告活动。甚至在腾讯管理层内部也有人担心，微信平台上的商业活动可能会损害用户体验。与此同时，腾讯自己的支付体系，也没有被网民们广泛使用。缺少在线支付功能，微生活就很难让电商商户和线下商户形成一个业务闭环，得到的结果就是潜在消费者的消费冲动无法直接转换成微信平台上的交易。

如本章开始提到的，微信支付成功通过一次充满创意的网络红包活动，在2014年春节于在线支付领域爆发，打破了支付宝在这一领域的长期垄断。很快，腾讯就允许商户通过认证的公众号，建立"微信小店"，连接到微信自己的支付体系。微信小店可以用微信来做广告，并提供折扣，同时微信用户也可以直接用微信支付。此外，随着微信小店的推出，腾讯还正式允许个人微信用户建立微信内商店，做个"微商"来向他们的朋友和粉丝销售商品。基于朋友圈，微商可以建立起一套社交分销平台，甚至可以形成金字塔式的销售体系。

从小企业主的角度来看，微信小店和微商是对在淘宝上销售商品的一种低成本替代。这不仅是因为腾讯不收取任何费用，而且在淘宝上获得注意力越来越难，越来越贵，因此卖家就必须寻找新的低成本的流量渠道。由于微商行业门槛和运营成本较低，吸引了大量的品牌商户和中小商家，根据美国福布斯杂志引用的数据，2014年中国微商行业的商户规模达到914万，2015年已增长至1137万。

正如前面章节提到，阿里巴巴主要的电商竞争对手京东，已经和微信在2014年建立联盟。但是仍然在测试用何种方法将微信用户流量转变为京东电商平台的，买家流量。微信商店却提供了一个在微信平台上的自然闭环，它覆盖了社交网络信息收集，购买意图，下单支付等一整套流程，并且可以在社交网络上进行回馈分享。作为移动电商新势力，微商模式拥有与天猫、京东可抗衡的强大流量，随着微商模式的逐渐完善，它必将成为改变未来电商行业版图的重要板块。

第一种业务——O2O市场的最大潜力

O2O第一种业务就是当今最流行的定义，指的是在网上吸引客户流量，然后把他们导流到线下实体商店，购买实物商品或者获得生活服务，比如洗车、看电影、外出特色餐厅就餐等。它覆盖了日常生活的几乎所有方面，因此是O2O市场的最大潜力，也是本章下半篇的讨论重点。

这种O2O业务和传统电商有什么不同呢？传统电商只是提供一些标准品，比如通过邮递寄送包裹，而无法提供个性化的社交体验，比如去餐厅，酒吧，博物馆，或者在网上注册瑜伽或网球课程。体验性消费增长是中产阶级消费升级的重要部分，也是中国O2O趋势的核心；尤其是年轻消费者，他们寻求并愿意去为一些个性化的体验和娱乐付费（见"精子捐献和卵子冷冻O2O服务"方框）。O2O市场的潜力不仅在于年轻人和休闲领域，越来越多的新型O2O模式不断涌现。例如，针对医疗服务的O2O业务近年来发展迅猛，大型医院正在使用远程病人监控系统，来覆盖更多的病人，同时显著降低慢性病人的医疗成本。

精子捐献和卵子冷冻 O2O 服务

很少有人想到 O2O 还会进入人的性生活和生育计划。而 O2O 似乎在渗入每一个细分市场。

2015 年，阿里巴巴电商平台淘宝和中国最大的第三方医疗实验公司 KingMed Diagnostics 合作，推出亲子鉴定和精子捐献服务。在为期三天的活动中，精子捐献者可以在线注册个人信息，而不用去精子采集中心现场进行尴尬的登记。

志愿者只需要提供姓名、身份证号的后六位号码和电子邮件地址就可以完成在线注册。预约后，志愿者需在三个月内到线下精子库报到并通过体检；预约捐精的志愿者可获得 3000 至 5000 元不等的捐精补助。在 72 小时内，超过 22 000 人进行了精子捐献的注册。

淘宝这一活动还提供亲子鉴定服务。同样，顾客无须亲自到医院。测试工具在下单后被送到用户家中。顾客只需收集唾液，并将其送到测试中心，十天内就有结果。在此期间，137 人购买了亲子鉴定套餐，还有 4060 人购买了精子活力检测试纸。

淘宝的在线精子捐献计划成功之后，一家洛杉矶生育诊所南加州生育中心开始与阿里巴巴的团购网站聚划算探讨，推销他们的卵子冷冻服务。他们的潜在客户是那些在大城市工作的 30 多岁的女性白领，因为她们出于事业考虑推迟怀孕。这是 O2O 业务进入更多细分需求，并拓展到海外技术和服务的另一案例。

　　总之，O2O 不但在顾客、线下商户和互联网公司之间创造了更大的蛋糕，而且增加了分蛋糕的方式。对于产品或服务无法打包发送给顾客的商户，比如电影院、特色餐厅等，O2O 可以通过互联网帮助店主获得更多业务；对于互联网公司，它们可以分享过去被线下商户独占的利润。简言之，由于O2O 市场覆盖所有服务和非标准商品，因此它具有比移动电商更大的市场规模。尤其是生活服务 O2O 具有高频次属性，对于移动互联网公司具有难以估量的战略价值。因此，各巨头都做了巨资布局，以获取重构未来互联网商业格局的主动权。

O2O 还在战国时代

　　O2O 的名字包含了一层普通网民未必去注意的概念，那就是在使用O2O 时，其实用户既不是完全在线上，也没有完全在线下。换言之，O2O 发生在线上线下两个世界之间，例如，用户在等公交车、乘出租车或坐地铁回家时，可以上网，安排接下来的线下活动（见图 5.2）。O2O 商机的争夺就在于获得用户在

　　图 5.2　O2O——线上线下间的"中间世界"（图中 Offline Activities 可以理解为"线下活动场景"）

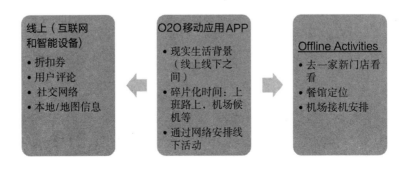

"中间世界"时的碎片时间。因此，谁能在消费者、在线平台和线下服务商之间提供有趣、有黏性和便利的链接，谁就是最后的赢家。

互联网公司获取O2O用户的最直接方式是发送网络优惠券，让网民在线下使用。这种"以补贴获取最初用户流量"的方法广泛应用于O2O创业公司。它们往往从一个细分市场开始，例如洗车或是按摩，然后使用风险投资的资金补贴用户和供应商，对比市场价格提供惊人的折扣来获得用户流量（另一个非常有效吸纳网民碎片时间的是移动屏幕上的免费娱乐，这将在未来几章中讨论）。

比如可以用进口海鲜举一例说明。大多数普通中国消费者对进口海鲜并不熟悉，而且它不是标准品，消费者很难光从网络上提供的信息对产品质量做出判断。在O2O业务环境下，顾客获得网络优惠券之后，会去光顾线下的海鲜店面。这时他们会和传统商户交流，更好地了解产品。中年消费者特别觉得传统店铺的重要，因为他们可以直接检查海鲜质量。此外，如果他们对网络订购的产品不满意，他们也可以选择到传统店铺退货。因为非标准品有不小的概率会退货或是需要售后服务，因此拥有线下门店对于这类商品很重要。

补贴模式在2014—2015年为市场带来了无数O2O创业公司，但近期投资者和市场都开始对这种耗资巨大的商业模式更为谨慎（出行叫车领域可能是涉及金额最大的补贴大战，单单在2015年滴滴就投入了近20亿美元，而优步中国也花了15亿美元以上），而更关注这类公司的盈利模式。本章稍后会以餐饮外卖为案例来解读O2O市场正在进行的价格战以及加速的整合。由此，互联网巨头BAT——百度、阿里巴巴和腾讯——都在试图充分利用自身在移动端的优势，有效连接线上用户和线下商户。由于O2O消费整个过程包括很多不同的连接点，因此比起线上零售，O2O的竞争是互联网公司之间整体实力的较量，而不仅仅是它们在某一两个领域的领先优势的比较。

和美国的谷歌类似，中国最大的搜索引擎百度在地图服务方面具有领先地位，它自然地以此为中心发展自己的O2O业务。百度在LBS（基于地理位置的服务）领域优势的最好体现，是其网站上一幅互动热点图，显示了中国在为期一个月的春运中人员流动状况，在这一个月中，中国人走遍整个国家回家团聚。不仅如此，百度还发布了"春节回家指南"。在繁忙的春运高峰期，这一指南为用户提供每个城市的天气情况、交通情况、火车时刻表、飞机时刻表以及火车票代理网点的地址等信息。

根据百度提供的数据，国内手机搜索量在 2014 年下半年第一次超过了台式机。然而，移动端的用户搜索更加碎片化。和在台式机搜索上只使用百度不同，人们在移动端会使用多种渠道搜索信息。例如，他们会使用阿里巴巴淘宝来查询进口海鲜，用腾讯的微信问朋友关于新上映电影的信息，用顾客评论应用来搜索附近餐馆的促销信息。第三方服务提供商的信息分散在各自的应用上，用户要想搜索具体的服务信息，他们必须安装并打开具体的应用。由于大多数移动互联网应用都是独立研发的，和其他搜索引擎一样，百度尚未形成可以搜索众多应用、整合特定信息的方法。因此，百度在移动搜索领域的垄断地位可能不会像台式机时代那么大。

此前百度下注 O2O 的决心不可谓不大，但是发展并不尽如人意；在 2015 年重金投入后，2016—2017 年的百度财报却已体现了这一业务的收缩。加之百度已明确重心转向人工智能，O2O 业务在未来可能不再是百度的业务主要方向。其实百度作为一家技术公司去转向做生活服务，其 O2O 战略推出之初便遭到市场质疑。但是百度在 2015 年宣布将在 3 年内砸 200 亿元做大百度糯米，显示了百度对布局 O2O 的重视（200 亿元是当时账面上现金的一半）。

在四季度，百度的交易服务业务（主要是 O2O 业务）的商品交易总量（GMV）达到 181 亿元，虽然同比增加 23%，但比三季度的 194 亿元环比减少 6.7%。其面临的一个挑战是移动端用户数增长乏力。百度的 2016 年四季度财报显示，在 2016 年 12 月，百度移动搜索的月活用户仅增长 2%（达到 6.65亿）。这在一定程度显示百度移动用户的增长已见平缓。同时，百度地图的领先优势也不再，艾媒咨询 2016 年第四季度的数据显示，阿里巴巴持股的高德地图的市场份额（34.3%）已经超过了百度地图（29.9%），而腾讯地图也紧随其后。

图 5.3　2016 年第四季度手机地图应用的市场份额

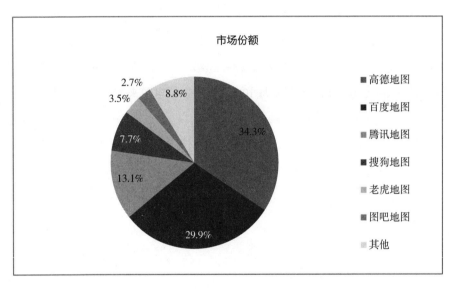

数据来源：艾媒咨询

腾讯的微信特别能在用户碎片化时间里吸引用户注意力。中国以外的人很难理解，微信如何在短时间内融入了人们的日常生活。很多微信用户都在沉溺于整天使用微信，哪怕他们只有几秒钟的时间。这对腾讯的 O2O 业务是很有价值的（前面曾经提到，O2O 交易发生在用户线上线下之间的间隙时刻）。而且，微信上最活跃的用户——被称为"微信小蜜蜂"——已经免费为腾讯创造了服务信息的分销系统。

根据中国传媒大学广告学院的 2014 年市场调查，竟有 55% 的网民是微信这类社交网络的"高频信息接收转发者"。这个术语出现在广告学院的报告中，指的是每周收到并转发新产品新服务信息两次以上的人。该调查覆盖了东京、大阪、纽约和洛杉矶等海外城市，结果显示中国 55% 这一数字远高于日本（10%）和美国（40%）。这些"高频信息接收转发者"就像蜜蜂一样，不只是和他们的朋友圈分享信息，而且还积极收集新产品新服务信息，因此他们被广告学院报告称为"微信小蜜蜂"。

对于阿里巴巴来说，支付宝在移动支付领域的垄断地位是竞争对手无法忽视的重大优势。早在 2014 年底，阿里巴巴集团披露支付宝有超过 3 亿注册用户，每天处理 8000 万笔交易。更重要的是，用户越来越依靠移动端的支付宝处理交易。根据公司数据，支付宝每 100 笔交易中有 54 笔来自移动设备，移动设备的便利让超过一半的支付宝用户使用手机和移动应用作为支付工具（相比之下，2013 年支付宝每 100 笔交易中只有 22 笔来自移动支付）。

红包大战从另一个方面显示了阿里巴巴在移动支付方面的竞争优势。虽然微信支付红包在 2014 年首秀中大受欢迎，但是收到网络礼物的人们还要想一个基本问题：去哪里去花费微信支付中的钱？在当时，微信支付在线下商业场景的渗透还在早期。特别是在小城市和农村地区的地方，人们只会想到用红包里面的钱打车，或是给手机充值，这大大减少了大众使用微信支付的兴趣（为了发展 O2O 业务，腾讯近年来花了很大力气去和线下商户建立合作关系）。

相比之下，经过多年渗透支付宝已经牢牢占据了很多线下商业场景。这包括线下商业场合，如餐馆、商店、超市、便利店、出租车和医院等。它还包括线上商业场合，如淘宝和天猫电商平台、信用卡支付、转账、彩票和会员卡等。自然地，和阿里巴巴支付体系合作的线下商户越多，用户就越经常使用支付宝作为日常支付手段；而顾客越熟悉移动支付，他们就越可能使用网络补贴券去体验线下商户服务。多年来，阿里巴巴两个主要购物平台——淘宝和天猫——也狙击了大量的顾客数据，当与 O2O 领域传统商户合作时会产生协同效应。

此外，阿里巴巴在社交网络、移动应用和移动搜索领域投资也十分积极，这些领域是腾讯和百度的优势所在。2013 年 4 月，阿里巴巴以 5.86 亿美元的价格并购了新浪微博 18% 的股份，并有权将股权比例提升到 30%，新浪微博被称为中国的推特。这一投资为阿里巴巴的电子商务提供了重要的社交连接。该笔投资后，阿里巴巴可以整合微博和淘宝的账户体系，用户可以用一个账户登录新浪微博和淘宝。

对阿里的 O2O 业务带来的重大价值，就是微博为用户提供了在碎片时间时，登录阿里巴巴平台的新理由。阿里巴巴电商网站在中国已经广为人知，但是他们并不是供人们去娱乐的有趣场所——实际上人们只有在要快速买点什么的时候才去淘宝（然后迅速离开去寻找网上的娱乐内容）。微博却是一个社交场合，人们在那里发表评论、寻找意见领袖等。通过和微博连接，阿里巴巴可能并没有显著提升网上的零售消费者数目，但是可以让阿里巴巴获得人们更长久的注意力。微博还促进阿里巴巴建立自己的社交电商平台，以便和微信小店竞争。例如，当微博用户就北京空气污染发表带有情绪的评论时空气净化器广告就会在附近出现。

除了三大互联网巨头，O2O 市场另一个重要公司是商业地产巨头大连万达集团。和互联网公司不一样，大连万达从线下切入 O2O 市场竞争。大连万达是中国最大的私人地产开发商，运营超过 100 家购物中心和中国最大的电影院线。在很长时间里，创始人王健林和阿里巴巴的马云一直交替着中国首富的位置。就如上一章提到的，购物中心在"全渠道"的潮流下迅速地"电商化"，成为推进 O2O 的绝佳地点。此外，后面关于"互联网 + 电影"的章节会提到，万达拥有的电影院线让万达成为 O2O 电影市场极具竞争力的公司。

总的来说，O2O 市场潜力很大，所有的互联网巨头和商业地产巨头都在相关领域投入大量的资金和人力。要想在 O2O 市场上成功，正如线下的商户需要有一个线上平台一样，互联网公司也需要和线下商户广泛合作。目前尚不清楚，是互联网基因的 BAT 还是线下巨头万达将能更好地把握客户的消费习惯来赢取 O2O 市场，甚至在互联网公司内部，也没有哪个单一公司在每个移动领域都建立起了垄断地位。如果说百度最擅长成员和信息之间的连接、搜索，阿里巴巴最擅长人和商品之间的连接（电商），腾讯最擅长人和人之间的连接（社交网络），那么 O2O 就是人和服务之间的连接，需要以上所有三种连接。下一部分关于 O2O 餐饮市场的案例将会探讨，O2O 市场的竞争要比红包大战复杂得多：一方面，是线上公司急于实现线下的布局、抓牢市场；另一方面，是备受质疑的 O2O 行业盈利能力。当前，O2O 市场还没有一个明显的垄断赢家。

表 5.2　主要 O2O 公司比较

不同的连接	移动技术和资源	领导公司
人与智能设备	手机	小米
人与信息	搜索引擎，移动地图	百度
人与商品	电商市场，卖家网络，移动支付系统	阿里巴巴，京东
人与人	社交网络	腾讯
人与私人购物环境	购物中心	大连万达
人与服务（O2O）	包括以上所有	BAT 在竞争中领先，但各公司都仍有机会

● 案例：O2O 餐饮服务

在中国广阔的 O2O 市场，餐饮服务业务是最早启动的市场，他们的市场模

式比其他领域更加成熟，服务也日趋专业和精致。除了 14 亿人口的巨大基数和
民以食为天的传统，中国的城市化是重要驱动因素。城镇居民随着城市化的推
进不断增加，他们的生活节奏忙碌，家庭自己准备三餐的传统已经成为历史。
人群中 20—30 岁的白领青年收入较高，对移动互联网已全面接受，崇尚便捷舒
适的生活方式，是 O2O 餐饮服务的重要消费群体。从地理上看，经济发达城市
里的商业楼宇和住宅小区是外卖平台角逐的主要战场。

团购形式的大幅折扣是这一领域增长的最早驱动力。大量的中国公司在
2010 年和 2011 年进入团购业务，它们以美国的 Groupon（美国一家公司，成立
于 2008 年 11 月，以网友团购为经营卖点）模式，但是很多都是昙花一现，在
烧光了投资人的钱后悄然关闭。在 2015 年美团和大众点评并购之前，大众点
评、美团和糯米这三家分别由中国三大互联网巨头支持，是经过惨烈竞争后最
后剩下的三家最大规模的公司。美团成立于 2010 年，有阿里巴巴作为重要股
东，拥有最大的团购市场份额（50%）。大众点评不仅有团购，还有餐饮服务的
评价，大众点评有大约 30% 的市场份额。而第三名糯米，由百度全资控股，有
大约 15% 的市场份额。

图 5.4　2015 年美团和大众点评并购之前其市场份额

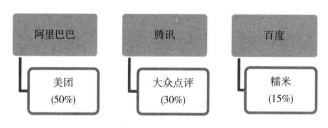

数据来源：《华尔街日报》《经济学人》

由于各方都付出大量的补贴赢取用户，市场对这些公司的估值越来越谨慎，其最大的担忧是顾客的黏性，也就是说顾客的购买决策可能主要是因为补贴幅度大，而不是服务质量。一旦补贴减少，他们可能会到别家消费。线下商户也担忧，当互联网公司成为服务预定领域的主要渠道，它们最终会减少甚至停止补贴，而商户只好自己面对那些已经习惯于人为低价的顾客。但是乐观的看法是，一旦顾客习惯于 O2O 服务（"用户习惯"形成），它们会继续出于方便而使用，即使没有补贴（这一点在经济最发达的上海似乎已经出现）。

当美团和大众点评于 2015 年 10 月宣布合并时，市场多预计团购领域的价格战将会结束。然而，从美团、大众点评合并以来，竞争态势已经发生了很大变化（如前一节，百度的战略方向在 2016—2017 年发生变化，未来百度糯米 O2O 业务可能不再是公司发展重点），但是高投入的用户争夺战还在继续。

图 5.5　美团和点评合并之后的竞争态势

合并之时，合并后公司总估值估计为 150 亿美元。不久之后，合并后公司于 2016 年 1 月融资 33 亿美元。腾讯在这一轮中领投，并随即成为新美团大众点评的主要投资人。

腾讯在美团大众点评合并上的持续介入和它在很多互联网领域的战略是一

致的。由于微信拥有数亿活跃用户，腾讯的战略不是自己去运营，而是从其他新兴科技公司获取少数股份或合作，让崛起的新势力与腾讯的社交平台之间形成依存关系。具体来说，餐饮评论网站和腾讯微信平台形成完美搭配，因为餐饮具有社交属性，而中国用户更重视别人对餐馆的评论。微信用户在平台上讨论最多的可能就是去哪里聚餐，去哪个网站订餐厅位子优惠更多。本章之前提到的微信小蜜蜂，也为他们社交网络的朋友圈积极推送餐馆信息和评论。

在美团和大众点评合并后，阿里巴巴从合并后公司退出。据媒体报道，阿里拥有相当于合并后公司 7% 的股份；2016 年 1 月，阿里以折价出售了其在美团持有的多数股权，只留了一小部分，成了一名普通的财务投资者。但这并非意味着阿里退出了 O2O 餐饮服务领域。相反，阿里决定亲自上阵，将未来的战略重点放在其自有的在线餐饮优惠公司口碑和在全国餐馆普遍使用的支付宝系统。更重要的一面是，阿里巴巴似乎将支付宝置于未来 O2O 业务的中心。在和团购应用的直接竞争中，支付宝也向顾客推送优惠券。其中的巧妙之处在于，消费者可以下载优惠券，而只有通过支付宝支付账单才能享受折扣。由于支付宝已经在很多商户处广泛使用，用户也容易习惯于只通过支付宝完成交易。

如果考虑到阿里巴巴支付宝的 APP 日活跃用户数据早已过亿，而美团、大众点评和糯米三家专门的 O2O 平台在合并前，日活跃用户数据还只是在一千万数量级，那么美团未来与阿里巴巴的博弈可能比和点评合并前更为激烈。根据艾媒咨询在 2016 年底的外卖市场专题研究报告，2016 年第四季度美团外卖活跃用户占比达到 38.2%，饿了么紧随其后以占比 33.9% 居第二，第三位百度外卖仅占比 19.3%。

图 5.6   2016 年第四季度外卖活跃用户的市场比率

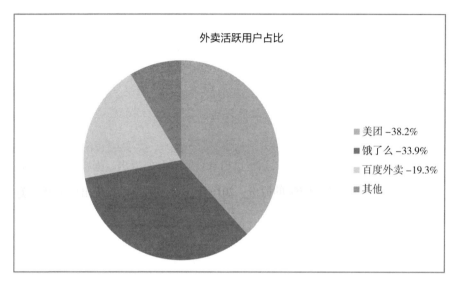

数据来源：艾媒咨询

　　总之，餐饮外卖市场经过 2014 年、2015 年的补贴圈地时代，外卖平台商户资源趋同，开始意识到精细化运营的重要性，已走向比拼用户体验、送餐速度及品牌建设等各方面综合运营能力阶段。投资者越来越担心补贴模式和公司估值，盈利问题是市场关注的核心问题。据媒体报道，2016 年美团的亏损扩大，估值大幅缩水，公司估值从 180 亿美元下降到 100 亿美元，降幅超过三分之一。现有的公司仍然还是需要找到一个可持续的收入模型，然后还需要找到盈利模型。在行业层面，美团出售猫眼电影票业务、饿了么进军传统物流业等，都反映出当前外卖领域面临盈利的共同挑战。

　　外卖业务 O2O 所面临的盈利挑战是整个 O2O 行业降温的一个缩影，更多的小规模、缺少资金支持的 O2O 平台已经因为未能实现盈利而相继倒闭。美团的应对是进入三、四线城市，继续扩大用户数目和规模；更重要的是，美团在往餐饮的上下游深入（例如近期与光线传媒、华润集团的战略合作），甚至管理层表示，美团点评将会成为中国互联网第一家对产业介入最深的公司。

回顾上一章的阿里巴巴与京东模式之争，也许京东之所以可以在电商领域和阿里并存并成为强有力的竞争者，就是来自京东决定自建物流，向实体行业更深入了一步；如果京东也是经营交易平台与阿里巴巴竞争，可能早已被阿里巴巴的规模和网络效应所击败。美团深入实体行业的方向，可能也是决定美团未来前景的最重要的战略抉择。

⬤ 最大的蛋糕：全渠道 +O2O

在结束这一章的时候，阿里巴巴和马云所提出的"新零售"概念就越来越清晰了。

未来的电商模式（新零售）——如果电商这个术语还继续使用的话——将是连接各种移动设备的顾客，不但覆盖标准化的零售产品，而且提供非标准化、定制产品和各种生活体验类的供应，并将线上信息和线下商户连接起来。也许可以说，未来电商的任务是为每一位消费者进行 O2O 和全渠道的整合（正如前一章探讨的那样）。

这一概念正在商业地产巨头万达和两家电商巨头腾讯和百度的合资公司中得到检验（见图 5.7）。2014 年 8 月，三家公司汇聚各自在 O2O 领域的不同优势，共同投资 8 亿美元成立"电商战略合作"。据报道，万达、百度、腾讯将各自终端打通账号与会员体系、将支付与互联网金融产品、建立通用积分联盟、大数据融合、Wi-Fi 共享、产品整合、流量引入等方面进行深度合作。打造线上、线下一体化的账号及会员体系；建立国内最大的通用积分联盟及平台以及建立大数据联盟，实现优势资源大数据融合。万达主席王健林现场表示，O2O 是电商领域最大的机会，"当前 O2O 的模式是电子商务市场未来最大的一块蛋糕"。

图 5.7   智慧广场——整合 O2O 和全渠道零售

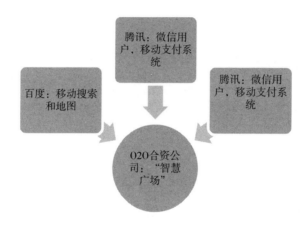

该合资公司被腾讯创始人马化腾称为"智慧广场"，向每一种零售和 O2O 联合业务开放。百度联合创始人李彦宏认为，将来在该合资公司平台上进行 O2O 购物将是一种流畅的体验，举例如下：一天一个女孩走在街上，看到另一个女孩穿着新款服饰，她可以拍张照片就能知道附近万达购物中心哪里有这款服饰。接着，百度地图会将她带到店铺门口，她可以在店内试穿。当她决定购买时，她拿出手机用微信支付完成交易。

事实上，"智慧广场"与阿里巴巴 CEO 张勇描述的电子商务的四个未来方向是殊途同归。新零售业的未来将是线上和线下共存的模式，因此企业需要用全渠道的战略来把握这两种环境；但是由于移动链接的普及，线下的实体店应该更侧重于体验、社交、以及娱乐的功能，通过互动与娱乐，以"超越交易的多元因素"，向用户提供个性化的消费信息。另一方面，线上端为消费者随时的

"即时满足"提供技术支持,例如让信息内容更适合屏幕展示,设计更有吸引力的图片和细节,从搜索到结账都力求简单和便捷,提供灵活的支付方式以及简明的搜索功能等。

图 5.8　新零售——阿里巴巴电商的未来方向(即图 4.5)

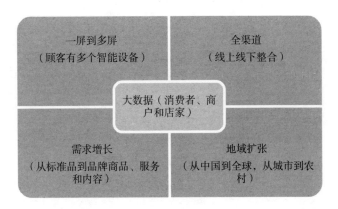

最后回到新年红包大战:虽然马云在 2014 年春节受到微信红包的热潮冲击,震惊之后警告员工说这是一次"珍珠港事件",但是红包大战远没有让 O2O 竞争决出胜负。由于微信应用有移动和社交基因,腾讯在 O2O 电商领域有独特的优势,但是阿里巴巴在电商和网络支付方面处于垄断地位,在 O2O 市场是同样是强劲的竞争者。所以不出所料,当曝光马云评论京东电商模式是个"悲剧"的《阿里巴巴正传》在 2015 年初出版时,马云对腾讯的战略也有了看法,对未来的竞争淡定从容。

马云认为,腾讯强在产品,微信的确厉害。但是,阿里与腾讯不同,阿里打造的是一个航母舰队,微信只是舰载机层次的产品。马云说,从 QQ 到微信,腾讯的舰载机的确升级了。但是,舰载机可以经常升级,航母却不能经常升级。航母战斗群由多个舰队组成,其强大的战斗力不是来自单一的舰载机,而是整体的力量!今天,如果百度没有搜索,百度会怎么样?如果腾讯没有微信,腾讯会怎么样？阿里如果没有淘宝，阿里会怎么样？百度和腾讯如果没有搜索和微信，就完了，而阿里的今天已经不仅仅是淘宝。

马云的结论是，"我发现很多公司，包括腾讯，在战略上都存在很多的问题。"如果珍珠港袭击的历史能够提供一些参考的话，类似原子弹这样的新超级武器将改变整个战争的平衡。因此，每个竞争者必须不断研发创新，寻找下一个超级APP，而最终的胜利属于综合力量最强的那个。所以，日本联合舰队总司令大将山本五十六，在成功完成珍珠港袭击之后留下了著名的一句话："战争还长着呢。"在尚未完全定型的市场O2O市场竞争中，这句话同样适用。

● 移动互联网的本性是娱乐

2014 年巴西世界杯预选赛时，世界排名 103 位的中国国家足球队未能出线，无缘世界杯决赛。不过尽管如此，由于移动网络的存在，世界杯成为国内百万球迷以及从未看过球赛的移动用户们一同狂欢的盛事。在以往世界杯足球赛期间，由于有时差，中国球迷只能在后半夜呼朋唤友坐在电视机前喝酒看球。而在 2014 年巴西世界杯期间，中国民众依托互联网得以 24 小时热情参与，他们不但通过网络视频随时观看或回放球赛精彩集锦，在社交平台上尽情分享评论，下载世界杯游戏，而且还通过自己的手机参加了生平第一次赌球活动。

互联网巨头们充分利用这次足球盛宴推广各自网络平台，并重点布局无线移动端。在巴西世界杯期间，多家互联网公司与体育彩票合作，使网民可以直接网上投注。互联网上的足球彩票的最大优势是便利，以往球迷购买彩票都要跑到彩票销售点去，而在网上购买和兑奖的方式都很方便，特别是在移动端，球迷——甚至是只为下注而娱乐的伪球迷——都可以利用"碎片时间"轻松地任意选择一个比赛下注。互联网巨头阿里巴巴和腾讯在这次盛事中再次大展身手，成为最便捷也最受中国球迷欢迎的两大投注网站。

阿里巴巴在淘宝网首页大张旗鼓宣传世界杯足彩，淘宝用户可以轻松购买下注；有"淘宝足彩第一人"称号的彩民"穿越水源地"每日在线上推出精选预测，网民可以跟随足彩大神买彩票，更添娱乐气氛；为了推广手机应用，淘宝在世界杯期间还推出了用手机登录淘宝的用户获得多重彩票红包补贴的政策。而其对手腾讯则一如既往地通过微信平台开展宣传，微信用户与其好友可以在朋友圈中分享球队信息和赛事预测的同时下注购买彩票，使得彩票销售量一路攀升。据新闻报道，世界杯开赛首日就有400万网民通过淘宝网投注，赛事第三天投注数量增长至600万。截止到7月5日，世界杯开始仅三周，还未到决赛日，中国国家体彩中心就估算已经售出大约100亿元彩票。

虽然世界杯狂欢很快被叫停（互联网彩票市场在野蛮生长后迎来了一场全行业整顿），但是移动互联网给娱乐产业带来的巨大爆发力量可见一斑，也是"互联网+"在非技术市场领域中的一个经典应用案例。事实上，移动互联网在中国的主题就是休闲和娱乐，而不是进行传统的信息搜索和电邮往来，娱乐应用则是移动互联网用户选择的主流。这与中国网民的构成是以年龄在39岁以下的年轻人为主有极大关系。根据中国互联网络信息中心（CNNIC）的数据，截止到2016年底，中国网民中有大约75%年龄介于10岁和39岁之间，29岁以下的网民超过一半（占53.7%）。

图 6.1　中国网民的年龄结构

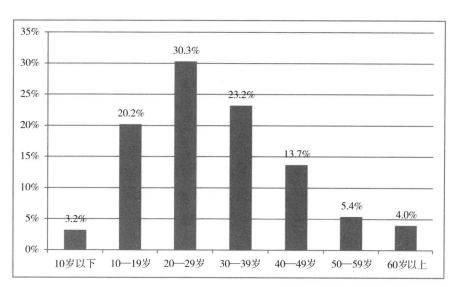

数据来源：中国互联网络信息中心，2016 年 12 月

　　偏重网络娱乐类应用是年轻网民最重要的特点，年轻网民使用网络音乐、
网络游戏、网络视频和网络文学这四类应用的比例均高于网民总体水平。当新
一代年轻人不再为基本的温饱问题担忧时，来自精神娱乐上的需求成为新的需
求。随着手机成为接入网络的首要渠道，中国年轻网民已经可以随时随地通过
手机上网娱乐。他们越来越多地选择在"碎片化时间"（比如乘地铁上下班途中
或等公交车时）利用手机接收、分享或是讨论各种娱乐内容，而不是像以前一
样只能坐在电脑前消费娱乐内容。

　　需要强调的是，手机终端接入互联网不仅促使娱乐信息消费从电脑向手机
转移，同时也促成了新的娱乐需求和娱乐内容。这得益于智能终端上应用程序
的两大特点。一是可简易操作，如上文中列举的 2014 年巴西世界杯足球赛期
间，手机投注界面做得非常简单、极易操作，因此，许多从未在彩票站点投注
的球迷，乃至并不是真正球迷的用户，都开始加入线上彩票的大军。

移动网络娱乐的另外一个特点是有效利用"碎片化时间"。例如，当今社会快节奏、碎片化的生活模式需要更多渠道、平台以满足不同的阅读需求。相较于传统的纸质翻阅形式，移动用户可以随时随地通过手机阅读，这不仅对出版业带来冲击，而且还带来一种全新的阅读体验（由此也产生了新的读者群体）。在地铁上或商场里，随处可见"化整为零"阅读长篇的人；而对于没有时间来阅读整本纸质书的读书爱好者来说，他们也可以随时打开手机 APP 进行选择性阅读；在三四线城市中，年轻用户可能没有电脑却可以通过智能手机上网娱乐，是增长潜力最大的群体。

对于互联网公司来说，数以亿计的群体通过手机上网娱乐预示着巨大的商机。类似于线上出售零售商品，互联网公司同样是线上小说、游戏、视频、电影等数字化娱乐服务的发送渠道。随着中国逐渐步入消费型经济，线上内容消费在未来将成为互联网公司的重要经济增长点。中国互联网正在迎来一波"网络内容的爆发"，某些领域如直播甚至比西方国家更加先进。从更广的角度看，网络娱乐带给这些互联网公司的并不仅仅是一个新的销售收入来源这么简单。

因为移动互联网在中国的主题就是休闲和娱乐，网络娱乐业务对互联网公司的长远发展具有战略性意义。由于数字化产品和服务的供应不断增多，而当日用商品和电商平台日益趋同化，每一个 APP 和网站所获得的网民时间都在被同业竞争者所挤压，因此争夺用户的关注是第一优先。拥有唯一性的线上娱乐内容可以让互联网公司脱颖而出，吸引年轻互联网用户群体的注意力（"碎片时间"），并且娱乐内容的用户黏性很强，可以获得用户在自己平台上的长时间停留，引发在其他电商领域的消费冲动（"消费时间"）。由此，传统的搜索、电商、社交平台都在谋求内容化，努力提供各样内容来凝聚用户注意力。

正因为网络娱乐拥有独特的价值，虽然行业长期以来还不盈利，诸多互联网公司谁也不愿意轻易割舍。以 BAT 为代表的巨头你争我赶，斥巨资搭建娱乐平台，整合线上线下资源。一方面作为线上娱乐内容的发送渠道，互联网公司确保智能手机及网络电视类用户随时接入互联网娱乐；同时，它们也通过投资内容制作商或收购版权成为优质内容的聚合平台，甚至独立制作线上自制内容。对传统娱乐公司而言，它们既是合作同盟，更是抢占媒体内容资源的竞争对手。

所有数字娱乐产品中，网络视频的用户最多、发展最快、商业模式最为丰富。根据 CNNIC 的数据，截止到 2016 年 12 月底，我国网络视频用户规模达 5.45 亿，网民使用率达 74.5%，稳居网民娱乐应用的第一。网络视频无疑是网络娱乐平台的重心，也是本章探讨的主要内容。不过在此之前，由于网络文学位于娱乐 IP（知识产权）产业链上游，又是各类衍生网络娱乐内容的基础（包括网络视频），因此有必要在讨论网络视频之前先做介绍。

● 网络文学：娱乐 IP 源头

过去 10 年里，网络文学已经从简单的爱好共享发展成为带有巨大利润空间的朝阳产业。最初写作爱好者在论坛里发表自己的作品，其目的主要是分享乐趣而不是成为全职的网络写手。或是业余作家的作品不被传统出版社接受，转而投身门槛较低的网络平台，期待作品被别人阅读。而现在，随着通过手机、平板和电脑等媒介进行数字化阅读成为当下阅读的主流方式，许多作家开始选择首先在网上发表作品。

推动网络文学蓬勃发展的最重要原因是移动设备的广泛使用。繁忙的工作生活之余，人们乐于通过各种读书软件随时开始阅读。CNNIC 数据显示，在 2014 年底，手机阅读已经广为普及，人们使用智能手机进行阅读的比重高达 84.6%，远远超过其他阅读媒介。截止到 2016 年 12 月，网络文学用户规模达到 3.33 亿，占网民总体的近一半（45.6%）。另一方面，如果说中国传统零售业的疲弱表现在一定程度上推动了电子商务的快速发展，那么网络文学在中国的发展也受益于各类非传统主流作者的参与，填补了中国传统图书出版鲜有覆盖的领域：本土科幻、言情、奇幻——甚至游走于情色边缘的内容。

图 6.2　不同阅读媒介的使用分布

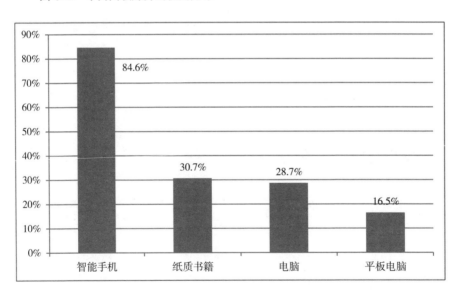

网络文学领域曾主要由三大公司垄断：盛大文学、腾讯文学和百度文学。盛大文学率先鼓励作者在线上发表作品并通过微支付、版权让渡和许可等方式获利，在为消费者提供数字化内容方面曾占据领先地位。但由于错失手机阅读的发展机遇，2015 年盛大文学与主打手机娱乐的腾讯公司旗下的腾讯文学合并。由于盛大手握大量享有版权的原创作品，而腾讯则可以将这些原创作品借助手机渠道和庞大的微信、QQ 用户群推广出去，两家网络文学巨头的合并形成效益，合并后成立的阅文集团很快在网络文学市场脱颖而出并占据 70% 的市场份额。

中国网络文学的一个重要特点是大部分作品都是以连载形式呈现，而事实也证明这种形式非常适合国内互联网用户。网络作家通常每天更新章节，3000 多字，读者可以轻松在"碎片时间"完成阅读，重点是结尾会留下悬念。这种连载形式也方便网站采用"付费阅读"的运行机制。随着一些作者的阅读群体扩大，网站便会与他们签订协议将其作品从免费阅读板块移除，具体收费模式非常灵活，比如按章购买、全本购买、包月阅读等，由于移动支付系统日益成熟，读者可以轻松完成相应支付。每天，数百万的年轻数字阅读用户都会更新手中的阅读 APP，阅读最新章节。

除上述因素外，心愿单功能也是网上小说广受年轻读者欢迎的主要原因。在年轻读者中有很大部分是生活在三四线小城的"屌丝"群体（无房无车的单身男青年）。不过尽管自嘲为"屌丝"，这些读者骨子里对美好生活还是报以憧憬的。网络小说中的主人公大都是风流倜傥又有钱有势的成功人士。沉溺在这些夸张的小说情节里，仿佛自己就是帅气多金的主人公。随着网站允许读者通过回帖的方式改写故事结局（收费形式），这种成就感会更加强烈和明显。除了付费阅读外，大部分阅读网站还有"打赏"功能。通过这个功能，读者可以根据自己的喜好和心情打赏金币或人气（例如，某一个读者看到故事情节朝自己建议的方向发展，会非常开心而给予作者奖励）。

事实上，一些网络写手的生存状况与"屌丝"读者无异。根据写作收入和粉丝数量，网络写手分为几类。最底层叫作"扑街写手"（"扑街"为粤语里咒人用词，最初音译自"poor guy"）。"扑街写手"的粉丝量近乎无，作品很少被网站推荐，年收入低于 1000 元。与"扑街写手"相对的，是收入颇丰的成功作家。近期阅文集团发布报告称，2016 年，更新字数超 50 万字的作家，平均稿酬达 12.9 万元，其每天平均写作时间仅 3.39 小时，而 2016 年仅年分成稿酬 100 万以上的就超过 100 人，因此阅文集团去年发放稿酬近 10 亿元。与网络读者群相对应，大量的 90 后作家成为受益者——新签约作家中 45% 为 90 后，日销售过万的作家中有六成是 90 后。

网络写手分为五类，"扑街写手"处于最底层，而享有较高地位的写手被称为"神"。流行作者善于将线上成功延伸到出书、拍电影和参加电视节目等活动中，成为线上线下名人，而其中收入最多的线上作家被称为"至高神"。就像希腊神话里一样，这些神的排名和封号各不相同，在万神殿中位阶井然。

表 6.1　国内网络写手的五大级别

级别	粉丝数量	年收入（人民币）	作家数量
扑街写手	极少，很少被推荐	低于 1000 元	无数
小神	10 万以上	高于 10 万	数量多（网站中坚）
中神	50 万以上	高于 50 万	近千人
大神	100 万以上	高于 100 万	几百人
至高神	数百万乃至千万	数百万及更高	20—30 人

数据来源：2015 年《京华时报》

经过多年发展，网络文学 IP（Intellectual Property，知识产权）化、商业化越来越成熟，成为大众流行的风向标，网络文字不断被转化进入传统出版业、游戏、动漫、视频和电影大片制作中。同时网络文学产业生态逐渐形成，其盈利模式也突破了从前单纯依靠用户付费的发展瓶颈，转变为影视内容生产和用户付费并存的多元盈利模式。也正因为如此，网络文学成为各类网络衍生内容 IP 的源头。

图 6.3　网络文学 IP 的重要价值

　　例如，2015 年上海国际电影节发布的数据表明，截止到 2014 年底，电影制作方共获得 114 部网络小说版权，其中 90 部作品被改编成电视剧，24 部被改编成电影。2015 年，由网络小说改编而成的电视剧《盗墓笔记》一时间大热，播放该剧的爱奇艺 APP（百度旗下产品）在同期跃居 Apple Store 年度最受欢迎的免费软件榜榜首。随后，《盗墓笔记》在 2016 年被搬上影院屏幕，电影票房轻松破 10 亿元。

　　同时，网络文学的忠实粉丝的身份也不再局限于读者，随着网络文学各类衍生内容的上线，这些粉丝摇身一变，成为影视作品的忠实观众、游戏玩家或是漫画粉丝。综合各种因素可以看到，建立在大批阅读群体基础上的网络文学已经形成巨大潜力的商业模式，是数字化娱乐领域 IP 产业链的源头，也是社会流行和受众人气的源头。正因为如此，网络文学正逐步成为各大互联网公司娱乐板块的关键组成。

网络视频：从 UGC 到 PGC

受益于智能手机用户增加、网络娱乐种类增多、娱乐内容质量提升、行业内联合打击盗版行动等诸多有利因素的共同驱动，中国视频产业近年来呈现指数式增长。

根据 CNNIC 的数据，在 2014 年底，智能手机已经超过电视和平板电脑，成为观看视频使用最多的终端产品（71.9% 的网民是从手机上观看）。随着 4G 网络的普及和视频浏览体验的改进，网上观看视频的人口将持续稳定增长。

图 6.4　智能手机是观看视频使用最多的终端产品

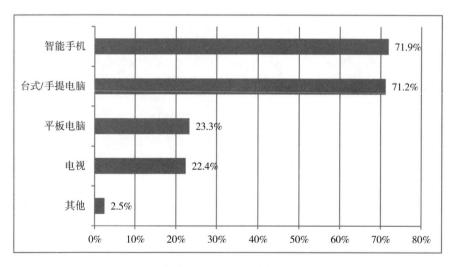

数据来源：CNNIC，2014 年 12 月

网络视频产业在国内发展的十来年，基本模式就是买内容（电视剧、电影、综艺节目等）换流量，然后用流量换广告。尽管其后开启了自制剧、独播

等新盈利模式，基本模式依旧没有改变。因此，虽然排名前列的网络视频网站在起初有各自的不同定位和特色内容，但在今天，这些网站的内容日趋相同，外部的差异性几乎可以忽略不计，而它们用户的重叠度非常高。阿里巴巴并购的优酷土豆网和百度旗下的爱奇艺是目前浏览量最大的两大网站。根据市场调查公司的数据，优酷土豆网和爱奇艺在不同时期曾分别位居视频网站活跃用户量排名之首。

表 6.2　不同视频网站的起始特点

视频网站	起始特点
优酷土豆网	观看和上传用户原创内容（UGC）；短视频
爱奇艺	电影；娱乐界花絮内容
腾讯视频	国外赛事（NBA，HBO，福克斯体育，国家地理，等）
搜狐视频	综艺节目，美剧

优酷土豆网是两家早期视频网站优酷网（2006 年上线）和土豆网（2005 年上线）合并的结果。两家视频网站的合并立即产生了巨大的效应，优酷土豆网也一举成为视频网站的"领头羊"。合并后的优酷土豆网在 UGC（用户原创内容）领域竞争优势尤其明显，这是因为优酷网和土豆网均以允许用户上传原创小视频起家。在很长一段时间里，中国用户都会选择在优酷网或土豆网上传原创视频或"晒"生活。正因为如此，现在优酷土豆网经常被称为中国版的"油管"（YouTube，国外视频网站，鼓励用户上传分享原创视频）。

2014 年，阿里巴巴收购优酷土豆网 16.5% 的股权，2015 年 10 月阿里巴巴以 45 亿美元的价格全面收购优酷土豆集团。2015 年 8 月 6 日，优酷土豆集团正式更名为合一集团，但在更名不到半年的时间，就直接被阿里巴巴收购了。在 2015 年 10 月收购前，优酷土豆的财报显示多年持续亏损，2013 年净亏损为

9590 万美元，2014 年的净亏损为 1.43 亿美元，而在 2015 年上半年的亏损就达到了 1.387 亿美元，接近 2014 年全年。阿里巴巴收购优酷土豆，显示视频行业为争夺内容资源而成本与亏损大增，视频网络因为资本需求极高而难以独立生存发展。收购完成后，两家公司在电子商务和互联网视频领域全面开展合作，开创出"边看边买"的 T2O 商业模式（即"TV to Online"，将视频用户转变成为线上消费者）。

爱奇艺是百度旗下的独立运营公司。在数字产品和终端硬件合作的潮流下，2014 年国产手机制造商小米投资入股爱奇艺。爱奇艺上线于 2010 年，与优酷土豆网相比，虽然是后进力量，但通过强大的搜索引擎做支撑，其视频产品与百度搜索和移动服务顺利对接，很快吸引大量用户群体。作为国内首家全力制作正版高清视频的播放平台，爱奇艺在提供正版影视作品方面仍然处于领先地位。另外，爱奇艺在紧跟娱乐行业发展动态和明星娱乐八卦方面也做得有声有色。

各大视频网站中不容小觑的还有腾讯视频，其竞争优势主要是母公司腾讯旗下两大聊天和社交平台 QQ 和微信上的百万用户群体。社交工具与娱乐内容可以相互促进相互补充。一方面微信和 QQ 用户可以在社交平台上讨论时下最新的音乐和电影，刺激终端用户产生消费需求；另一方面，许多电影和音乐本身就可以通过社交平台分享和传播。再加上母公司腾讯的强大资本实力，腾讯视频在类似 NBA 篮球赛等优质海外内容方面都获得了国内的独家播放权。

搜狐视频（互联网公司搜狐旗下的视频网站）的起始优势在于提供综艺节目和正版热播美剧。尽管国产电视剧和综艺节目仍更受国内观众欢迎，美剧也许是近年来增长最快的视频种类，尤其受城市年轻人的欢迎。艾美奖得主《生活大爆炸》是一部讲述四个科技宅男的喜剧，就曾创下点击量高达 10 亿次的记录。美国视频网站 Netflix 的原创作品《纸牌屋》也风靡一时，在 2015 年双十一购物晚会上，阿里巴巴邀请在《纸牌屋》中饰演美国总统的凯文·史派西通过视频参加晚会现场，在白宫背景前号召观众参加网上购物狂欢。

　　从观众市场的发展来看，网络视频内容的大潮是由用户原创（UGC）向专业制作（PGC）方向转变。在发展初期，这些视频网站定位于"共享"，提供用户原创视频有助于吸引大量用户群体。随着网络视频行业的发展，互联网用户日趋成熟，已不满足于观看原创视频。中国互联网络信息中心在2014年市场报告中指出，在手机用户选择观看的十类视频中，用户原创的视频排在末端。

图 6.5　手机用户选择观看的主要十类视频分布

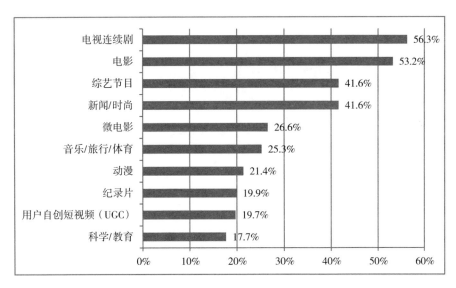

数据来源：CNNIC，2014 年 12 月

　　从上图可以看到，视频网站上观看人数最多的内容是电视节目。也正因为如此，近年来热播电视剧比如《甄嬛传》和综艺节目比如《我是歌手》的网络版权一路攀升。从表面上看，观众从电视机转战视频网站后仍然选择观看电视

节目有点不可思议，究其原因在于观众选择互联网的原因是电视频道的问题而不是电视内容本身。电视由于播放时间固定、插播广告过长、无法录制和回放等原因使得观众只能消极接受；与之相反，网络视频技术的发展可以使得观众随时上网观看，用户体验得到极大改进。

中国互联网络信息中心 2014 年数据还显示，大部分人已经改选线上观看电视剧。与此同时，80.4% 的互联网电视用户选择"点播"功能，67.3% 的用户选择"重播"功能。此外，数据表明，除了使用手机观看视频外，82.4% 用户选择电脑而不是电视机观看影视节目。也就是说，一旦养成了"点播"观看的习惯，人们很难再被动地坐在电视机前观看各频道提前安排好的电视节目。由于不愿花费大量时间守在电视机前，他们索性放弃电视机转而投向互联网观看视频。

图 6.6 电视剧的观众转向线上观看

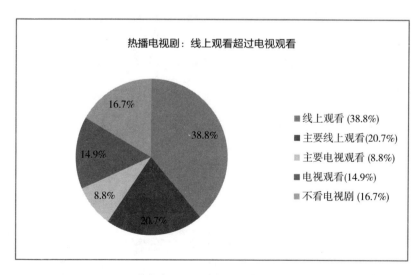

数据来源：CNNIC，2014 年 12 月

不过这里需要指出的是，专业制作内容（PGC）不一定就是畅销大片或大手笔制作，甚至不一定有引人情节。事实上，许多电视剧被国内观众骂为"脑残剧"或"狗血剧"。"脑残剧"，如字面意思，指的是情节肤浅、幼稚浮夸，经不起推敲的影视作品，就像许多年轻偶像出演的言情剧，代表作品包括《来自星星的你》（讲的是一个 400 岁的外星人毕业于哈佛大学后与狂妄自大的女演员的爱情故事）。"狗血剧"指的是情节老套俗气的电视剧。

对于许多人来说，《纸牌屋》一类的美剧在视频门户网站上评分很高，广受观众欢迎可以理解，可是为什么许多被骂为"脑残剧"的低分大陆国产剧、韩剧和台剧还会有那么多人观看呢？可即使是"脑残剧"，许多人还是"边看边骂"，"越骂越看"。对于观众来说，也许看电视的目的不是欣赏剧情，而是与朋友约在一起吐槽。其实这种现象很好理解，经过一天忙碌的工作和生活，谁也不愿意在闲暇上网之余消耗脑细胞。与其认真观看一部"烧脑剧"，倒不如看一部"脑残剧"轻松自在。深夜来临，身心疲惫之时，再看"烧脑剧"实在太辛苦，更何况，许多"烧脑剧"其实只是自诩"烧脑"罢了。换句话说，也许韩剧《来自星星的你》与《纸牌屋》的受众不同，但两者都能吸引一大批观众群体。

尽管目前观看网络视频的用户倾向于专业制造作品（文章后半部分将着重讨论 PGC 内容），但是个人原创内容（UGC）在向高质量、社交化的方向发展，依旧充满市场潜力。个人原创视频一旦被认定并证明有推广价值和市场价值，立即便会被加工制作成专业电视节目。由于在影院和电视台推出成本较高，一些独立制作组通常会选择在优酷土豆网等互联网平台推广。在这之前，低成本的原创视频很难登大雅之堂；而在移动互联网时代，一旦受到欢迎，这些原创视频会很快得到互联网巨头和顶级工作室的青睐。

2013 年，为了在南极举办婚礼，北京一对夫妇决定乘坐一艘 54 英尺（约16.5 米）长的帆船围绕世界旅行并拍摄纪录片记录沿途见闻。后来，这对夫妇将长达 300 小时的视频素材上传到优酷网,深深地打动了网站工作人员。经过沟通与合作,以这对夫妇环球旅行为主题的大型纪录片《侣行》在优酷网上线。这部被称为"中国首档自制户外真人秀节目"的纪录片第一季共 15 集,每周播放一集,上线后半年内便获得超过 1 亿次点击量,紧接着上线的第二季收视成绩依然斐然。

对于国外制作商来说,选择中国互联网上已有的视频内容,可以更快更稳妥地搭上中国迅猛发展的网络视频发展快车。网络神剧《万万没想到》就是一个鲜明的例子。原本在网络热播的系列短片《万万没想到》讲的是"屌丝"代表王大锤的故事。和众多网络文学中的"屌丝"一样,王大锤每天都会经历各种滑稽可笑的精彩故事。一经上线,这部剧就在优酷网上吸引了大批观众。后来这部网络作品被改编成迷你剧,接着又被改编成为电影。在 2013 年首映当年,《万万没想到》就获得累计 20 亿次点击播放量。2014 年,好莱坞梦工厂电影公司与优酷网合作,在网络剧《万万没想到》的基础上制作一系列网络原创视频。此后梦工厂计划在双方合作平台推出更多面向年轻群体的网络视频内容。

在近期,UGC 因为视频社交的发展又来到前台。随着 4G 网络基础设施的完善和智能手机的普及,视频的生产和传播进入"寻常百姓家"。短视频社交应用由于其短而轻且形式新颖的传播形式,便于用户碎片时间的参与,成为互联网平台的新流量,并进而造就了"网红"的兴起。在下一节的微博案例中可以看到,社交平台微博初期通过"大 V"、明星、舆论领袖等迅速吸引大量用户关注,但是随后因更加新潮、支持语音功能的即时通讯与社交工具——微信——的横空出世,用户关注度和流量逐渐被分流。最近两年是通过视频和直播,获得了远比社交要高得多的用户黏性,由此建立起"网红经济",实现了再度崛起。

案例：微博以 UGC 重新崛起

社交媒体公司微博在 2017 年初的年度财报显示，2016 年是微博历史上业务发展和股价表现最好的一年。一年前，微博的股价在 15 美元左右徘徊，但一年之后，微博股价一度接近 60 美元，整整上涨了四倍。与此同时，微博的市值超越社交媒体始祖美国 Twitter 公司。微博官方在财报中总结，"盈利的大幅增长来自边际收入的增长，在成本增长有限的背景下，微博从过去传统的广告收入单引擎驱动模式，转向广告 + 网红电商双引擎驱动。公司基本面在过去一年发生了质变，带来了现在的量变。"

图 6.7　微博股价表现 2015 年 3 月—2017 年 3 月

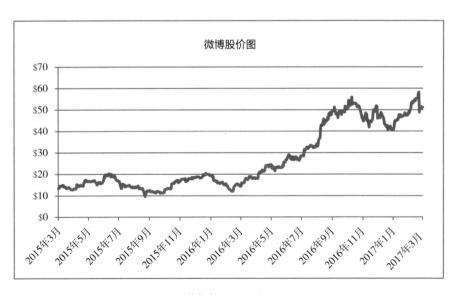

数据来源：FactSet

简而言之，可以用三个爆发来总结微博在 2016 年实现的突破：用户爆发，商业化爆发，流量爆发。视频和直播、网红经济以及垂直领域自媒体生态共同驱动了微博的快速发展。微博已经不再是成立之初的"Twitter 模仿者"，而是成为类似于 Twitter（文字分享）+Instagram（照片分享）+YouTube（视频分享）的综合平台。

2006 年，Twitter 在美国成立，创始人的理念是 Twitter 能让人们更便捷地共享信息。新浪微博于 2009 年面世，在初期和 Twitter 的确有许多相似之处：不但在发布内容时都同样设置 140 字限制，而且早期都是通过邀请名人、明星、商业领袖、舆论领袖等入驻来迅速聚拢大量人气。微博早期的策略可以概括为"大 V 化"和时政化，被视为中国"大 V"们聚集的最大舆论场。2014 年，微博在美国纳斯达克交易所上市。然而在此时，腾讯的微信作为新的社交媒体平台已经累计了更多的用户，微信的朋友圈也提供了与微博相似的信息分享功能，因此微博的前景在中国并不被看好。

微博的重新爆发来自微博在社交与媒体之间，选择了偏重"媒体"的属性，也相应形成了它与 Twitter 和微信的差异化。Twitter 的重心在帮助用户更好地分享信息，而不是消费与创造娱乐内容。由此 Twitter 更偏重社交属性，在创立之初 Twitter 用户只能向好友手机发送文本信息，而不是公共发布。这主要是因为在 Twitter 发展初期，智能手机刚刚开始普及，用手机照相和录制视频还不是一个流行的功能。然而，随着智能手机的普及，图片和视频逐渐成为用户在社交媒体平台分享的主要内容。

与媒体定位相对应，微博将"娱乐内容"作为主要发展方向。如果说最初微博是为大众提供了一个舆论平台，那么在近年为了适应消费者的泛娱乐消费需求，今天的微博已转型为一个能够支撑进行各种内容创作形式的社交媒体平台。微博支持了图片、视频、文章等丰富的内容形态，在 2016 年更是取消了140 字字数限制，让不同用户可以消费不同类型的内容，资讯或文学，娱乐或专业，长短不论，一切内容都可承载。现在的一条微博早已不是 140 个字的无聊分享，大多数时候是带图、带短视频或直播、带互动点评的综合体。

为什么微博会突然再次爆发？

最主要的原因其实很简单，就是响应了用户获取和消费信息方式的升级。 通过支持多媒体，微博超越了最初的文字定位，大幅提升了内容的数量和质量，进而增强了用户活跃性；尤其是通过视频和直播，微博获得了远比社交要高得多的用户黏性和活跃度。

在 2015 年三季度，微博图片发布量已占据整体内容 65%，它成为中国事实上的 Instragram（照片分享）。视频方面，2014 年夏天从美国启动的冰桶挑战在中国爆发，很多明星、大佬将各自"冰桶挑战"视频上传到秒拍（微博是投资方），并透过微博广为传播，一举奠定了微博在国内短视频行业的霸主地位。通过与秒拍、小咖秀、一直播三个视频生态的合作，微博获得了大量的内容和关注，很快成为最大的综合直播平台。

为什么是视频？

为什么在 2017 年，网络娱乐的中心是视频？甚至还可更进一步，为什么自媒体的中心是视频？

根据美国加州大学洛杉矶分校教授阿尔伯特·梅拉宾的研究，当一个人在表述自己的喜好的时候，55% 的信息是来自肢体语言和表情，38% 是来自语音、语调，7% 是来自说话的内容。也就是说，在人类社交过程中，只看到文字、听到声音相当于遗失了 55% 的有效信息。人们之间的沟通更加需要可以传达表情、图像等元素的社交工具，以获得信息的"深度"和"广度"。

同时，快节奏的现代生活也要求信息传递的高速度（"社交效率"）。与图文等静态资料相比，视频能够显著提升社交互动的效率。"在干吗"是很多社交联系都会先问的。视频的高效在于，问一句后，拍一个 10 秒内的短视频就能说明大部分问题。

在技术上，智能手机使用人口已近饱和、4G 网络的完善（更快的 5G 时代也在接近）、Wi-Fi 不断普及等，对普通用户也不存在技术门槛，加快了视频的生产和传播。"90 后"，特别是"95 后""00 后"年轻一代，他们的社交习惯与年龄更大的群体存在巨大差别，他们渴望更有个性的的社交环境，更加喜欢视频、直播等社交方式——这从去年以来直播在中国市场上的火热状态可见一斑。UGC（用户原创内容）直播，是 2015—2016 年新兴的在线娱乐方式，代表了视频自媒体进入到了新阶段。

二是借助平台优势，深挖网红经济。网红经济（即围绕网络红人的商业模式）是当前最热的风口之一，而微博本身就是网红经济最佳的孵化平台之一。微博在形成社会关注、打造及借力明星等方面都充满经验，除了可以为网红提供获取新粉丝的有效渠道，还为网红提供了广告、电商、打赏等丰富的变现方式。微博和秒拍合作推出的"一直播"，就是网红经济的重要平台。2016 年 5 月，韩国演员宋仲基在北京举行粉丝见面会，吸引了 1100 万人次围观"一直播"，点赞达到 2900 万。随着网红从偶发行走向产业化，微博从当年的明星大 V（拥有众多粉丝的明星微博用户）策略转型扶持草根红人（来自民间的大 V，或者说"老百姓成名"），成为网红专业化生产的平台。

三是网红加电商模式的崛起。近几年，微博的阅读量、用户量一直在上涨，但对于当时的微博，大 V 们的影响力并没有能完全实现商业变现。直到

2015 年，在微博上变成网红，继而向淘宝店铺倒流的电商模式才正式形成，成为变现的渠道。微博平台的"社会化电商模式"（Social E-Commerce）形成后，从大 V 又进一步向"专 V"（持续输出专业知识而拥有大量粉丝的微博用户）和"中 V"（拥有中等数量粉丝的微博用户）渗透。"专 V"和"中 V"在微博上的粉丝通常在百万数量级，和一线明星比起来，这只能算一个零头；然而一线明星数量有限，且变现成本高，而且明星大 V 也未必和"专 V"和"中 V"一样那么活跃。通过在广泛行业领域的内容营销和网红电商的交集，微博扩大了对垂直行业的覆盖范围。

总之，微博初期通过"大 V"、明星、舆论领袖等成功吸引用户关注，成为领先的社交平台。后因更加新潮的即时通信工具——微信的横空出世，用户关注度和流量逐渐被分流。最近两年微博通过重新定位"社交媒体"，利用新媒体方式的多样化、内容领域的垂直化培养了一大批"网红"、行业"大 V"和"专 V"、草根红人。同时，在广告收入之外，增加了"社会化电商模式"收入等多种收入渠道，成功地在数字经济 2.0 时代以新模式再度崛起。

在重新崛起的过程中，最出人意料的是微博虽然失去了在特大城市精英阶层的关注度，却成功吸引了中小城市的一大批年轻用户。过去 3 年里，微博从一二线城市走到了三四线。根据 2016 年底的媒体报道，微博用户中三四线及以下的人群有 1.7 亿，而且新增用户中有超过一半的用户来自三线以下的区域；同时，月活跃用户中 18 岁至 30 岁的年轻用户有 2.26 亿，几乎占到了整个平台的 80%。如果微博继续实施渠道下沉战略，用户规模应能继续增长。

未来的挑战在于，微博能否持续吸引年轻群体，激发他们的创新能力，使微博将成为自媒体的首选平台。作为广播型社交媒体，微博的影响力主要还是要靠"大 V"和明星的带动。虽然目前微博平台上的"中小 V"群体正在崛起，但如果年轻个人用户在微博平台上的内容不受关注，也无变现渠道而成为"扑街写手",将会影响到用户参与的积极性。就如网络文学经过十多年的行业发展,形成了巨大数量的"小神",构建了网络文学生态圈的基础,微博能否形成巨大数量的"中小 V",并为他们提供变现渠道,可能需要经过一段时间整合,也是微博未来的关键所在。

●● 寻找 PGC 盈利模型

过去十年,大部分的时间,国内所有的视频门户网站的商业模式单一。基本盈利模式是网站提供免费内容,通过用户点击量和广告费用获得利益。中国网络视听节目服务协会(CNSA)发布的《2015 年中国网络视听发展研究报告》中的数据表明,中国网络视频行业主要收入仍主要来源于广告收入(约为 70%),而会员付费项目收入和其他收入约占总收入 30%。在 2016 年,互联网用户的付费增长显著,网络视频收入模式更加多元化,但是行业的长期盈利模式仍在探索之中。

毫无疑问,由于受众群体主要以年轻人为主,在网络视频中植入商业广告在数字经济中充满潜力。年轻网民乐于尝试新鲜事物,尤其愿意体验国外影视作品中出现的各类商品。能够在一部热播节目插入广告,其潜在的宣传价值是不可估量的。而且,与传统的插播电视广告相比较,在视频网站植入广告可能会更有效,因为虽然电视机的观众更加广泛,但是电视中插播的广告机械消极,观众只能被动接受而无法互动进来,且无法评精确统计用户的关注事件来评估投放效果。正因为如此,许多品牌纷纷加入这一"风潮",在视频网站上投放广告,其间出现不少引人注目的营销视频。

赤裸列车

为了使视频网站中的广告效果更加显著，广告商在创意上下足了功夫。2014 年 9 月，一家清洁公司在上海地铁内拍摄了一支恶俗的视频广告，并将其上传至优酷土豆网。广告中情色意味非常明显，以至于虽然赚足了"眼球"，但大部分观众只记住了广告画面却没弄明白广告含义。

广告视频中，两位妙龄少女来到上海地铁车厢中，在众目睽睽下脱衣，露出性感内衣。车厢里乘客一片哗然，纷纷上前阻止。紧接着有一名男子迎上前去为女郎递衣物穿上，其中一位女子在男子手册上草草写了几笔然后穿上新衣。

在纷杂的画面中，只有注意到男子身上穿的蓝色制服上有一个公司名称的视频观众，才会这是某家清洗公司策划的品牌营销行动。男子进入车厢，递上干净的衣服然后捡起地上的衣服离开车厢，是为了宣传该清洁公司"随时上门服务"。广告的初衷是通过夸张的方式吸引公众注意，但女子脱衣这种极端画面不仅没有传达广告含义，反而引起众怒。

不过，这支"上海地铁美女脱衣秀"广告视频在优酷土豆网上确实获得了非常高的点击量。就如与"脑残剧"和"狗血剧"一样，虽然画面恶俗，引发歧义，广告还是吸引了许多人点击观看。这一事件的高潮结尾并不出意外：上海警方介入调查，最后以扰乱公共秩序罪对该清洁公司予以处罚，该洗衣公司被罚款 47.5 万元。

近两年的网络视频门户把竞争重点放在内容的差异化上，各大网站纷纷抢夺最新最全的视频内容，反而导致各网站资源库内 PGC 内容区别不大。与此同时，优质内容的网络播放权价格水涨船高，各大网站从争夺版权到争夺热门视频内容的独家播放权。例如，2015年2月，腾讯视频与全美篮球协会（NBA）签订独家版权分销协议，中国互联网用户第一次可以通过付费观看NBA网络直播。在此之前，腾讯视频还分别与美国HBO和索尼音乐签订协议，获得独家版权。独家买断的竞争进一步推高了整个网络视频行业内容成本的价格，对于视频网站来说，购买内容版权的成本已经远远超过广告收入。

为了摆脱视频版权谈判的被动、优质独家内容的匮乏，视频网站纷纷与其他影视公司合作或独立制作影视作品，通过自制内容获得独家播放权。以往在缺少自制网络剧的时代，视频网站受制于电视台的播放时间安排，对于整个剧的主题、演员、导演、团队主创等没有发言权，也就没法儿设计里面的广告商业化植入。自制内容让视频网站得以更好地控制广告营销的安排，并且实现排播自主化——独播、网台联动，甚至先网后台模式均可以实现。

事实证明，与获取网络播放权相比，网络自制剧不失为一种降低相对成本，获得独家播放优势的策略。不过互联网公司的年度财务报表显示，网络自制剧虽然降低了获取国外视频版权成本，但也相应地增加了公司的运营成本。韩剧《来自星星的你》热播后，各大视频网站纷纷制作类似网络剧，以填补国内类似视频内容的空白。从大背景看，国内视频网站经历的流量变现问题和优质内容成本上升问题也同样发生在国外视频行业中，例如美国视频供应商Netflix制作自制剧时，也遭遇高昂成本问题，而亚马逊则也因为入股HBO和迪士尼动画发展互联网视频业务导致运营成本攀升。

当前，自制剧创作开始朝着大投入、精品化迈进。网络自制剧《微微一笑很倾城》等点击量突破百亿，让行业认识到人们对于优质视频的需求，也坚定了各大视频网站加大投入头部（顶级）自制内容的决心。过去几年，网络自制视频是低成本、低投入和粗制滥造的代名词，而当前各大视频网站的自制内容常常有业内知名制作公司参与其中；从投资规模、团队班底、制作方式看，网络剧和电视剧没有什么本质区别。相比起来，网络剧拥有新的数字渠道，受众更加年轻，内容题材更宽泛。

为增加盈利收入，国内视频网站正逐步转换商业模式，从"免费"模式过渡到交叉型"免费—增值"商业模式。在这种模式下，一方面视频网站免费为用户提供部分视频资源并通过广告植入获利；另一方面，对于付费会员，网站则会提供独家资源，比如时下最新的热卖电影或热播电视剧。不过随着视频版权价格仍在一路攀升，盈利仍是网络视频行业一个不小的挑战。

首先，随着各方加大投入 PGC 内容，盗版问题急需解决。网络盗版一直以来都是国外娱乐行业中令人头疼的问题，中国也不例外。例如，据国际唱片协会（IFPI）估计，中国拥有世界上最多的网络音乐用户，但 2013 年唱片收入只有 8260 万美元，只贡献了全球网络音乐收入（150 亿美元）的不足 1%，世界排名仅在 21 位。其中一个原因，就是国内许多小型音乐网站仍然提供盗版音乐下载。

在影视作品方面，2014 年，腾讯视频与 HBO 签订独家播放权之前，国内没有正版 HBO 电视节目播放，但像《冰与火之歌》等热播美剧还是吸引了大批忠实观众，他们观看后在豆瓣等影评网站上发表观影感受。一些盗版视频网站通常会未经授权就上线此类内容，甚至一些主流视频网站也会允许用户上传带有中文字幕的 HBO 美剧（后来这些视频全部下线）。

值得欣慰的是，尽管盗版问题依然存在，目前版权问题在国内得到极大改进。近年来，中国主流视频网站大手笔购买正版电视节目和影视作品，还主动发起打击盗版的行动以保护自己的产权。2013 年，几大门户视频网站与美国电影协会（Motion Picture Association of the US）联合行动，对抗百度和快播软件（QVOD）的网络视频盗版侵权行为。最终国家版权局认定百度和快播软件构成盗版事实，分别予以有史以来最高处罚力度 25 万元人民币的罚款。与几年前相比，现在网络上大部分国外影视作品都是正版授权的。虽然还有极少部分的盗版网络视频存在，已经很难在网络上找到新上映的好莱坞电影。

打击盗版侵权行动的胜利，激发了视频网站投资制作专业影视节目的信心，有助于门户网站培育"付费观看"或"点播"用户。另一方面，随着技术的发展，当下盗版行业的分工也更加碎片化，在网站、播放器、服务器等不同环节已经形成一个黑色产业链，很多人把云存储的免费空间作为自己实施侵权盗版的集散地，可谓"与时俱进"，把技术发展用到极致。各方仍需继续打击盗版，才能使网络娱乐内容正版化成为主流趋势。

第二个挑战是沉淀忠实用户群，形成有效广告和广告盈利。在现有的"免费内容＋广告收入"模式下，各大网站提供的视频内容几近相同，尤其在综艺节目、热播电视剧和电影等内容上，各大网站几乎毫无差别。这种情况造成的结果是，一旦停止更新或更新滞后，用户会立即转向其他的视频网站（并在不同的门户网站之间来回流动），毕竟转向门户网站的成本（几乎为零）要远远低于变更有线电视服务商。

这也意味着即使有专业影视节目，由于网站提供的内容雷同，用户还是很难对特定的视频网站保持较高的忠诚度。而个人原创视频由于质量不高、主题不连续等原因，也只能在一段时间内保证用户的点击量。从品牌和商户的角度，视频广告的有效性存疑，因此视频网站难以要求高额广告费。由于网络视频中商业广告价值尚未完全挖掘，广告收入的增长速度跟不上版权采购成本，而这反过来又刺激视频网站高价抢夺优质内容版权，以期提升广告收入，形成行业竞争循环。

第三个挑战是培育付费会员。在美国用户观看网络视频的常见模式是Netflix式的付费观看，即网民根据自己的需求付费订阅；还有一小部分采取iTunes式"视频点播服务"。而在中国，盈利模式仍以单一的"广告＋免费内容"为主，各大视频网站上充斥着各类免费视频，包括最新的影视作品、体育比赛等。大部分用户习惯了免费观看。要想获得长远发展，视频网站还需进一步培育"付费观看"的用户习惯。

2015 年以来，得益于移动终端支付技术的发展、更多优质内容上线和打击盗版行动，网络视频付费市场得到极大发展。例如，2015 年 7 月，爱奇艺拍摄自制剧《盗墓笔记》，一时间在网络热播。为了观看完整视频，大量网民下载了爱奇艺 APP 并订阅会员服务。爱奇艺软件一举成为中国 Apple store 免费软件排行榜榜首并取得所有软件排行榜第二名的好成绩。根据公司发布的数据，《盗墓笔记》开播 5 分钟内就突破 1.6 亿的点击量，并达到 10 亿的总播放量。

随着网络自制剧《盗墓笔记》的热播，截止到 2015 年 12 月 1 日，短短 5 个月的时间，爱奇艺网站付费会员数量达到 1000 万。这对爱奇艺来说是个极大的好消息，因为它花了 4 年多的时间才积攒了 500 万付费会员，而仅这 5 个月的时间会员数量就翻了一番。但从另一个角度看，爱奇艺经营者在相关采访中也承认，付费会员数量"只占超过 5000 万网站活跃用户数量的一小部分"。也就是说，虽然付费会员数量增长迅速，但绝对数量仍然远远不足。

即便如此，视频行业还是看到了盈利的曙光。在《2015 腾讯娱乐白皮书》中，腾讯高层表示，视频网站的付费业务收入增长速度远远超过广告收入增长速度。未来 3—4 年，付费项目收入将与广告收入持平。2016 年 12 月，爱奇艺创始人、CEO 龚宇在第四届中国网络视听大会上披露，2016 年爱奇艺 100 多亿元的收入中，广告收入只有一半，另一半是用户付费和其他收入。截至 12 月底，优酷和爱奇艺的会员都达到了 3000 万，而腾讯视频也宣布付费会员突破 2000 万。

《2016 中国网络视听发展研究报告》指出，过去半年内，超过 35% 的网络视频用户有过付费看视频的经历，实现了近几年内最为快速的增长。报告认为，中国网络视频用户付费的商业模式已基本确立。但现实是，为了在优质内容和用户体验两大方面领先，各大网站继续在三个战线"烧钱"：购买独播内容版权，自制高质量内容，以及加强网站基础建设，增加带宽。随着互联网巨头设立独立的影业公司，谋求"影视联动"，资本投入的竞争更上一层，第一梯队的视频网站将彻底甩开其他竞争对手。

图 6.8　BAT 及旗下网络视频网站

多屏时代下的多元盈利模式

　　由于中国移动互联网的核心词是休闲娱乐，在互联网公司看来，娱乐内容在吸引用户使用互联网方面发挥着与智能手机、移动电子零售、移动搜索引擎和社交平台同等同样重要的"网络入口"作用。正因为如此，尽管视频业务短期内无法盈利，但是互联网公司积极搭建以网络视频为核心的娱乐平台，相信网络娱乐可以为公司其他业务吸引用户流量，拓宽移动商务渠道。与此同时，互联网巨头纷纷整合网络视频与其他电商业务，以获取更大的协同效应。

　　第一个需要整合的方面是硬件与内容。各大视频网站改变以往单一靠内容质量取胜的做法，逐步扩大智能终端的研发投入。在娱乐终端设备方面，用户逐渐从传统的电视机转向互联网。早期的互联网娱乐设备通常是笔记本电脑，而在智能互联网时代，智能手机成为用户观看网络视频的第一选择。不过，从观看的角度看，小屏幕的智能手机与大屏幕电脑或电视相比还是有些不尽人意。

　　由于大屏幕能够带来良好的观赏体验，多家视频平台正与制造商合作推出电视盒子、智能电视及其他终端设备。不远的未来，搭载浏览器和网络的智能电视将开始回归，重新成为客厅娱乐生态的中心。目前来看，比起智能电视，许多家庭还是愿意在原来电视的基础上配置一个电视盒子，主要原因是比起设置费劲的智能电视，盒子的价格更低廉且安装方便。CNNIC 在 2016 年底数据显示，21.1% 的中国网民使用电视上网，且呈逐年上升趋势。从长远来看，智能电视市场份额有望逐步赶上。

与此同时，软件工程师们正试图将智能手机的屏幕技术应用在电视屏幕上。在未来的时间里，电视有望像智能手机一样安装各种应用程序，智能电视摇身变成多媒体控制中心，发布叫外卖和拨打语音电话等指令。这样一来，开启"互联网＋"模式的巨屏电视除了成为客厅娱乐生态的主要屏幕外，还实现与其他移动终端实现共享，为用户提供相同的娱乐内容。

"内容＋硬件"双向发展的理念在智能手机制造商小米方面得到反方向的印证，最具体表现在 2014 年下半年小米注资人民币 18 亿元入股网络视频平台爱奇艺。除生产智能手机外，小米逐渐涉足智能电视（小米电视）、机顶盒（小米盒子）。通过这些小米终端，爱奇艺获取了小米 MIUI 用户群体，进一步扩大在移动视频领域的市场份额。正如前面章节讨论过的，小米的愿景是搭建小米"生态链"下的系列智能终端产品，而爱奇异的娱乐内容可能正是这些智能终端的公约数。

整合的第二个方面是网络视频与电子商务。网络视频与电子商务结合在一起有助于将更多视频用户转变成为线上消费者，这一商业模式被称为"T2O"。入股优酷土豆网后，阿里巴巴逐渐将淘宝和天猫电商广告投放到网络视频中，巧妙加入商品链接，观众收看电视节目的同时如果遇到自己中意的产品，可以随时下订单购买。

T2O 模式可以理解为"边看边买"，但大部分观众是否喜欢边看节目边做购物选择仍有待分晓。为了避免降低观影体验，目前许多节目的安排给观众更多的选择。观看视频时碰到心仪的衣服或电子产品时，观众可以直接下订单购买，也可以先放入购物车，等看完节目后再购买。总体来说，T2O已经形成一定规模，但是否能真的创造一种全新的电子商务模式，仍需市场的进一步检验。

整合的第三个方面是网络视频与其他屏幕中的娱乐内容（"多频联动"）。 在本章前半部分就介绍过，网络文学作为IP产业源头，是数字化出版、游戏、动漫、电影和小视频等数字化产品的基础。近年来，爱奇艺和乐视等视频网站出品的网络自制剧通常都改编于网络文学，并在互联网和电视上同时上线。而《盗墓笔记》等网络热播剧都推出了同名电影。未来的趋势是优质IP可以被加工成为不同的娱乐产品并出现在智能手机、笔记本电脑、智能电视和电影院多个屏幕上。同时，线上和线下娱乐之间的界限也在逐渐模糊。例如，在电影行业（见下一章），从线上到线下模式（online to offline，O2O）的主要价值就在于将线上游戏、社交平台与线下观影结合起来。

图6.9 多屏幕时代下的多元盈利方式

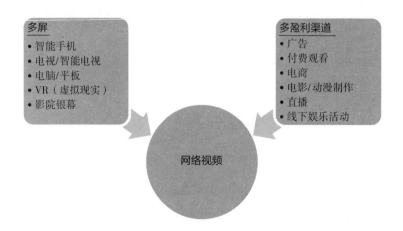

总之，网络娱乐并非仅仅是从大屏幕（电脑、电视、影院屏幕）向小屏幕（智能手机、平板）的单一朝向的迁移，而是观众在多屏之间自然切换的双行

线。作为网络公司，要做到的就是不管是线上屏幕还是线下屏幕，都要时刻吸引并保持用户的注意力，且努力简化移动支付过程，以确保观众随时随地消费娱乐内容。就如电商进入全渠道的新零售时代，网络娱乐也正式开始了多屏时代。

第七章
"互联网 +" 电影

数字
经济 **2.0**

电影业拥抱 O2O（线上线下）模式

影院银幕互联网时代的逆势扩张

社交化、本地化、移动化（So-Lo-Mo）

2016—2017 行业分水岭

● 电影业拥抱 O2O(线上线下)模式

　　小米手机作为一匹黑马,很快在智能手机市场开创了新局面。无独有偶,同样是"小"字辈的电影《小时代》在移动互联网时代大热,创下了国产影片的票房纪录。

　　《小时代》改编自同名人气网络小说,以经济快速发展的上海为背景,讲述了四个从小感情深厚的女生大学毕业后在友情、爱情和事业方面的纠葛。因此《小时代》又被称为中国版的《绯闻女孩》和《欲望都市》。2014 年夏天,《小时代 3:刺金时代》首映之日票房狂揽 1.1 亿元,创下国产电影零时票房最佳成绩。上映首周票房收入超过同期电影《变形金刚 4:绝迹重生》,荣登票房榜首,一时间震惊国内外电影行业。

　　让人惊叹的是,《小时代 3》从故事创意到改编、拍摄和发行的全过程,都以社交网络、大数据和互联网金融贯穿始终。首先,电影改编自同名的畅销小说。其次,拍摄前制片方通过社交网络,向小说读者和粉丝公开征集对主创团队成员（导演和演员）的建议。发行方更是宣称全国宣传现场没有使用任何广告牌；相反，《小时代3》的营销主渠道是汇聚高中生及青少年的社交媒体。《小时代3》在年轻一代中得到迅速推广，当电影被社会舆论批评推崇物质享受时，无数粉丝（大部分是与电影主角年龄相仿的少男少女）活跃出现在社交网络，与电影批评者掀起一场骂战，来捍卫他们的偶像和电影。

《小时代》现象是当前中国"互联网＋"电影的一个缩影。与酒店预订和约车服务一样，电影产业出现智能终端、订票APP和线上视频将网民转化成为线下观影者的现象。同时，制片方借助大数据技术迎合现代年轻网民的观影需求，填补了传统电影产业在该群体的空白。例如，电影中豪门名媛奢靡的生活方式，无论是国际名牌还是私人会所，无疑都象征着现代年轻人心目中的成功。有趣的是，因为新出现的互联网渠道和线上娱乐内容，这些生活在智能手机和虚拟社交网络的年轻粉丝从线上世界走向线下影院。

从表面上看，在互联网时代线下观影增多非常出人意料，因为网络娱乐正在经历爆炸式增长；但这恰恰表明互联网对中国电影业形成了"互联网＋"的深层次影响。事实上，电影业是所有O2O（线上线下）模式下增长最迅速的领域之一。也正因为如此，所有电商巨头纷纷进军电影业，借助搜索引擎、移动支付和社交网络等新技术打入电影宣传营销。除此之外，依靠大数据，电商企业可以分析观众喜好并独立制作电影，尤其是面向新生代观众（中国网民的中坚力量）的电影。

毫无疑问，未来这些电商企业将集电影行业的三大垂直领域——拍摄制作方、营销发行方和放映渠道方——于一身。也正因为如此，在最近一次电影论坛上，一家大型电影发行公司总裁（于冬，保利博纳总裁）揶揄道，未来的电影公司都将为BAT打工。除了国内电影市场，互联网巨头正通过并购国外影视公司、购买IP版权、合资发行渠道、合资制作内容等方式强势进军海外电影行业，这让好莱坞诸多电影公司欢呼雀跃的同时暗暗警惕未来强劲的对手。本章内容主要集中讨论移动互联网如何使电影产业格局发生变化以及如何促使好莱坞电影在中国的发展战略发生变化。

影院银幕互联网时代的逆势扩张

讨论移动互联网和智能设备（"小屏幕"）对电影行业的深远影响前，有必要先探讨一下近些年来国内电影行业的繁荣发展，其最直观的表现是传统影院银幕（"大屏幕"）数量的迅速增加。

随着中国城镇人口增多，最近十年来传统影院银幕数量增长惊人，且没有任何增长放缓的迹象。2016 年全国新增银幕 9552 块，相当于美国所有影院屏幕数量的大约 25%（增长速度为每日增加 22 块）；在 2016 年底中国银幕总数已达 41 179 块，成为世界上电影银幕最多的国家。国产喜剧电影《港囧》在 2015 年同时在国内 2 万块银幕首映，创下单日 10 万多次放映的记录，成为全球电影史上首映范围最广的一部电影。

尽管中国早已超越日本成为仅次于美国的第二大电影市场，其银幕饱和率（平均每块银幕对应的观众人次）仍处于较高水平。截止到 2014 年底，中国共有 2.4 万块院线屏幕，共有 14 亿观众观看，这与美国共 3.9 万块屏幕和 3 亿观众观看相比仍存在一定的差距。也就是说，2014 年中国每块银幕前有大约 6 万名观众，而在美国每块银幕前只有 8000 名观众。要想达到与美国相同的银幕饱和率，中国仍需建设大约 16 万块银幕（大约是现在银幕数量的 7 倍）。随着电影院继续在国内中小城市扩展，大银幕数量在未来几年将持续增长。

图 7.1　中国院线屏幕数量在过去十年飞速增长

数据来源：国家广电总局

　　IMAX 公司在中国的迅猛发展就是大银幕繁荣发展的极好证明。随着中国居民拥有更多的可支配收入，他们开始乐于尝试观看 IMAX 巨屏和 3D 电影。根据 IMAX 公司截止到 2014 年 6 月数据，自 2004 年在中国始建，经过短短 10 年时间中国已有 170 多家 IMAX 影院（同一时间，美国共有 340 家 IMAX 影院）；未来 5 年，预计还将有 246 块 IMAX 巨屏完工。中国有望一举超越美国，成为这家总部设在加拿大的巨屏公司在全球的第一大市场。

　　除迅速增加的银幕数量外，电影业另外一项重要指标——票房收入——也在迅速增加。如果按照此速度增长，中国在几年内有可能超越美国成为世界最大票房市场。根据北京一家娱乐信息咨询机构艺恩网发布的数据，2014 年中国票房总收入达 47.7 亿美元，同比增长 36%，与同时期全球电影市场行情低迷形成鲜明对比。2014 年全球票房收入同比增长仅 1%，大部分海外院线影院上座率持平甚至走低，其中尤以北美市场为甚。美国电影协会发布数据显示，2014

年北美票房收入下跌 5%，主要受众群体（18—39 岁年轻人）数量创 5 年新低；而反观中国，2015 年中国票房总收入比 2014 年增长近 50%，创下 2011 年来最高年度增幅。

中国电影市场的飞速发展自然吸引了好莱坞的注意；但由于中国进口片配额政策的限制，国外影片尚未完全进入中国市场。根据以往规定，每年 20 部进口电影可进入中国，且国外影视公司只能分得较小比例的票房收入（13.5%—17.5%）。在 2012 年，中国将进口影片年配额提高到 34 部（增加的 14 部是 IMAX 和 3D 电影作品），外商分账比例也提高到 25%。此外，中外合拍的电影不受此配额限制，外商的票房分账比例也更高一些（此内容将在本章后半部分着重讨论）。

当然，美国好莱坞的期望是"进一步放开"甚至"完全放开"中国电影市场。2012 年，中美双方就解决 WTO 电影相关问题的谅解备忘录达成协议。除进口影片外，该配额政策同样适用于进口电视节目（如在网络娱乐的章节中有提到，美剧是一些视频门户激烈争夺的独一性内容；根据规定，国内视频网站播放国外电视节目也需向政府登记备案）。随着 WTO 协议于 2017 年 2 月到期，中美将围绕配额数量启动第二轮谈判。美国和其他海外（比如法国）电影公司十分期待中国政府将进一步放开进口影片配额限制。如果中国电影市场"进一步放开"甚至"完全放开"，视频和电影市场都会看到更多的海外娱乐内容进入中国。

在全球电影市场发展平平甚至低迷的大背景下，中国电影市场迅速发展引得好莱坞影视公司虎视眈眈。目前一部好莱坞大片的成本通常超过 4 亿美元，因此如果能在一个市场就获得超过 1 亿美元以上的票房收入，对这些好莱坞影视商来说意义非凡。随着 3D 电影《阿凡达》2010 年在中国创下 2 亿美元的票房收入，中国市场已经成为大片国际发行的主市场。与以前不同，现在好莱坞电影制片商正竭尽全力确保电影作品同时满足美国、中国两个市场的需求，而如何以最快的方式接触最多的中国电影观众是决定全球总票房的重要因素。

近年来,好莱坞影视公司在抢夺中国电影市场份额方面获得显著突破。从表 7.1 可以看到,2014 年 6 家美国电影公司在中国市场取得 1 亿美元的不俗票房。派拉蒙电影公司拍摄的《变形金刚 4:绝迹重生》相继在重庆武隆和北京取景拍摄,其中高潮场面更是完全在香港拍摄完成。电影一上映,就以 3.2 亿美元的票房收入打破《阿凡达》的纪录。不过意义更非凡的是,该部电影在中国市场的票房收入首次超过北美票房足足 7500 万美元(数据来源于票房魔咒网"Box Office Mojo"),一举改变中美电影市场的格局。

表 7.1　美国影视公司 2014 年内地票房收入

影视公司	2014 年票房排行	内地票房收入(亿美元)
派拉蒙	1	4.18
迪斯尼	2	3.75
华纳兄弟	3	3.58
福克斯	4	3.10
索尼影业	5	1.64
梦工厂动画	6	1.22
环球影视	7	0.52
狮门电影 / 顶峰娱乐	8	0.23

数据来源:美国太平洋桥(Pacific Bridge)影视咨询公司,2014 年

2015 年,同样有 6 家美国电影公司在中国的票房总收入超过 1 亿美元。得益于《速度与激情 7》在中国的热播,票房总收入未过亿元的环球影业一下跃居 2015 年海外电影公司票房榜首。上映 8 天,《速度与激情 7》就狂扫票房 2.5 亿美元,总票房收入近 4 亿美元,刷新了中国内地票房纪录。《速度与激情 7》的成功表明好莱坞斥巨资打造的特效动作大片仍最受中国观众的追捧。

表 7.2 美国影视公司 2015 年内地票房收入

影视公司	2015 年票房排行	内地票房收入（亿美元）
环球影视	1	7.11
迪士尼	2	5.32
福克斯	3	2.85
华纳兄弟	4	2.75
派拉蒙	5	2.59
索尼影业	6	1.21

数据来源：美国太平洋桥（Pacific Bridge）影视咨询公司，2015 年

正因为如此，抢夺中国电影市场正逐渐成为未来国外制片公司的战略核心。但是电影进入中国过程中存在电影观众、合作方和政府三方之间的文化角力和经济政治利益的冲突。与内地电影制片商联手出品影片似乎可以确保这些国外公司顺利进入中国这个全球第二大电影市场。然而在互联网飞速发展的时代，国内制片公司也在寻找重新定位：一方面，互联网公司与影院"亲密接触"，改变了传统电影产业发展模式；另一方面，线下观影群体以爱好电影的年轻城市人口为主，在移动设备上他们乐于通过社交网络和娱乐 APP 表达他们对新时代电影内容的要求。下一节将分析电影业出现的社交化、本地化、移动化三大趋势，他们对国内外电影公司既是机遇又是挑战。

● 社交化、本地化、移动化（So-Lo-Mo）

"社交＋本地＋移动"的三个趋势，简称为 So-Lo-Mo（对应英文中的

Social - Local - Mobile)。在数字经济的大背景下，三者相互作用，重新定义了移动互联网时代中国电影产业的发展进程。

　　与20世纪30年代好莱坞大制片厂制度类似，传统上中国几大电影公司垄断所有产业链条，包括演员签约、制作发行和院线放映（在美国，美国最高法院1948年宣布大制片公司对电影业的垄断非法，要求放映业必须和发行业和制片业分离，即"派拉蒙判决"）。过去的电影制作模式可称为"生产线一条龙"，观众只能被动观看，无法参与到电影内容的制作过程。互联网的发展，不仅改变了传统电影行业的商业模式，而且对影片内容和制作过程产生深远影响。

　　图 7.2　移动网络贯穿电影制作、发行和放映过程

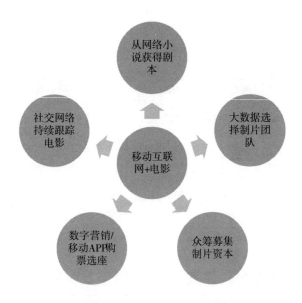

　　所谓"社交化"，是指在一部电影的完整生命周期里，社交网络自始至终将观影者和电影业紧密地联系在一起。由于互联网，未来电影的内容将更多地

由"尾端"(观影者)通过社交网络决定,而电影爱好者也可以通过移动网络参与电影制作、发行和放映过程(就如中国有一句老话,叫"从头到尾"参与)。

首先,在剧本创作环节就能看到社交网络所带来的变革。在前互联网时代,由于整个市场由制片商和为数不多的老牌编剧垄断,新生编剧很难出头。如第六章中探讨的网络文学,由于互联网的存在,许多年轻有为的编剧得到了更多机会,得以将许多网络小说改编成同名电影。网络上文学作品的人气排名,可以为制片公司分析观众喜好的故事情节和题材提供重要参考;正因为如此,越来越多的导演主动通过互联网寻找有改编价值的作品。电影观众给行业更直接的反馈,是通过社交媒体发表关于最新电影的意见和评论,或分享个人感受和偏好,被导演和制片商留意并参考。

另一方面,影视公司也在积极借助大数据去主动分析用户需求。即使已经进入拍摄环节,电影导演仍可通过社交网络与粉丝开展互动。这样一来,不仅可以参考粉丝意见进一步"打磨"故事情节,而且还通过互动为电影做免费的前期宣传,可谓一举两得。一言以蔽之,目前新型电影制作流程通常是先摸清观众需求(通过大数据技术分析观众喜好),然后根据这一需求定制电影。就像在餐馆进餐一样,新时代的电影爱好者喜欢主动定制自己喜爱的菜肴,而不是被动地坐在那里等厨师决定。

从 2011 年《失恋 33 天》开始,影院陆续上映了一系列改编自青春题材的网络小说的电影,例如 2013 年《致我们终将失去的青春》就是根据同名小说改编而成。《小时代》系列是目前网络小说 + 电影模式最成功的一个例子。小说作者郭敬明称得上是国内顶层网络作家——就是本书前面章节提到的"至高神"级网络作家,拥有超过 2000 万粉丝读者。凭借自身和作品的网络人气,这位"网红"作家将文字改编成电影。电影一上映就超出所有人的预期,广受年轻观众欢迎。

当然,《小时代》从网络小说到电影大片的华丽转身只是凤毛麟角。现实

中，尽管影视公司重金购买人气网络作品并将其改编，能够在改编成电视剧
或电影后达到同样流行度的少之又少。在被改编成大成本的电影前，一部作品
通常以微电影或网络剧的形式在互联网上映以此检测受欢迎程度。拿电影《老
男孩：猛龙过江》的出品过程举例：故事讲的是一对贫困潦倒的业余歌手组合
"筷子兄弟"不放弃梦想的感人故事，2010 年该故事以 43 分钟长的微电影形式
上传至互联网。一经上线，视频就得到千万次的点击量，主题曲《老男孩》一
时间广为传唱。2014 年，以该故事为原型的同名电影热映。

除了影响哪些作品被改编成电影故事，社交网络还可左右拍摄团队的组
建。再拿《小时代》举例。郭敬明在成为该部电影的制片人兼导演前曾通过网
络与粉丝互动，寻求拍摄意见。制片公司也在微博上向亿万关注者发起"推荐
《小时代》导演和演员"活动。不过粉丝反馈回来的意见让人多少有些意外，他
们建议"为了保证作品的原汁原味"，应由作者郭敬明本人亲自担任电影导演。

社交网络同样影响新一代电影的融资环节。电影众筹吸引了许多年轻观众
的注意力，很快成为电影制片公司融资的重要渠道（在第八章互联网金融部分
将更详细讨论）。《小时代 3》《小时代 4》拍摄时，粉丝最低只要花费 100 元人
民币即可投资电影制作。只需少量的投资即可成为电影"共同制片人"并可以
游览拍摄场地、获得明星签名照甚至可能与明星面对面，这在当时让年轻的粉
丝们雀跃不已。

另外，就在电影登上影院大屏幕后，"社交"在影院仍然可见。目前一批
影院已经开始试验"弹幕"，通过"弹幕屏"群众可以通过短信的形式往屏幕
发送文字进行实时交流。带有社交功能的这种弹幕屏兴起于日本，最常见于
网络视频中，目的是打造一种真实的"共同观看"体验（虽然个人是在单独
观看网上视频）。而在中国，由于社交网络迅速蔓延，一些影院大胆创新，在
"实际上已经在共同观看"的影院中应用上了弹幕屏技术，形成了"社交观
影"新模式。

"弹幕"

"弹幕"是一种全新的观影体验。该词据说来源于网络军事游戏，指屏幕上飘过密集的炮火射击如同一张幕布一样。一些国内影院在屏幕上专门设置评论区，观众可以通过发送短信的方式对电影评论或回应他人的评论。时不时这些评论和回复就像子弹一样在屏幕上方密集弹跳出来，形成弹幕。

弹幕最初起源于日本弹幕视频分享网站 niconico（NICONICO 动画，日文为"ニコニコ动画"，是 NIWANGO 公司所提供的线上影片分享网站，常被简称为 niconico 或 nico 等），后来逐渐在国内视频网站上广为使用。在移动设备上观看视频时，观看者可以对视频进行实时评论，其他所有观看该视频的人均可以看到这些评论，并进行回应或发表自己的看法。

换句话说，视频中弹幕给单独观看视频的人创出了一种"共同观看、实时互动"的体验。与以往传统的在视频网页下方（非视频屏幕上）按顺序排队评论（非实时）不同，这种密集式的实时评论给观众带来全新的观影体验。尽管有时弹幕太过密集，遮挡了视频画面，弹幕爱好者也不介意，称这种观影体验的主旨不是视频本身，而是在网络社交中进行"吐槽"。作品"好不好看"已不是他们的追求，在弹幕中体验互动与共鸣，"一起嗨"才过瘾。

目前电影发行方已经开始在影院内大胆尝试弹幕模式，包括《秦时明月》和《小时代3》等大片都尝试了弹幕模式。观众可以自主选择是否在"弹幕影院"观看，目前这种模式反馈良好；看到自己的评论出现在屏幕上，许多人还是非常为之兴奋的。支持者认为弹幕强化了影院的社交功能，因为可以在观影的同时与他人互动结交；还有人认为如果电影无聊或荒唐，弹幕的存在就特别有意义，因为与其坐着煎熬，不如与其他人一起"吐槽"；甚至还有人认为当偶尔看不懂一些情节时，可以参考弹幕内容帮助理解。

当然，还有人比较反感弹幕，他们对在影院里与陌生人互动并不感冒，反而觉得屏幕上出现弹幕会干扰观影。为了满足大部分人的需求，影院在上映《秦时明月》时采取了折中的做法，将观众实时发送的吐槽文字投影在银幕两端；但还是有许多观众不买账，他们坚称，弹幕只有满屏"大花脸"才过瘾。可以用 2010 年一部电影名字来概括这些年轻的观众期盼的观影体验：《让子弹飞》。

从短期来看，弹幕可能只是一种营销策略，但在未来有可能成为影视业的一项深远的模式变革。既然吃个饭上道菜都要拍照片发微博，看电影时随时在线、发表评论在本质上并无差别。对于一部分观众来说，弹幕让人分神，降低了观影体验；而其他观众则认为这种"实时互动"丰富了观影体验。由于年轻观影群体有强烈的表达意愿的欲望，这种弹幕现象极有可能会因为年轻人吐槽文化现象而延续下来。对于这部分群体来说，虽然导演可以决定故事情节，但他们仍然可以通过弹幕这种属于自己的形式表达对电影的看法。

弹幕观影模式的核心价值在于为影院和片商更好地挖掘并解决用户需求提供了一种有效方式，从而为影院票房的增长提供更多可能，这势必会对传统的以制片人、导演为中心的传统电影制作模式带来进一步影响。在不久的将来，有的电影院可能会像 IMAX 特技影院一样，以前沿技术配置弹幕屏为特色，专门配置适合弹幕的喜剧片或者吐槽片；或是每家电影院都极有可能为弹幕观众开辟专门的观影区，为观众提供多一种观影形式。从另一个角度看，弹幕为观影者提供了一个集体吐槽的平台，在多屏时代使影院成为不可替代的社交聚集地，在互联网时代产生特殊的线下价值，正是O2O商业模式的精华所在。

最后，年轻网民看完电影后的一项重要活动是在社交网络中分享感受并讨论电影情节。因此，电影上映后，粉丝仍然可以通过在社交媒体中发表评论和看法影响这部电影的命运。对于喜爱的作品，年轻粉丝会表现出宗教般的狂热，与任何批评的声音掀起骂战，忠实地履行捍卫职责。

例如，电影《小时代》因推崇上流社会的生活方式和拜金思想严重在国内引发热议。电影粉丝——大部分都是像电影中四位女主一样的年轻女性——在社交平台上疯狂展开回击；而与之相反的是，当观众不喜欢某部作品时，社交网络也同样成为可敬畏的力量。2014年，著名导演姜文的电影《一步之遥》上映前各界期待很高，因为之前2010年姜文导演的《让子弹飞》就曾创下票房纪录。可上映后，随着网络上涌现出大批的负面评价，电影票房惨淡收场。

"社交本地移动"的第二个方面是"本地化"趋势。与"社交化"相比，"本地化"的趋势更深刻、更难把握。借助移动网络，中国消费者不仅可以浏览到更多的线上内容，而且拥有更多获取内容的方式和渠道。这样，消费者化被动为主动，成为消费内容的"选择者"。不过，让许多人意外的是，消费者拥有选择权不代表国外版权内容，尤其是好莱坞电影就是"优质内容"的最大赢家。事实上，本地观众正越来越倾向于国产影片，虽然在此之前，由于好莱坞大片垄断电影市场，国产影片只能在夹缝中生存。

从2014年内地票房排行榜来看，国产电影和进口影片各占据半壁江山。虽然《变形金刚4：绝迹重生》位居票房榜首，但却是排名前4的影片中唯一的一部进口影片。另外，根据国家广电总局发布的数据，2014年国内制片商分走54.5%的票房总收入。

表 7.3　2014 年影片票房收入排行

排名	电影名称	票房收入（亿美元）	国内 \ 国外影片
1	变形金刚 4：绝迹重生	3.20	国外
2	心花路放	1.88	国内
3	大闹天宫	1.68	国内
4	智取威虎山	1.41	国内
5	星际穿越	1.22	国外
6	X 战警：逆转未来	1.16	国外
7	美国队长 2：冬日战士	1.16	国外
8	爸爸，我们去哪儿?	1.12	国内
9	猩球崛起：黎明之战	1.07	国外
10	分手大师	1.07	国内

数据来源：Box Office Mojo，2014 年

　　2015 年国产影片抢占到更多市场，在 10 部票房电影排行中占到 7 部，占票房总收入的三分之二（61.6%）。从 2013 年到 2015 年连续三年，国产电影市场份额高于好莱坞影片。更显著的是，在 2015 年票房排行榜中，好莱坞只有一部动作／探险电影挤进前十。这清楚显示了新一代观众有自己强烈的观影喜好和意愿。21 世纪电影观众已经看腻了好莱坞电影中的波澜壮阔和爆炸特效，而大部分热映的国产影片都在传达能让观众"感同身受"的现代中国社会信息。因此，好莱坞制片公司所面对的挑战是找到引起中国观众共鸣的切入点，或是足够吸引他们的新内容。

表7.4　2015年影片票房收入排行

排名	电影名称	票房收入（亿美元）	国内/国外影片	题材
1	速度与激情7	3.90	国外	动作
2	捉妖记	3.82	国内	喜剧
3	港囧	2.54	国内	喜剧
4	寻龙诀	2.52	国内	动作、冒险
5	复仇者联盟2	2.40	国外	科幻
6	侏罗纪世界	2.29	国外	动作/冒险
7	夏洛特烦恼	2.26	国内	喜剧
8	煎饼侠	1.86	国内	喜剧
9	澳门风云2	1.54	国内	动作
10	西游记之大圣归来	1.53	国内	动画

数据来源：Box Office Mojo，2015年

　　由此，一些好莱坞大片中加入了部分中国场景并起用中国演员，但归根到底只是一些次要情节和刻意加入的人物角色，以至于显得生硬乃至影响到故事的连续性。

　　比如，2014年大热的电影《变形金刚4：绝迹重生》感觉像是两部电影共享一个名字：电影前半部主要发生在美国的得克萨斯和芝加哥，而最后30分钟所有机器人大战场面全部在香港拍摄完成。2013年《钢铁侠3》拍摄了两个版本，在中国放映的版本中有一段几分钟长的中国演员和中国场景片段，而在国外版本中，这一段被删减掉了。

　　此外，为了强调中外合拍，好莱坞电影中有时还植入大量中国品牌的广告，《变形金刚4：绝迹重生》可能是这一趋势下最极端的案例。电影中，除了间谍、机器人打斗和无休止的爆炸场面外，从周黑鸭、红牛饮料，到机顶盒

（乐视电视）再到联想电脑，许多中国品牌的身影都出现在影片中。其中有一个
场面，斯坦利·图奇扮演一位身家千万的投资商，被 CIA 围追之下逃到香港一
座高楼的楼顶。莫名其妙的，阳台上有着一个载有各种食物的冰箱。斯坦利顺
手打开，选择了一盒"伊利舒化奶"后猛吸了几口。还有一个场面，电影另外
一名主演马克·沃尔伯格在得克萨斯州一处荒漠中取款，而那个 ATM 取款机上
署着"中国建设银行"。市场的反馈很明确：中国观众希望看到"中国"元素，
但把中国元素强行嵌入的模式不受欢迎，观众希望看到的是"国际化的中国电
影"（详见本章关于"联合摄制"的章节）。

图 7.3　各级城市观影群体所占比重

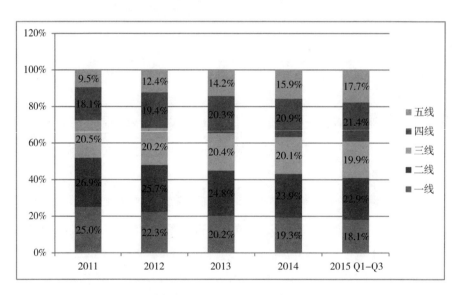

数据来源：艺恩公司，2015 年 9 月

更让人感到意外的是，大部分电影主旨并不取决于北上广等一线城市的观
众，而是越来越多地取决于"小镇青年"。"小镇青年"指的是中小城市中前往影
院观看电影的年轻人，这基本上涵盖了一线城市外所有观影的年轻群体。艺恩

网在 2015 年底的数据显示，过去几年里一线城市电影观众所占比重持续下降，而四五线城市电影观众比重则逐年上升。其背后的原因也是显而易见的，一是四线城市五线城市的增长率远远优于一线城市；二是三线以下的城市拥有全国最大的人口基数；三是移动网络的覆盖在全国延伸；四是"小镇青年"的观影频次还比较低。因此，"小镇青年"的人口基数还在增加。

"小镇青年"的崛起是中国电影市场本土化趋势的重要原因。电影《小时代》以主人公追求幸福和成功为中心展开，引发了年轻观众的共鸣。电影通过各种奢侈品牌夸张地表现了上层社会的奢华，这是所有年轻观众梦寐以求却无法企及的生活，特别是电影中主人公的人生轨迹是每个中国大学生期望的：普通大学毕业后艰难面对求职面试和强势老板，但女主角经历各种考验，人生不断晋级，最终幸运地集光鲜亮丽的工作、两肋插刀的好友和帅气多金的男友于一身。

换句话说，《小时代》一类的电影，表达出年轻人心中的梦想、焦虑、挣扎和压力，恰恰填补了传统国产影片在该领域的空白。很长一段时间，中国电影市场的一端是出自老一辈编剧和导演之手的国产影片，对于这种影片，年轻人根本无法产生共鸣甚至不愿尝试着去了解。市场的另一端是场景绚丽的好莱坞大片，对于这种影片，"小镇青年"又感到非常的遥远和陌生。真正让大部分年轻人喜爱的还是带有"同时代感"的作品和"同一时代下时尚成功而又受人喜爱的主人公"。正因为如此，为了抢占中国电影市场，好莱坞必须改变在中国的策略，跟上国内"小镇青年"观众这一支基数庞大、增长迅速的观影主力军。

可是这种趋势引发了业内人士对电影质量和中国电影市场长远发展的担忧。许多影评悲叹，小城镇观影群体的扩大会导致大数据分析有失偏颇，以至于当前热映电影质量整体下滑。与这一论断不谋而合，包括《小时代》在内的近几年热映电影在网络评选中纷纷获得 2014 年和 2015 年金扫帚奖"最令人失望的影片、主角、导演和编剧"奖项。

金扫帚奖和《小时代》系列

仿效美国"金酸莓奖",中国"金扫帚奖"由《青年电影手册》在
2009 年主办发起,是华语电影史上首个为年度最差影片颁发的奖项。
伴随着社交网络的兴起和网络评影的繁荣,"金扫帚奖"得到越来越多
的网民参与和关注。每年年初,组织者在网络上发起年度"最差电影"
评选活动,并在颁奖仪式上宣布上一年度"最令人失望的影片、导演、
主角和编剧"获奖者。

"金扫帚"一词寓意"大扫除"。例如,活动举办者曾评论说,
2014 年是中国电影史上"最无耻、最无创意和最糟糕"的一年。在当
年颁奖会上,创办人程青松表示,"中国电影处于一个最好的时代,也
是一个最坏的时代。2014 年中国电影票房总量接近 300 亿元大关,然
而电影票房不是衡量电影水平的唯一准绳。过去的一年,票房与烂片齐
飞的尴尬景象随处可见,所以我们急需一把'金扫帚'扫除影坛尘埃,
激励鞭策中国电影人。"

《小时代 3》在 2014 年金扫帚奖中一马当先,独揽四项奖牌。小
说原作者兼导演郭敬明获得"最令人失望的导演"和"最令人失望的编剧"
奖。不过能让他有所"安慰"的是,电影《分手大师》与《小时代》争
夺"最令人失望的影片"时曾不分伯仲。许多网民在线上留言说很难抉
择,因为 2014 年"糟糕的电影实在太多"。在随后一年,杨幂凭借在《小
时代 4:灵魂尽头》和《何以笙箫默》中的表现成为"2015 最令人失望
女演员",第三次成为金扫帚影后。

"金扫帚奖"自 2009 年举办至今,一直鲜有获奖者现身颁奖现场,

勇敢接受"最差"的头衔；组委会表示会把奖杯（扫帚模型）和获奖证书邮寄给各位获奖者。不过，也有电影人能直面差评。在2013年度"金扫帚奖"颁奖仪式上，《疯狂的蠢贼》制片人李明阳突然出现在"最令人失望的影片"奖项颁发阶段，念了长达3分钟的道歉信，并真诚地向全国电影观众鞠躬致歉，"通过这次得奖，我会总结经验，用这把金扫帚扫去自身的浮躁与尘埃。"

通过金扫帚奖，影评家想要强调的是，票房收入高不代表影片质量高。而在金扫帚奖推选过程中公众表现出的热情和犀利的评论也表明他们同意影评家的说法。2015年与2014年相比，入选名单更长，网络投票人数也激增（这一次《小时代4》又一次成功入选"最令人失望的影片"，不过该奖项最终被其他电影收入囊中）。2016年度"最令人失望男女演员"的提名名单中，几乎被年轻男女演员承包，显示年轻观众市场对高颜值的小鲜肉、小鲜花们也有更高的期许。在走向成熟的道路上，中国电影市场也许能愉快地消化各界建设性的批评意见。

最后，"移动化"趋势指的是，互联网和移动设备逐渐成为维系电影市场和中国观众的工具。上海国际电影节组委会在2015年发布全国首个《互联网+电影趋势研究报告》，其中数据显示，由小说、游戏和动漫等网络原生内容转化而来的观影意愿合计达75.27%。电影营销部门传统上所倚重的电视、纸媒、户外广告三大渠道已经不是主流，而各大电影营销公司发布的数据也显示，互联网端（特别是移动端）电影营销占电影的宣发营销比正在大幅度上升。

正因为如此，随着中国电影市场竞争日趋激烈，数字化营销显得尤其重要。在三四线小城镇，互联网也许是唯一以较低成本即可接触潜在观众的重要渠道，其中又以移动设备最为重要，因为小城镇青年通常只能通过手机上网。此外，年轻观众在社交网络中分享观影感受，将带动电影迅速传播，而这是传统的线下营销无法做到的。从目前看，几大主流社交网站、微信、新浪微博和人人网（以大学生为主要用户的社交网络）是发行商线上宣传的主要阵地；另外，专业影评网站时光网和豆瓣也逐渐成为用户分享影评和查看电影信息的重要网站。

拿《小时代》举例，电影的制片方兼发行方乐视影业（隶属于乐视控股集团）宣称，《小时代》宣传时期，全国所有宣传现场没有搭建任何路牌广告；相反，考虑到电影观众以高中生和年轻白领为主，发行方选择在社交网站上开展大部分宣传活动。据报道，专注互联网营销不仅降低了《小时代》的广告成本，而且通过与微博、人人和豆瓣用户群体开展亲密互动，将票房预估精准率提高到了 85%。

此外，由于移动网络技术的存在，电影观众还改变了影院选择和订票习惯。整个观影过程实际上就是一个 O2O（从线上到线下）的过程，其中线上活动包括社交、电影筛选和影院搜索，线下活动包括到影院观影以及购买爆米花等。就如在前几章介绍的其他垂直领域 O2O 市场中一样，O2O 的巨头们在充分发挥比较优势的基础上强势进军电影产业，例如百度通过强大的移动搜索引擎、阿里巴巴通过电子商务大数据、腾讯通过聊天和社交平台，万达商场搭载影院。

为了抢夺电影市场份额，如 O2O 餐饮案例，这四大巨头纷纷在网络售票上打起了价格战，为观众提供优惠和便捷的订票。而在以前，由于长期缺少投入，传统影院无法像现在一样为观众提供如此便捷的购票服务。还有就是，过去观众只能在当地报纸夹缝或服务板块浏览最新的电影信息；而现在通过移动终端，用户可以随时查阅最新的电影信息、影院地址、特价影票信息（由于几大互联网公司的价格补贴）并提前在网上选择座位。有了这几项便利条件，观众通常很难抵制网络购票的诱惑。

因此，通过网络系统和手机购买电影票的用户数量不断增加。短短几年的时间，线上购票从无到有，很快占据一半的市场，成为主要购票渠道。2015 年中旬，百度总裁李彦宏在一次演讲中提到，中国电影票中 55% 的部分是通过网络售出，而在美国网络售票仅占总售票的 20%。当年暑期档，即使是如《栀子花开》《小时代 4》等"自带 IP 和粉丝"的大片（前者由传唱 10 年的经典歌曲衍生，后者携带数亿网络文学和电影系列粉丝），也纷纷选择与网络票务合作。

结果显示，互联网发行渠道合作方美团猫眼和淘宝电影票，的确对两部影片获得高票房起到重要作用，第一周《栀子花开》票房 3.7 亿元，其中超过 40% 来自猫眼，而《小时代 4》前三天 3.6 亿元票房中 2.5 亿元来自淘宝电影。但是就如其他 O2O 领域一样，业内人士担忧这种特价电影票的模式从长远来看不具备可持续性。在 2016 年，网络购票补贴潮退去，高速增长的中国电影市场迎来一波深度调整。

2016—2017 行业分水岭

2016 年中国银幕总数维持了近年来的高速增长，超过 4.1 万块，成为世界上电影银幕最多的国家。然而，世界最多的电影屏幕却未能使中国成为世界上最大的电影市场。在年初，业内乐观地预测国内票房将延续 2015 年超 40% 的增速，突破 600 亿元总票房而超越美国市场。然而，根据国家新闻出版广电总局电影局数据，虽然 2016 年的票房最终以增长收官，达到 457.12 亿元，但是同比增长仅 3.73%，距离 600 亿元甚远，以至于有悲观者预测 2017 年总票房可能首次出现下降，形成多年增长后的转折点。

冷静地看，2016 年的急剧降温是在上一年度的非常态增长后的正常调整。2015 年移动互联网发展迅猛，大量资本进入电影行业，民众的娱乐需求爆发，形成了市场繁荣景象。随后，由于观众的欣赏水平不断提高、消费心理变化，以及资本投资发生改变，中国电影自然回归新常态。随着电影观众口味提高，单纯的明星效应已经不再是高票房的保证。观众对电影高品质、差异化的要求，会促使行业提升电影质量、提供多元化的电影产品。在互联网和资本推动下，中国电影市场应该会继续增长，而 2016—2017 年有可能成为行业进入更成熟发展阶段的分水岭，其潜力表现在以下几个方面：

一是票补减少，使影迷选择回归理性。正如之前章节中讨论的餐饮行业的 O2O 模式一样，电影网上订票的补贴在短时间内形成票房飙升，但是网络补贴形成的用户未必具有"黏性"。2015 年电商为了争夺新生代用户，疯狂推出 8.8 元、9.9 元的超惠补贴电影票，观众几乎什么电影都去捧场，造就了 40% 的超高年增长率。而当电商票务市场的格局初步形成，补贴退潮后，电影票价回归到 40 元左右的区间，观众的消费变得更理性了。另一方面，大部分观众的审美水平在提高，也加快了市场对于电影的选择。

与此对应，2016 年进口片的票房重新超过国内市场份额的 40%（41.7%），虽然国产片票房仍然过半，但却是近年来"本地化"潮流出现后的第一次进口片票房份额反弹。艺恩数据显示，电影《美人鱼》以 33.92 亿元总票房成绩获得 2016 年票房第一，但紧随其后是三部进口片——《疯狂动物城》《魔兽》《美国队长 3：英雄内战》。2017 上半年的电影市场延续了低速增长的总体态势，而进口片占了整体票房的 61.51%，远超国产片票房。单片票房上，2017 年上半年票房过 10 亿的电影恰好是十部，也是进口片完胜。前十名中进口片占据 7 席，除了《摔跤吧！爸爸》是印度电影，其它均为美国影片，《速度与激情 8》位居榜首。可见今天的观众拥有选择权，本土电影必须持续提升影片质量，才能维持在市场份额竞争中的"本地化"。

图 7.4　国产片与进口片抢占市场份额（2014—2016）

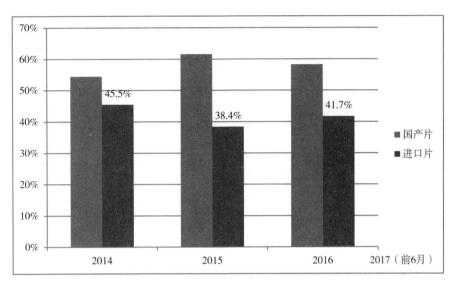

数据来源：国家新闻出版广电总局

二是 2016 年以来年的市场虽然暴露出目前国产电影发展中的一些弊端，但真正的观影需求和高质量内容开始浮出水面，中国电影市场由渠道驱动升级为内容驱动。2015 年起，通过抢占知名 IP 提前圈定粉丝市场，利用"小鲜肉"与"明星导演"包装吸引资本，可快速复制的"知名 IP+ 小鲜肉 + 明星导演"成为资本市场进入电影行业的流行模式。到了 2017 年上半年，市场对于批量制作的"IP"模式的审美疲劳终于彻底爆发，明星、热门 IP、话题炒作等的吸引力下降，这一类型的多部影片遭遇票房滑铁卢，是国产片票房占比下滑的原因之一。

就在近期国产片一路溃败之时，动作军事电影《战狼 Ⅱ》在 2017 年夏季的异军突起又带来了对国产片的新的信心。《战狼 Ⅱ》描述的是曾经的特种部队精英，因为军人的使命感，让他燃起斗志赴非洲，营救陷于水深火热的同胞和难民。刷新内地电影票房最高纪录。《战狼 Ⅱ》大获好评，在短短数周后票房就突破 40 亿，刷新了内地电影的票房最高纪录。由此可见，高质量的内容制作在国内市场依然具有潜力。当评分、口碑对于票房的影响加大，是市场良性发展的一个信号。

三是与国外的联合制作显著突破，为影片质量提升获得新渠道。目前我国已经与加拿大、意大利、澳大利亚、法国、新西兰、新加坡、比利时（法语区）、韩国、西班牙、英国、印度、马耳他以及荷兰等 13 个国家签署了 13 个完全生效的电影合拍协议。在 13 个签约国家中，中美合拍是项目增幅最多的。于是，联合摄制片这种借船出海的方式，就成了国产电影零距离接触学习国外先进制片技术的机会，从而更加靠近好莱坞大片的制作标准。

如前一节所述，市场上多见的联合摄制影片（Co-Production），其实只是中国资金参与投拍的纯种好莱坞电影。这类名义上的"合拍"更多是为了满足中国官方的"合拍规定"来避开进口配额，而加入一些中国情结、中国面孔、中国品牌，以至于电影情节生硬且碎裂。过去十年来，中美合拍的电影虽然努力在中国文化元素与迎合国际票房间取得平衡，但成功者寥寥。真正的联合制作电影，应该是用具有核心中国故事的电影剧本，以好莱坞的主创人员、拍摄技巧和营销推广手段来拍摄的"国际化的中国电影"。

2016 年的联合制作电影《长城》，由美国传奇娱乐和环球影业联手中国电影股份有限公司和乐视影业共同投资 1.5 亿美元拍摄，是中国迄今为止最大手笔电影，自然也是联合制作的最重要的一次尝试。与加入中国元素的好莱坞电影不同的是，《长城》以中国为背景展开，将所有拍摄场地选择在中国，讲的是数百年前的古老中国，有一支精英部队"在长城上抵御来自地狱恶魔的一波又一波的进攻"。

更特别的是，《长城》的导演张艺谋是一位并不太通晓英语的中国导演。尽管他曾导演过《大红灯笼高高挂》等赢得许多国际大奖的作品，《长城》是张艺谋导演的第一部全英文电影，也是他第一次与好莱坞合作。另一方面，《长城》的剧本出自好莱坞编剧，技术来自好莱坞班底，在制作水准方面又是一部纯正的好莱坞电影。通过如此级别的大片，中国的电影行业获得了一次可贵的学习机会。

《长城》上映后，市场反馈褒贬不一，显示联合摄制的模式还需探索。其难度在于，中外文化在电影产业中的融合未必能产生同时符合两国受众偏好的影片。在一部作品中对接文化，有时对影片情节的完整性、叙事等都有产生影响。《长城》为了在国外市场发行，加入了外国元素而稀释电影的"中国味道"，流失了大批中国观众。鉴于国内市场的高速发展，大部分国内制片公司对国外票房潜力持较为谨慎的态度，这些制片公司会首先保证影片迎合并吸引国内观众，因此《长城》的模式也未必会被广为复制。

目前来看，中国尚未成为影片出口大国，中国制片商面临的挑战是如何创造出引起不同文化背景的观众们共鸣的故事。在表达中国文化方面，《长城》被批评将"中国内容"限于"灯笼、中式盔甲、长城等常见符号"。现在电影制片商希望能够拍摄出走向世界的中国电影，则需要在文化表现形式上更进一步。通过向国外电影业学习，以"好莱坞的方式对外展示中国"，到时中国不仅将超越美国成为世界上最大的电影市场，还会成为世界电影制造大国。

四是中国影片走向海外市场，互联网电影巨头加快海外投资。2016 年国产电影海外票房和销售收入 38.25 亿元，同比增长 38.09%，可谓是中国电影行业"走出去"突破的一年。传统上，因为不同文化背景等因素，中国电影缺少国际影响力。与印度非常相似，中国大部分国产影片只得到国内观众的认可。许多在国内票房与好莱坞大片平分秋色的国产电影出口海外时纷纷"遇冷"。

例如，2013 年异常火热的喜剧《泰囧》（据称电影制作成本不足 500 万美元）在国内取得极大成功。电影上映不到一个月就打败《少年派的奇幻漂流》，跃居票房榜首，并超过进口片榜首《泰坦尼克号》3D 版的票房总收入。可是当电影在美国市场上映时，影片的笑点未能跨越太平洋。《泰囧》在一个周末在美国上映，可仅有 29 个影院排片，票房仅 3 万美元，也许电影中的幽默只有中国观众才能领会。换另一个角度，从 AMC 连锁影院将电影定位为小众电影，并只安排全国 29 个影院上映这一事实就可以看出，美国电影发行方对于中国电影在美国还是缺少信心。

2015年《泰囧》推出续集《港囧》，海外发行已有改观——美国Well Go公司选择与中国同步发行该部影片，虽然首映日也仅在27个影院播放。2016年电影《美人鱼》在获得华语电影票房冠军之后，由索尼发行在北美上映，在美国、澳大利亚等国家和地区收获了近2000万美元票房。相关的因素是此片在北美被定为R级，排片量也就很低，只有35家电影院放映，无疑严重影响了票房。值得欣慰的是，《美人鱼》的评论，对该片的娱乐性、幽默感给予了好评，显示中国影片逐步走向国际化。

与中国传统影业相比，互联网公司更具有国际化视野。他们各自设立独立的电影制作部门，与国外著名作家、制片人、演员、导演及影视公司合作，联手出品迎合中国市场新需求的影视作品。例如，2015年6月，阿里巴巴旗下的阿里影业首次投资好莱坞电影，与美国派拉蒙影业公司合作投资汤姆·克鲁斯主演的电影《碟中谍5：神秘国度》。事实上，早在2014年《华尔街日报》举办的全球科技大会上，阿里巴巴创始人马云在接受采访时就认为，阿里巴巴实际上是"世界上最大的娱乐公司"，因为阿里巴巴已经全面介入娱乐产业整条供需链——从投资制作内容到电影的营销和发行。腾讯在2016年收购了好莱坞制片公司IM Global的控股权，并投资了好莱坞制片厂STX娱乐公司。

另一方面，作为国内最大连锁影院和商场，万达集团通过海外收购，拥有竞争对手无法比拟的全球线下发行系统。万达还于2012年以26亿美元的价格拿下美国第二大院线AMC影院公司。随后，万达通过AMC院线买下欧洲最大的院线公司Odeon&UCI；在2016年又买下美国第四大院线Carmike，使其成为全球最大院线。在内容制作方面，万达集团在2016年宣布以近35亿美元（约230亿人民币）的价格并购好莱坞最大电影公司之一的传奇影业。对此，万达集团将其形容为"迄今最大手笔的跨境文化并购"。

总之，我国电影产业在经历快速增长后回归理性，社交网络、移动应用和大数据技术促进了国内电影市场的繁荣，而2016—2017年有可能成为行业整合与提升的分水岭。网络公司强势投资电影行业，并将自身定位为未来的国际电影制片商和发行渠道。无论"内容为王"还是"渠道为王"，对于产业巨头来说都不是太大的问题；因为凭借大量资本投入，他们在内容和渠道两方面都下足了功夫。在内容方面，通过与好莱坞的战略合作，有望推出一批面向国际市场的新电影，将好莱坞制作和中国文化完美糅合在一起。

一个关键的问题是，与全球电影市场增长乏力相比，中国电影市场的这种反常的蓬勃发展是否具有可持续性？在别的国家和地区，通常电子设备的普及会降低娱乐成本，从而减少电影观众的数量。中国市场是否能继续反其道而行，还是会像发达国家那样，出现网上娱乐屏幕（小屏幕）将大批观众从影院大屏幕上吸引过去的现象呢？

从目前来看，还没有数据表明中国将出现这一趋势。中国电影爱好者似乎拥有在享受在电影院观影的同时也可以在移动终端上观看视频的双重选择。随着影院大屏幕和移动互联网进一步在小城镇和乡村地区蔓延，越来越多的"小镇青年"会选择到影院看电影，而在未来几年中国票房将持续繁荣。为了达到与线上观看视频一样的"即时互动"感觉，许多影院开始安装搭载弹幕技术的大屏幕，大屏幕和小屏幕的界限也由此逐渐模糊。

图7.5 多屏走向一体化

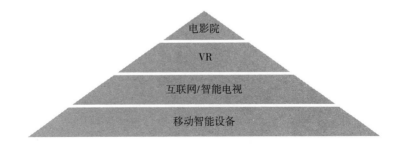

随着泛娱乐产业链进一步开发，多屏将走向一体化——因为数字经济最主要的载体和介质都是屏幕。未来的视频消费在多屏时代分布是个金字塔：最底下是移动视频，用户量最大，用户使用时间最长，每个用户的平均消费（ARPU）最低；第二层是智能电视，用户人数和用户使用时长都会降低，但ARPU会升高；第三层是VR；最顶端是电影院。实际上，未来移动屏幕和固定屏幕的价值是一体的，因为支撑生态系统的都是同样的内容；所有的账号是相通的，所有的数据也是共享的，因此已不能去割裂地看待"大屏"和"小屏"的各自独立价值。

第八章
互联网金融

数字
经济 **2.0**

2016—2017 互联网金融"监管年"

股权众筹

P2P 和网络银行贷款

互联网理财和资管

消费金融爆发

●● 2016 互联网金融 "监管年"

2015 年 1 月 4 日，互联网公司腾讯启动中国第一个网络银行"微众银行"（WeBank）。"微众"可以理解为"微小而众多"，以反映其专注于普通个人和小微企业，以及其与互联网和社交网络之间的联系。开业仪式由国家总理李克强主持，他通过计算机按下"启动"按钮，向一名卡车司机发放微众银行第一笔贷款 3.5 万元。

这一笔互联网贷款有三个重要的创新之处。

首先，为公众提供小微贷款。像微众银行这样的互联网银行为低收入个人提供了贷款服务，而原有金融系统主要为大企业服务，无法满足个人贷款需求。

其次，微众银行完全通过网络操作，借款人无须到线下网点获得贷款。微众银行首次使用了腾讯自主研发的人脸识别技术，从远程终端验证借款人的身份。所有的贷款流程都在网上完成。

　　第三，使用大数据技术分析借款人，也就是卡车司机的信誉，有效减少了银行贷款人和借款人之间的信息不对称。该司机是货车帮（卡车俱乐部）的会员，该组织是得到腾讯公司投资的物流平台，为卡车服务业和物流公司之间搭建供需平台。根据该司机移动应用的驾驶历史，和他在其他网络平台上的资料，微众银行的财务模型给予该司机较高的信用评级，并批准向其提供贷款，利率7.5%，无须抵押和担保。用金融术语来说，微众银行强大的数据资源和处理能力，使得该银行有能力向消费者提供更便宜的信贷产品（没有借款人的丰富个人信息，出于风险控制角度银行可能会要求更高的贷款利息）。

　　李总理在开业仪式上总结说，"微众银行一小步，金融改革一大步"。这一表述并没有夸大，中国在线购物的历史只有十年而已，在阿里巴巴旗下支付宝设计了支付担保交易服务之后才成为可能。中国电子商务起初使用货到付款模式，但是支付宝等在线支付平台通过这种支付担保交易服务，成功地在消费者和卖家之间建立信任：消费者通过支付宝支付账单，支付宝通知商家履单送货，当消费者收到所买物品之后支付宝才将款项打给卖家。这一创新设计为中国电商交易突破了最关键的瓶颈，也为后期互联网金融的大发展奠定了基础。

　　今天，互联网公司将智能终端变成金融交易平台，中国在互联网金融普及方面走在世界前列。例如，很多中国人已不再使用信用卡，而是选择移动网络支付；就像中国很多地方的人不再使用固定电话，而是去购买智能手机并第一次成为网民。互联网金融公司以轻资产模式进入国资控制的金融行业，提供创新产品和服务，主要包括互联网支付、网络借贷（P2P）、股权众筹、互联网基金销售、互联网保险以及互联网消费金融（见表8.1）。很短时间内，互联网金融促成了更具包容性的金融体系，消费者、创业公司、中小企业等得以有效地获得贷款和股权融资，而居民个人广泛地使用互联网管理他们的储蓄和投资。

表 8.1　互联网金融的服务类型

产品 / 服务	提供商 / 品牌（部分）	概述
第三方支付	支付宝，微信支付	支持电子商务以及 O2O 服务，也用于支付公用事业服务账单
众筹	点名时间，大家投；京东，奇虎	创业企业和电影投资的新型融资渠道，但是估计有 75% 的资金流入消费品预售领域
P2P 贷款	积木盒子，人人贷，信而富，点融网	目前是在线贷款的主要方式，但是也出现了大量问题平台
金融服务（互联网基金销售、互联网保险以及互联网消费金融）	蚂蚁聚宝（阿里巴巴），微信财富管理；京东金融	在线货币市场基金、共同基金销售，保险销售，折扣经纪商，电商交易金融

近年来互联网金融在中国井喷，增长速度惊人。以最具代表性的 P2P 借贷为例，美国 P2P 的代表 Lending Club 成立于 2006 年，远早于中国市场起步，但发展至 2014 年末美国全部 P2P 业务的总额也仅为 65.5 亿美元左右，而作为后起之秀的中国同期 P2P 总额已超过 1000 亿元。在互联网、金融业均非常发达的欧美国家均没有出现像中国一样蓬勃的互联网金融发展，其原因并不是中国互联网与金融业的发展超过了这些市场，而是中国银行业高度垄断、金融市场效率有待提高，从而推动大量民间投融资机构借道互联网，以新的方式与渠道去满足市场需求。

从 P2P 借贷可以看出，零售电商的发展并非是中国的互联网金融爆发的主要原因。相反，互联网金融崛起与现有金融系统的两个缺陷有关。一是个人储户和投资者缺乏投资机会。相对于发达国家，中国金融部门尚不成熟，缺乏很多在美国市场出现的产品和服务。两个主要的投资渠道——股票和房地产市场——要么需要大量的资本，要么需要很高的风险承受能力。同时，银行存款利率被严格管制，目前利率水平很低。另一个缺陷是小企业和新企业难以获得信贷，因为银行考虑到信贷风险较低，会优先选择更大更成功的企业客户。于是，互联网公司建立在线投资平台，让个人投资者就资本市场进行自我教育并投资于金融产品。新的贷款和股权融资模式同时向未得到足够金融服务的个人和中小企业开放，例如 P2P 借贷、股权众筹和基于大数据的小微贷款。

互联网思维下的金融创新，对我国形成多层次融资体系意义重大。然而，由于缺乏市场准入门槛和企业运营标准，很多很多新产品和服务产生于监管的灰色地带，经过了野蛮成长的阶段。仍以 P2P 贷款为例，绝大部分 P2P 平台本质上从事的是与传统金融机构一样的存贷款业务，它们把传统信贷产品线上化，从网上集聚资金，成为没有牌照的银行。无疑，P2P 贷款业务是中国影子银行市场的一部分，但野蛮生长之下，P2P 平台跑路、破产、诈骗等行业乱象不断，极大地损害了行业发展秩序。

2015 年 7 月 15 日，中国央行中国人民银行和其他相关部门联合发布了市场期待已久的互联网金融政策框架《关于促进互联网金融健康发展的指导意见》(本章简称《指导意见》)。《指导意见》将互联网金融定义为 "传统金融机构和互联网公司使用互联网技术进行支付、网络借贷和消费金融业务"。政府监管部门首次定义了 "互联网金融"，新型融资模式如 P2P 贷款和众筹被正式认可。相应的监管体制极其复杂——总共有 10 个政府部委联合发布《指导意见》。金融行业监管部门包括中国人民银行、财政部、国务院法制办公室和三家股票市场、银行市场和保险市场监管委员会 (分别为证监会、银监会和保监会)；互联网行业监管部门则包括工信部、国家工商总局和国家信息中心；在诈骗等犯罪方面，由公安部监管。

根据《指导意见》确定的监管责任，央行负责监控在线支付，证监会负责监管股权众筹和在线销售股票和股票型基金，银监会负责在线贷款平台，如 P2P 贷款。在这一联合政策框架的基础上，监管部门将在各自责任范围内制定具体的规则。在 2016 年，诸多监管政策细节落地，监管部门对互联网金融领域开始专项整治。由此，政策和市场环境的巨大改变让这个新兴行业进入到了发展的拐点。

在 2017 年夏季的第五次全国金融工作会议之后，互联网金融的政策基调就完全明确了从促进发展走向规范发展。在会议的官方新闻稿通篇，仅有一处直接提到了互联网金融，就是"**加强互联网金融监管**"。从大背景看，由习近平主席亲自主持的全国会议提出强化金融监管的专业性统一性穿透性，所有金融业务都要纳入监管，及时有效识别和化解风险，因此最具创新的互联网金融必然是"金融强监管时代"下的重点领域。由此可见对互联网金融领域的监管将日趋严格，另一方面也显示国家对互联网金融的健康发展达到了前所未有的重视。

经过 2016—2017 互联网金融"监管年"，市场由野蛮生长转向理性回归。由于移动支付已经在电子商务和 O2O 的相关章节中做了介绍（苹果公司的 ApplePay 和三星及国内各手机品牌 pay 在 2016 年也纷纷入局移动支付，但支付宝与微信支付的领先地位依然难以撼动），本章将聚焦新的融资模式（股权众筹和 P2P 贷款）、互联网资产管理及消费金融。总体而言，监管大趋势将互联网金融归于"小额"融资渠道，与传统银行保险业相区分。尽管如此，2016 年以来消费金融爆发，科技金融概念（如人工智能投资顾问）兴起，形成互联网金融的新增长点；同时，虽然 P2P 网贷平台总数在监管整治下下降，交易总量却仍有增长，显示了互联网金融强大的创新生命力。

●● 股权众筹

顾名思义，众筹是很多人参与的一种融资交易，而每个人为整个项目贡献较少的资本投入。通常众筹参与者在项目中是股权性质的，因此众筹也常被称为股权类的物联网融资（与债权类的 P2P 贷款融资相对）。众筹概念在中国得以迅速普及，恰恰是因为移动互联网的娱乐性。通过让普通人成为一部电影的投资人，热门电影的众筹吸引人们广泛参与（或者至少广泛关注），为民众普及了众筹的概念。

在数字时代，众筹成为普通人参与制作电影的机会，每个喜欢电影或是崇拜明星的人都可以成为小额投资者，参与电影制作和宣传。虽然年轻的网民可支配收入并不高，但是将每个人的小额资本汇聚起来，可以产生可观的资金池。像百度和阿里巴巴这样的互联网公司都推出了投资电影的众筹金融产品，不仅让用户更加熟悉互联网金融，而且可以建立观影者偏好数据库；此外众筹还是一种电影营销方式，因为投资者们有动力推荐身边的人去看自己参与投资的电影，有助于提高票房。

2014 年 9 月，百度与中影股份、中信信托和北京德恒律师事务所联合发布了电影融资产品"百发有戏"。为了避免众筹融资结构在法律上的不确定性（如在投资者总人数方面的限制），百发有戏作为投资服务信托来设立，而不是直接从大众融资的电影项目。百发有戏上第一个项目是由汤唯、冯绍峰主演的影片《黄金时代》。用户可以投入最少 10 元人民币并获得收益（收益率在 8% 和 16% 之间），收益率高低取决于最终票房表现。《黄金时代》众筹产品在短短几小时内，吸引了 3300 个支持者，获得接近 2 亿元的投资（是目标融资额的 1.2 倍）。10 元投资的受益也就在 1 元左右，所以吸引用户的主要是和影片相关的消费特权，例如定制视频、参加庆功晚宴、明星见面会等。

2014 年，阿里巴巴也启动了类似的电影投资产品娱乐宝。出于监管方面的考虑，阿里巴巴也采取了不同于典型股权众筹的融资结构。娱乐宝平台首期上线的理财产品并不是普通的基金，而是国华人寿的连结型保险产品。这款保险产品主要投向阿里参与的 4 部电影（《小时代 3》《小时代 4》《狼图腾》《非法操作》），而投资者可以最低投入人民币 100 元。作为大数据的一部分，为了了解观众的品位偏好，娱乐宝要求每个投资者最多只能选择两个投资项目。该产品进一步限定，每人最大购买金额不得超过 1000 元，和百发有戏一样清晰的定位在一种有趣的娱乐体验，而不是大额的投资理财产品。

除了电影明星以外，其他领域的明星也通过众筹为他们的特有项目融资。例如，2015 年 3 月，NBA 篮球明星姚明邀请红酒和篮球爱好者，为他的纳帕谷葡萄酒庄众筹，每人最低投入 5000 美元。有的时候，众筹也让普通人成了公众人物。不过，虽然名人的众筹项目经常出现在新闻头条，但是中国众筹市场中大多数资本其实流向了预售的消费品。

例如，电商网站淘宝（阿里巴巴）、苏宁、京东和奇虎都为消费品开设了很大的众筹平台。这是中国众筹市场的独有特征。由于众筹降低了为一个具体产品设立创业公司的成本，企业家可以进行更多的实验，从而促成了一个新的创业生态系统的建立。仔细分析消费品的众筹项目，可以看到它包含了许多内容，从风险投资（还在创意阶段）、面市前预售（产品阶段），到大规模分销（成熟阶段），遍及产品生命周期的各个阶段。

图 8.1　消费产品众筹

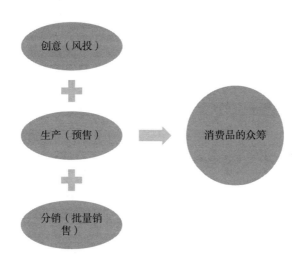

接下来的问题是，众筹模式似乎对于创新项目太过宽容了。很多项目进入筹资阶段的时候，还只是不成熟的创意而已。众筹项目往往投资回报周期都很

99 元去哈佛上学

在互联网时代，不少大学生选择众筹的方式实现自己梦想：拍电影可以"众筹"，开饭店创业可以"众筹"，甚至连上哈佛的学费也可以"众筹"。

2015 年 9 月，24 岁的人大毕业生吴俊东获得哈佛大学肯尼迪政府学院的研究生录取通知书。硕士项目的学杂费预计超过 15.5 万美元，于是他在中国最大的社交网络微信上开始众筹。他的众筹项标题是"不用为我支付午餐，这个学期跟我在哈佛散步吧。"只要投入 99 元人民币，他就将把对方加入微信群，时长为一学期。他承诺每周至少在线两小时，其中一小时分享自己的体验，一小时提问和互动。

他用诗一样的语言写道，"让我们一起走进美国，走进哈佛这一美国精神的象征。让我们一起了解美国，了解哈佛，了解自己。"但网友的反应褒贬不一。很多网友问道："为什么要让别人为你的梦想付费？"有的则公然将这次融资称为"乞讨"，因为他们并不觉得他提供的体验分享有多大的价值。对此吴俊东表示，"众筹是一个商品，我会提供等价的服务。如果觉得服务不值完全可以不买。"

在一次媒体采访中，这名学生辩解道，他的父母有足够的钱支付他的学费，他只是被很多在线筹资的成功故事所激发，希望通过众筹自己解决学杂费问题。在引起相当大的争议之后，吴俊东删除了筹资公告，宣告筹资目标已达到，不再接受新"投资"。他只用了三天时间，就从接近 400 位投资者那里获得了目标筹资额（5 万元人民币）。是互联网的便利，还是哈佛的魅力？

长，但交易市场不公开，资金流动性很低。而大多数平台又没有为投资者设定一个明确的退出机制。众筹项目常常推迟生产计划，产品质量低于预期，或者产品和计划的不一致。但是投资者却无能为力，虽然众筹促进了创新，但这对普通投资者公平吗？换而言之，让普通投资者扮演风险投资家的角色，承担未经验证公司的风险合适吗？

正因为这样，中国早期最大的众筹平台之一点名时间决定转型。2014 年 4 月，点名时间总结认为，现存的消费品的众筹模式将投资引导到太多不应该获得融资的项目，于是决定终止众筹业务，转型为"智能设备预售平台"。该公司宣称，将为公众投资者仔细筛选投资项目。同时加强对项目的控制，只有项目取得实质性进展，才能获得公众注资（而在过去，点名时间一开始就支付融资额的 70% 给项目团队）。本质上来说，点名时间建议众筹只应该在预售市场支付，也就是当一种新产品即将面世的时候。道理很简单：普通人不是风险投资家，他们应该干自己擅长的事情——做一名消费者。

在金融市场看来，股权众筹的最大潜力在于为中小企业提供了新的股权融资渠道。资本市场的现实是，公开市场领域的监管非常严格，非上市企业要向公众发行股票（IPO 上市）需要达到资质要求，而且必须获得政府监管者（证监会）的批准。简言之，中小企业和创业公司很难获得审批向公众发行股票，而发行过程和发行后持续信息披露的要求都需要很高成本。在这种背景下，重要的法律问题在于股权众筹交易是否构成公众股票发行，并由证监会监管；或者是否可以按私募股权融资操作，豁免复杂的登记注册和审批要求。

这个问题至为关键，因为众筹项目如果被认为是公众股票发行，那么它必须走一个完整的注册、申请和批准的高成本流程，才能获得融资。在互联网金融的《指导意见》中，证监会等政府部门已经提及，公司股权众筹具有"公众发行，金额不大，广泛参与"的特征，应该被认为是股权公众发行，并受到监管。换言之，除非股权众筹符合私募融资的标准，否则将被视作小型 IPO 上市（对于早期创业公司），或者增发（对于已上市公司），必须符合公众发行的所有要求。

图 8.2　两种股权众筹：公众发行和私募融资

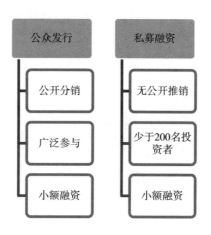

2016 年 10 月，国务院下发的《互联网金融风险专项整治工作实施方案》（下称《整治方案》），对互联网股权融资列出了禁止行为，由此界定了股权众筹的有限合法空间。其中，《整治方案》规定，平台及平台上的融资者进行互联网股权融资应明确业务边界。例如向不特定对象发行股票或向特定对象发行股票后股东累计超过 200 人的，为公开发行，应依法报经证监会核准。未经核准擅自发行的，属于非法发行股票。另一方面，向特定对象发行股票后股东累计不超过 200 人的，为非公开发行；非公开发行股票及其股权转让，不得采用广告等公开方式或变相公开方式向社会公众发行，不得通过手机 APP、微信公众号、QQ 群和微信群等方式进行宣传推介。严禁任何公司股东自行或委托他人以公开方式向社会公众转让股票。

由于"小额（融资）"这一限制，当前股权众筹不可能成为公司重要的融资渠道。不管是私募还是公众发行，通过众筹交易融得的资金可能无法满足中小企业和创业公司的融资需求。实际上，融得的资金甚至无法覆盖公众众筹的发行成本。在产品众筹方面，由于结构上的种种问题，未来平台数目预计将会大幅减少，而由具有互联网巨头背景的平台占有绝大部分市场份额。当然，众筹方式仍有广泛存在的意义，因为它代表了移动互联网的"趣味和娱乐"主题。国内众筹在未来的发展很有可能会集中于服务于热门电影、社交创业和提供独特体验的其他项目（如慈善活动）方面。由于只涉及小额投资，投资者的亏损风险是有限的，至少他们可以得到娱乐，听到有趣的故事，或是与人在虚拟的哈佛校园一同散步作为回报。

P2P 和网络银行贷款

　　就如众筹创造了新的股权融资渠道一样，互联网也革新了信贷市场。传统上商业银行的小额贷款成本很高，但是网络交易降低了贷款成本，迎来互联网领域借贷的爆发。在线 P2P 贷款平台可以让普通消费者直接贷款给个人和小企业主，无须银行这样的传统金融中介。与众筹相比，众筹吸引了很多"屌丝"投资者，他们投入很小金额来参与具有娱乐价值的投资项目；P2P 贷款则吸引了一小群更为富有的投资者，他们愿意承受大额放贷的风险。

　　近年来 P2P 网贷在中国增长迅猛。在 2012—2013 年，网贷行业处于缓慢增长期，平台数量与成交额均增长缓慢。2014 年以来平台进入高速增长阶段，2014 和 2015 年的年度增速均超过 250%。在 2015 年中国已经超过美国（P2P 贷款发源地），成为世界上最大的 P2P 贷款市场。伴随着野蛮生长，P2P 平台非法集资、诈骗跑路等风险事件不断出现，因此监管部门在 2016 年对行业进行专项整治。即便如此，2016 年全年的网贷行业成交量依然上升，超过 2 万亿元，相比 2015 年全年网贷成交量（9823 亿元）增长了 110%，显示了市场的巨大需求和对未来发展的信心。

图 8.3 中国 P2P 网贷成交量增长（2011—2016，亿元）

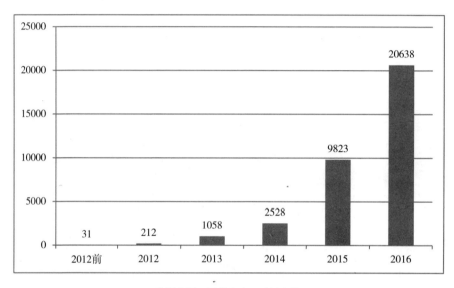

数据来源：网贷之家，盈灿咨询

　　P2P 网贷（英文"Peer-to-Peer"）的原意是指使用网络技术，让借贷双方在以下方面获得"平等"地位：信息披露，风险偏好，条款结构，以及权利义务。然而，中国 P2P 被很多市场参与者认为是"个人对个人"。他们的 P2P 平台目标是使任何拥有资金的人成为贷款人，任何需要资金的人都可以申请贷款。中国银行系统总体信贷短缺，而银行又偏好贷款给大型国有企业，使得个人和中小企业转向求助网络贷款。绝大部分 P2P 平台本质上是没有牌照的银行，从公众那里吸收资金，然后再把资金贷款给个人和小企业，而不只是简单作为信息平台撮合双方借贷交易。

　　从"平等主体贷款"的原意可见，信息披露是 P2P 贷款的核心，但是很多平台只向个人投资者披露很少量的信息。没有充足的信息，用户——特别是那些在金融领域缺乏经验的人——很难知道贷款的风险有多大。投资者经常得到一个期望回报数字，但是无法获得信息来判断贷款的风险水平。大型 P2P 贷款公司 e 租宝的非法集资案就是重要案例。

2015 年 4 月，国务院处置非法集资联合办公室联合公安部、央行、证监会等在内的 11 部委开始联手整治 P2P 非法集资，处置了一大批涉嫌非法集资的 P2P 机构。当年 12 月，"e 租宝"涉嫌违法经营被调查。根据媒体报道，该公司以 15% 的承诺年化收益率为诱饵，从近 100 万投资者中获得贷款资金，截至 2015 年底总贷款额超过 10 亿美元。2016 年 2 月，警方宣布逮捕 21 人（包括 e 租宝创始人），公司倒闭。

e 租宝通过"假项目、假三方、假担保"障眼法制造骗局，资金除了部分被用于还本付息外，相当一部分被个人挥霍、维持公司巨额运行成本、投资不良债权和广告炒作。调查该案件的当地官员发现，e 租宝平台上超过 95% 的投资产品都是假项目，公司高管层千方百计隐瞒庞氏骗局——包括直接掩埋证据。他们在安徽合肥郊外 e 租宝总部地下近 6 米深的地方掩埋了 1200 份文档，当地警方用两台挖掘机工作了 20 小时才完成挖掘工作获取证据。

为了更好地保障投资者的权益，《指导意见》澄清了关于 P2P 贷款的两个关键问题，并在 2016 的 8 月由银监会、工信部、公安部、国家互联网信息办公室在联合发布的《网络借贷信息中介机构业务活动管理暂行办法》进一步细化（以下简称《办法》）。《指导意见》的第一个要求是，P2P 平台只能充当信息渠道，来匹配借贷双方。《指导意见》禁止 P2P 网站"为借款人增信"（也就是为贷款提供保证或担保）。换言之，P2P 贷款平台现在被定义为信息中介（经纪商），而不是信贷中介（银行）。

这一清晰的定义对很多 P2P 平台来说是一大打击。在发达国家，政府信用管理部门有关于个人信贷历史的数据，P2P 运营商可以为潜在借款人打分，贷款人据此决定是否贷款给借款人。（实际上，互联网公司阿里巴巴和腾讯正在使用在线大数据来开发新的信贷平方系统，来弥补这一差距，这将在本章后面部分讨论。）但是中国这种信贷数据系统并不完善，于是额外的信贷支持——如抵押和担保——成为 P2P 业务的必需。

例如，为了吸引投资者试用他们的创新贷款产品，新的 P2P 平台提供商通常提供高额预期回报。但是入门投资者担心高回报背后可能有高风险，所以 P2P 平台经常隐性担保"本金保障"，来吸引投资者。然而现实是，中国法律禁止投资产品销售人员担保"本金保障"或是投资收益，除非是银行定期存款或者政府债券（因为它们本质上是无风险的）。对于小型 P2P 公司，它们如果被禁止提供信贷支持（如担保或抵押）来获得投资者信任的话，就将很难找到顾客。因此，P2P 贷款的野蛮增长大幅放缓，行业迎来整合，只有得到有信誉的大公司支持的 P2P 平台才能生存下来。

《指导意见》第二个要求是，P2P 平台这类互联网金融企业必须将用户的资金托管到有资质的实体银行。过去，大多数 P2P 平台将资金保存在第三方支付机构，由于缺乏第三方监管，普遍存在设立资金池、侵占或挪用客户资金的行为，有的甚至携带客户资金跑路。《办法》进一步要求，网络借贷信息中介机构应当实行自身资金与出借人和借款人资金的隔离管理，并选择符合条件的银行业金融机构作为出借人与借款人的资金存管机构。通过资金存管，可以防止网贷机构挪用客户资金，为投资人的账户资金提供安全保障。

随后不久，《网贷资金存管监管业务指引》在 2017 年正式出台，进一步要求存管银行为平台设立资金存管专用账户和自有资金账户，为出借人、借款人和担保人等在网络资金存管专用账户下分别开立子账户。另一方面，为避免平台借银行存管的名义来间接增信，指引明确存管人开展网贷资金存管业务，不对网贷交易行为提供保证或担保，不承担借贷违约责任。除必要的披露及监管要求外，网贷机构不得打着存管人的旗号做营销宣传。总体而言，考虑到收益低、潜在声誉风险大，银行为中小网贷机构做存管业务的动力不足，这将导致

P2P 市场向有利于大平台的方向兼并整合。

由于行业整改、监管收紧和行业自身的整合，在 2016 年里退出行业的平台数量相比 2015 年进一步增加；但相比前几年，2016 年停业类型的平台数量所占比例远远超过了跑路等问题平台。整体看，通过行业整合，缺少金融实力的中小平台将自然终结，同时新增问题平台数量显著降低，说明 P2P 行业正在经历高速增长之后，通过优胜劣汰进入一个相对稳定的发展阶段。第一网贷在 2017 年初出炉的《2016 年全国 P2P 网贷行业快报》显示，2016 年全国 P2P 网贷平均综合年利率 9.06%，创历史新低，比 2015 年降低 2.99 个百分点。P2P 平台投资收益率逐渐下降，也意味着行业走向成熟。

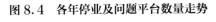

图 8.4　各年停业及问题平台数量走势

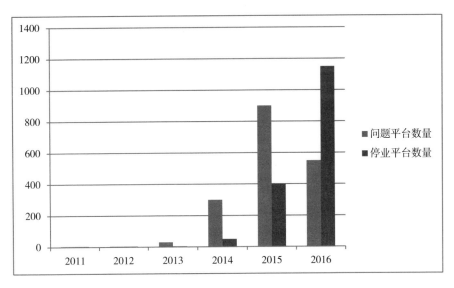

数据来源：网贷之家，盈灿咨询

在"强监管"的背景下，获得执照的互联网银行可以被认为是正式注册的网贷平台，拥有正规银行牌照，可以提供合法的网络存款和贷款服务。微众银行 30% 的股份由腾讯持有，是第一个获得执照并开始运营的私营互联网银行。浙江网商银行（又名 MYBank）是蚂蚁金服集团的子公司，也是阿里巴巴集团直接附属公司，于同年完成注册程序，也启动了类似的纯网络银行业务。无疑，无实体营业部的银行概念是现有银行模式的一大革新。除了运营成本低，它还能给用户带来很多方便：无须搜索分支机构的地址，无须出门，无须排队。

然而，由于传统监管对于个人身份验证的要求，没有分支机构恰恰成为互联网银行最大的障碍。在中国央行的当前规范下，个人开设银行账户须要到实体分支机构，由柜员验证身份才能办理。个人贷款也有类似的规定，银行信贷员要访问借款申请人工作地或业务发生地，并亲自见证每份申请的签署。而纯互联网银行为了效率和成本，在基本设计中就没有包含这种面对面的柜台。

互联网公司提供的解决方案是在远程终端进行生物识别。在所有选项中，人脸图像是互联网公司的首选，优于指纹、掌纹、视网膜等选择。一个显而易见的考虑可能是成本：台式电脑和手机上的摄像头让拍摄验证照片的成本接近于零。同样，该技术读取的脸部特征可以和个人身份证信息中心以及公安局数据库的图像做比对。因此，在线人脸识别可以利用线下安全部门的权威数据库做对比，而其中的基础图像数据已经经过严格的面对面线下验证。

2015 年 1 月，微众银行在第一笔试验性互联网贷款中展示了腾讯自有的人脸识别技术，卡车司机通过远程终端进行了身份验证。此后不久，该公司一名高管在媒体采访时评论说，他们的人脸识别技术已经相当成熟，错误概率低于人眼识别。几个月后，阿里巴巴创始人马云在德国汉诺威 IT 博览会上公布了阿里巴巴自己的人脸识别系统，用他自己的脸部照片在支付宝得到验证（他将其称为"刷脸支付"）。根据媒体报道，阿里巴巴的脸部扫描系统（Face++）准确率已经超过了 99.99%。除了银行的远程验证，阿里巴巴希望将人脸识别应用到所有的电子商务中去，这样不出几年用户就不再需要输入密码了。

截至目前，中国央行并未完全确认人脸识别技术的精确性和安全性。2015 年，中国人民银行认为，"使用生物技术作为主要的存款者身份验证工具尚不成熟"。根据《指导意见》，生物识别技术在金融领域的国家标准没有确定、相关金融监管没有修订之前，不能用于正式场合。因此在近期，网络银行要进入更多的业务领域，还必须与传统商业银行合作。生物识别的新技术与传统合规要求之间的冲突，显示了中国金融监管者在创新与风险之间仍在寻找微妙的平衡。

在当前的监管框架下，无论 P2P 平台还是网络银行，他们的未来商业模式与最初的市场设想相比都会做重大调整。通过 2016 年 8 月出台的《办法》，监管导向已经比较明确，就是要引导平台以小微直接借贷为主。《办法》强调"网络借贷金额应当以小额为主"，并做了细化要求："同一自然人在同一网络借贷信息中介平台的借款余额上限不超过人民币 20 万元，在不同网络借贷信息中介机构借款总额不超过人民币 100 万元；同一法人或其他组织在同一网络借贷信息中介机构平台的借款余额上限不超过人民币 100 万元，在不同网络借贷信息中介机构平台的借款余额上限不超过人民币 500 万元。"

这样的设限规定主要包含了三方面考量。首先，网贷机构定位的需要。在监管机构看来，P2P 的定位，就是要解决传统加入机构中不能被覆盖，或者不能得到便利融资服务的这类投资人和借款人的需求。目前投资端和资产端都有丰富的金融机构，大额企业融资和项目都有传统金融机构的充分覆盖；现在服务不到位的是个体经营者、小微企业、农民等小额分散的融资需求得不到满足，而这一类的需求都是小额的，不是上亿元大额的。

其次，从目前的互联网技术来看，在风险控制和信息搜集上，只能定位为小的融资需求；大的融资需求，如果没有现场实地的风险控制，还不能完全把控风险。事实上，银监会在调研中发现，多数大额的资产完全是在线下收集客户信息和管理的，根本不是通过线上做的。再次，实践中做小额资产端的网贷平台，多数风控都比较好，经营都比较正常；而大额资金的需求，多数涉及自融自保、期限错配、设立资金池，多数参与到房地产等目前限制的行业，背离了 P2P 网络借贷的本意。简言之，P2P 和商业银行的优势和劣势非常不同，因此必须分别定位，区分业务。

总之 2017 网贷行业发展的核心关键词是"监管"。监管政策从无到有，并深入到备案登记制、银行存管等相关制度的推出，标志着行业进入规范运营阶段。由于设定借款上限、禁止债权转让、强制第三方存管，P2P 平台回归信息中介的本质。P2P 平台由野蛮生长转向理性回归，未来将进一步兼并整合、优胜劣汰；而交易量仍保持较快增长，显示市场对网贷需要依然活跃（见本章稍后关于"消费金融"的章节）。未来可能看到越来越多的平台放弃 P2P 模式，向互联网大资管方向转型。

● 互联网理财和资管

互联网公司推出的在线短期存款产品，可谓是移动经济时代金融创新的最好案例。

从一款吸纳网民零钱的理财产品开始，互联网巨头纷纷布局资产管理行业。比起众筹和 P2P 贷款，资产管理的市场比前两种业务涉及潜在用户更多，规模更大。

2013 年 6 月 13 日，第三方网络支付平台支付宝推出一项新业务"余额宝"，针对用户账户的余额提供余额增值。"余额宝，会赚钱的支付宝"这样的口号代表着从支付到理财的演变。"余额宝"挂钩天弘增利宝货币基金，投资者通过支付宝可以将资金转到余额宝，相当于购买了上述基金。上线不到一周，余额宝就收获了超过 100 万的用户。2013 年底阿里宣布，截至 2013 年 12 月 31 日，余额宝的客户数已经达到 4303 万人，规模为 1853 亿元。

把余额宝的这些数据放在资本市场看，才能体会第一只互联网理财产品对传统金融的冲击力。由于余额宝产品，其资产管理经理天弘基金（阿里巴巴持有少量股份）成为中国市场上第一个所管理资产（AUM）超过 1000 亿人民币的投资基金。2014 年中，余额宝的 AUM 超过了 6000 亿人民币，成为全球最大的货币市场基金之一。余额宝产品发布的几个月后，腾讯也启动了自己的互联网货币市场基金"理财通"，同样在短时间内吸引了大量的管理资产（AUM）。余额宝的推出，不仅开拓了金融机构和互联网的合作模式，也让普通投资者开始关注现金理财工具——货币基金，打开了余额理财以及更广泛的互联网资管之门。

从金融本质看，余额宝的本质就是货币市场的基金产品，可以说是所有投资基金中最简单的金融产品。然而，依靠互联网工具，余额宝解决了中国投融资市场的一些结构性问题，在发展之初的一年里风光无限。首先，余额宝为投资者提供的收益率比普通银行存款还要高。有趣的是，这种超额回报实际上来自银行间市场。2013 年夏季，银行间市场流动性紧缺，以上海银行间市场拆借利率 SHIBO 为代表的借款利率直飞冲天。通过汇集大量资金，余额宝的管理人天弘基金可以在银行间拆借市场获得较高的利率，因此余额宝能够提供比直接银行存款高得多的利率。例如，在 2013 年 7 月中，余额宝 7 天年化利率在 4.6% 附近浮动，是基准银行存款利率（0.35%）的十几倍。

其次，余额宝等产品能够通过互联网汇集大量的闲散"余额"。余额宝没有投资门槛，最低初始投资额只需要 1 元人民币，而大多数银行出售的财富管理产品都有门槛。就如在前面章节中的网络文学市场里，明星网络小说家由大量的阅读者支持，他们付出很少的每天阅读一个章节的费用，集中在一起就形成了一个庞大的娱乐 IP 体系。

第三，互联网货币市场基金产品流动性高。余额宝这样的产品可以在当天赎回，甚至在一小时内就能赎回。相比之下，传统货币市场基金（MMF）需要两三天的时间才能完成赎回过程。换言之，余额宝这样的产品既有货币市场基金的高收益，又像银行存款一样有高流动性，自然获得了广大用户的欢迎。

从另一个角度来看，余额宝令人瞩目的成功本质上只是因为以互联网作为更好的信息渠道和更方便的交易平台。过去，银行是最重要的基金营销渠道，因为他们有很多实体网点。货币市场基金可以在银行等金融中介机构买到，但是很多普通人并不知道这些产品，因为作为分销渠道也没有动力推销。现在互联网上的金融产品消除了信息不对称。在传统商业银行，客户需要另走程序才能投资于货币市场基金；而互联网货币市场基金简化了整个过程，客户只需要几分钟就能在手机上完成交易。

由此，到了 2014 年下半年，互联网理财已基本结束了其初期的用户规模爆发式增长，同时新产品扩容速度也有所放慢。其主要原因在于，商业银行在震惊之后，纷纷与互联网结合推出"微创新"，在线上和移动端推出类余额宝的短期理财产品。由于网络理财产品的购买便捷性、高流动性，所对应市场的潜在用户已很大程度得到转化。此外，2014 年起中国央行持续向银行体系注入流动性，银行间利率相应下降。受市场资金面持续宽松的影响，依赖于货币基金的网络理财产品的收益率自然下滑。到 2015 年时，余额宝的收益率已经下降到刚发行时的一半，管理资产（AUM）不到顶峰时的一半。

余额宝案例一方面显示了互联网创新对传统资产管理的冲击力，另一方面也提示如果仅仅以互联网作为营销渠道和入口，互联网理财和资管所提供的价值有限。互联网金融企业具有在短期内获取客户、获取资金的能力，但在短期内却无法构建一个成熟的投资管理体系、项目获取体系、项目风控体系，以及金融牌照体系，从而难以获取优质资产和项目的支撑。因此互联网金融平台需要与信托公司、证券公司、基金公司等传统金融资产管理机构合作（就如在余额宝中阿里与天弘基金合作，在娱乐宝中阿里与险资合作），由合作金融资产管理机构负责底层资产的投资管理和风险控制。由此，市场上逐渐产生了以阿里巴巴的蚂蚁金服为代表的大量互联网资管机构，向一站式理财平台方向发展。

2016"互联网金融监管年"自然也覆盖了互联网资管。在10月人民银行等17个部门公布了《通过互联网开展资产管理及跨界从事金融业务风险专项整治工作实施方案》（下称《方案》），对互联网开展资产管理监管对象进行了分类，并分别划分了查处重点。互联网资产管理监管最重要的一项，可能是高风险产品的散户化趋势。各类资管理财产品，因不同的监管标准而采取不同投资者适当性的门槛，但在互联网平台上任何用户都可以轻易地获得信息并便捷地完成投资操作。

目前银行理财的起售门槛是5万元，公募基金是1元，基金和保险的单一资管计划门槛是3000万元，其他产品如信托等起售金额为100万元；但资管产品可以通过设计，变相降低门槛。因此《方案》明确重点查处将线下私募发行的金融产品通过线上向非特定公众销售，或者向特定对象销售但突破法定人数限制，或通过多类资产管理产品嵌套开展资产管理业务规避监管要求。

其中最典型的问题是**私募基金的公募化**，代表案例是上海的中晋资产。私募基金采取备案制，但只能面向特定的高净值人群，不能公开募集。中晋主打产品"中晋合伙人"，是先吸收公众资金，再寻找投资项目；已经取得了一个私募基金的备案牌照，却又通过互联网公开募资和宣传。在4月上海市公安局以涉嫌非法吸收公众存款和非法集资诈骗犯罪，查处了"中晋系"相关联公司。此外，其他类似的高风险私募交易也进入散户渠道。比如，一些中概股回归概念的私募产品在互联网"挂牌"，分销用户远远超过200人法律上限，投资起点甚至不到千元。

当前"大资管时代"正在到来，统一的监管将会逐步消除合格投资者定义差异，政策套利空间也会逐渐消失。互联网公司在涉足主流资产管理业务时面对内外挑战，但在智能投资顾问（简称"智能投顾"，包括"智能理财""机器人理财"等概念）等辅助型金融科技创新方面却迎来了新的机遇。目前我国理财师缺口巨大，"人 + 机器"投资顾问可能将成为未来投资理财的新潮流。相较于余额宝等互联网理财产品，智能投顾可以体现互联网公司在大数据和机器学习等方面的核心竞争力，将会给传统资管行业带来深远的影响。

● 消费金融爆发

从前面三个章节可以看到，互联网金融从小微金融和普惠金融业务上崛起，但随着巨头的陆续布局，开始向着一站式融资与理财的混业经营的大金融方向发展。由此形成了与传统金融机构越来越多的正面竞争，有违监管机构对互联网金融和传统金融"互补发展、错位竞争"的初衷。

事实上，如果互联网只是传统银行贷款或资管理财的一个新的销售渠道，那么互联网金融就谈不上是一场行业革命，而是会很快失去长期发展的动力。在网络时代，传统银行和金融机构纷纷加大资本投入互联网数据和分析技术，在业务上全面加入互联网作为渠道，都将移动互联网技术用到自己的传统银行业务和资产管理运营中去。例如，随着商业银行快速建立自己的互联网渠道，余额宝模式的爆发式增长很难再在金融市场的其他领域再现。

另一方面，当互联网企业直接深入金融业务（而不再是一种新的营销渠道）时，它们的运营将面临和传统银行或保险公司一样的监管，它们的金融产品同样需要经过审批流程，这时他们可能会发现所面对的合规成本远高于原先的预期。银行现有的基础设施和它们丰富的合规经验可能为它们在互联网金融的竞争中提供巨大的优势。虽然网络金融的"轻资产"特点可能是个优势，但传统银行花几十年积累发展起来的"重资产"，却最终可能是它们与互联网金融竞争的主要竞争优势。

图 8.5　银行的重资产可能是一种竞争优势

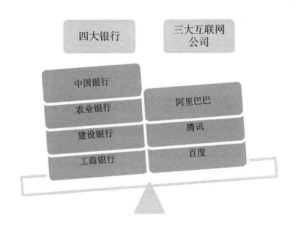

互联网公司的核心增长潜力在于为中国消费者和小微企业提供小额贷款。中国传统国有银行的业务重点在大公司和大机构，一方面的原因是商业银行和大公司有长期合作关系，对它们的资产比较了解。另一方面，历史上银行没有关于消费者和小企业的数据来评估它们的信贷风险，实体银行模式下小微贷款的交易成本过高。在消费升级年代，这些潜在信贷用户的信贷需求总和是惊人的，他们被压抑的需求急需新型消费金融模式来释放。于此相对应，小微金融一直是传统金融机构的薄弱环节。通过近期一系列的制度文件，监管机构明确了互联网金融普惠化和小微化的特征。

表 8.2　互联网消费金融与传统消费金融的不同定位比较

	传统消费金融	互联网消费金融
覆盖人群范围:	有大额消费需求的人群；进行信用卡消费的人群	80/90 后为主以及其他年龄段进行网购的人群
覆盖商品范围:	大额消费信贷；信用卡消费信贷	大额信贷：车贷、房贷，电商平台上的所有可消费信贷
与用户的互动	服务方式模式化，用户参与感较少	用户主动参与，对服务的感受随消费次数增加而加深，方式更为灵活多样
扩张的渠道和方式	传统金融机构的营业部门网络；线下消费场景中的营销能力	依托移动互联网，重点在年轻人中高普及率的社交网络和娱乐平台

例如在 P2P 网贷市场，2016 年出台的《办法》以规定单人借款限额的方式明确了网络借贷的小微本质。股权众筹也类似通过限制参与人数和融资规模明确了其"小额"和"小众"的特性。在使用最频繁的第三方支付方面，2015年 12 月出台的《非银行支付机构网络支付业务管理办法》明确了三类账户的划分，对于最高级别的账户，也限定"所有支付账户的余额付款交易年累计不超过 20 万元"，并禁止支付机构为金融机构以及从事信贷、融资、理财、担保、信托、货币兑换等金融业务的其他机构开立支付账户，大幅缩小了第三方支付机构的业务范围。其相应的《实施方案》则再次明确要求引导非银行支付机构回归提供小额、快捷、便民小微支付服务的宗旨。

传统金融机构不能很好地覆盖到新兴消费群体（如大学生、蓝领），主要原因在于中国个人信用体系的不健全。商业银行传统上使用资产来评估信用；消费者和中小企业如果没有抵押品或资产，就无法获得贷款。传统商业银行很难以低成本获得大量的有良好信用的小额贷款客户。14 亿人口中大多数人没有在金融机构获得消费信贷的经历，因此中国的信贷评分系统非常有限（在央行信贷报告中只有 3.6 亿人有个人信贷数据），即使是高薪的年轻公司职员也缺少信贷历史数据。通过电商交易和网络社交，互联网公司通过大数据技术获得大量的消费者行为数据，可以非传统的创新方式积累信贷风险信息，是它们进入消费金融的竞争优势。

当前，腾讯和阿里巴巴等网络巨头都在布局个人信用，未来将会对国内消费金融带来革命性的影响。仍以微众银行第一笔互联网贷款为例：腾讯的微众银行使用互联网数据挖掘工具，来评估潜在借款人的信贷背景，最终随机选择了一名卡车司机为贷款对象。该司机是腾讯投资的一家名叫货车帮（货车俱乐部）物流平台的会员，货车帮平台为需要送货的物流运营商和卡车服务公司之间搭建合作桥梁。

截至该笔贷款发生时，该平台有 100 万名司机，其中有 65 万名卡车司机，该平台为 16 万物流公司客户服务。腾讯这一平台拥有关于每一位卡车司机会员的大量信息，例如运输总里程、货物运输总量、接受订单范围等。有的司机必须要预付货物运费，但是商业银行没有能力处理这类小额贷款。微众银行却能根据该司机在移动应用上的运营情况，开发自有分析模型，并评估潜在借款人的信用风险。类似于卡车司机在物流服务 APP 上活动，每天数以亿计的微信用户在腾讯的社交网络上活跃，为腾讯进行个人信用分析提供难以计量的数据。

阿里巴巴新建立的芝麻信用公司，则以在线交易数据开发一套信贷评分系统。由于阿里巴巴在电商市场的领先地位，支付宝所拥有的在线零售交易数据无人匹敌。此外，过去中国人用支付宝只是在阿里巴巴的淘宝市场购物，现在支付宝在中国更加普及，数亿用户通过这一平台支付几乎所有的家庭账单。财富管理平台蚂蚁财富也有数亿用户通过余额宝等进入产品来管理自己的储蓄和投资。除了买家的电子交易记录，淘宝和天猫还在两个平台上做买卖的几千万家小企业有商业往来。

阿里巴巴的"芝麻"可以打开双向的门。一方面，芝麻信用可以促进更多消费者得到借款服务，如房产贷款、汽车贷款以及其他分期付款贷款。例如，芝麻分高的小伙伴，不仅可以享受免押金订酒店、租车、低息借贷等优惠，甚至还可以简化签证申请程序。另一方面，更多的信用交易为芝麻信用数据库提供更多数据，可以为阿里巴巴开拓很多其他业务奠定基础，例如O2O业务。

图8.6 芝麻信用和数字业务的双向数据流

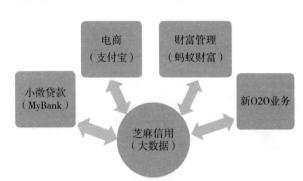

需要特别说明的是，虽然央行在2015年批准芝麻信用、腾讯征信等8家机构开展个人征信试点，但是目前8家试点机构仍未取得征信牌照。央行认为这些机构存在独立性、公正性、隐私保护等问题，比如：数据偏重于场景交易和社交信息，缺乏金融活动的专业信息；各自依托某一家企业，缺乏独立性；存在信息误采、误用等问题。尽管如此，在互联网巨头的各自生态圈里，大数据的发展已经使信息获取、分析和征信模型发生深刻的改进。它们利用消费、社交、搜索等行为产生的海量数据，刻画无征信人群、小额信贷市场的用户肖像，促进了消费金融的快速发展。

自2013年始，电商生态的消费贷款开始迅速攀升。根据艾瑞数据库，互联网消费金融从2013年开始爆发到2016年，其交易规模从60亿元增长到了4367.1亿元，年均复合增长率接近200%。在"全渠道"零售和O2O的潮流下，移动互联网既可连接电商购物需求，又可以连接实体店购物需求，用户的消费场景和渠道大大增加。除了电商场景，新消费场景如校园场景、旅游场景、房产场景、教育场景等都呈现强劲增长（例如，互联网金融与教育机构，为消费者提供购买培训项目的消费贷款）。

图8.7 2011—2016年中国互联网消费金融交易规模（亿元）

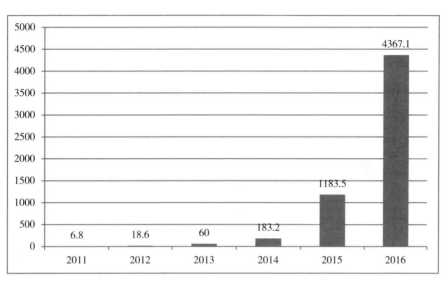

数据来源：艾瑞数据库

就如在本书前面所提到的，阿里巴巴与腾讯的红包大战只是新零售与O2O潮流下双方争夺消费者"电子钱包"的冰山一角。阿里巴巴从网络交易自然催生出金融服务需求，从支付宝延伸到蚂蚁金服，涵盖支付宝、余额宝、招财宝、蚂蚁小贷、网商银行和芝麻信用，并几乎实现了金融全牌照，形成了以在线小微商户、零售消费者为客户基础的一个金融集团。2016年4月，蚂蚁金服宣布完成B轮融资，融资额为45亿美元（约人民币292亿元），整体估值已达到600亿美元（约人民币3885亿元），是全球互联网行业迄今为止最大的单笔私募风投融资。

腾讯则以社交切入金融服务，通过微信红包获得了大量用户，再借助二维码应用得到大力推而进入广泛场景；并进而将财付通和微信支付整合，已形成了针对个人消费为主的金融服务体系。社交的背景带来了显著的客户黏性，而微信打开的频率又高过纯金融应用（如支付宝）。此外，腾讯也获得了微众银行

和腾讯征信等金融业务牌照。随着中产阶级的消费升级，未来更多的消费将是
"场景驱动消费冲动"，而后才是选择支付或是融资的工具。因此，背靠微信社
交平台的腾讯金融平台，在消费金融中将是阿里的强劲对手。

　　总之，中国的互联网金融经过近年来的爆发式发展，已经在全球形成引领
之势；不仅为广大民众提供了极大的便利，也推动了整个中国金融行业网络化、
数字化、智能化的进程，但是其快速发展背后也积累了大量的风险和问题。可
以说，互联网金融体现了风险、创新与监管之间微妙平衡的三角关系。2017 年
夏季的第五次全国金融工作会议中，既要求 "**加强互联网金融监管**"，也提出
"**要建设普惠金融体系**"。毫无疑问，通过先进技术的运用和消费者导向的文化，
互联网金融对传统金融行业—— 特别是普惠性的消费金融领域——是一种激励
变革的力量。

第九章
崎岖漫长海外路

数字
经济 **2.0**

进军海外是漫长的马拉松

"未来，不等待"：中兴在美国

小米：在印度重复中国奇迹？

大航海时代的挑战

◉◉ 进军海外是漫长的马拉松

很少有人会预见到，在 2014—2015NBA 篮球赛季里，只有一个新手教练和一群没多少季后赛经验的年轻球员的金州勇士队，能拿下 NBA 的总冠军。这对于这个已经 40 年没有拿过总冠军的球队来说，可谓是一次巨大的胜利。然而，这次 NBA 总决赛的更大的赢家，是一家中国智能手机制造商，中兴通讯（ZTE）。

2014—2015 年的 NBA 赛季里，中兴选择了三支球队来进行营销推广：圣弗朗西斯科的金州勇士队、休斯敦火箭队和纽约尼克斯队。圣弗朗西斯科和纽约这两座城市，是中国移民历史最长，也是华裔最多的两座城市。而休斯敦火箭队，自从引入中国球星姚明为主力中锋后，吸引了大量的中国粉丝，也成了在中国曝光率最高的球队。在姚明退役后，出生在美国的华裔球员林书豪从纽约尼克斯队转进了休斯敦火箭队，为火箭队和休斯敦城市延续了"中国色彩"。

金州勇士队和休斯敦火箭队都是这个赛季的领先球队，而都进了西部总决赛。当两支受中兴赞助的球队争夺西部冠军时，中兴已经获得了巨大的胜利。

随后，在淘汰了火箭队以后，金州勇士队进入了总决赛，并且拿下了总冠军，将中兴品牌带到了梦寐以求的顶级体育营销平台。纽约尼克斯队没有进入冠军赛，但是它却有着纽约市这个独特的背景。每天都有超过一百万人，路过尼克斯队的主场体育馆——麦迪逊广场——的中兴 LED 广告屏幕。中兴借助 NBA 赛事融入美国文化，成功地打出了体育营销牌，在电视和网络社交媒体上都获得了极大的品牌曝光率。

尽管中兴通讯是全球运营商使用的电信设备的主要供应商，但是在中国以外的世界，没多少人知道这家公司。近年来，小米、联想和华为在国际上更为知名，但在美国市场，中兴领先于它们；事实上，中兴是能在美国市场夺取领先地位的唯一中国手机制造商。在 2014 年底，它成为美国第四大智能手机品牌——仅次于苹果、三星和 LG，而且它在预付费手机市场上排第二。中兴和 NBA 的合作，是公司增加在美国及全球市场品牌知名度的策略之一。

中兴在美国的异军突起，以及小米和 OV 在印度复制国内营销模式，都是中国智能手机在海外扩张，并且挑战苹果和三星的业界领导地位的重要案例。当前，越来越多的中国互联网和科技公司正在走向海外。除了智能手机，中国公司也在其他技术领域，超越已渐饱和的国内市场，将自己的产品和服务推向海外，进而直接投资到了海外公司，来加速自己的增长和扩张。几乎在每一块重要的海外市场，都有了许多中国品牌的身影。

然而，要打进美国和其他外国市场，不是一记篮球快攻，而是漫长的马拉松。就像中兴通讯，在经过 20 多年布局进入美国手机市场前四后，却在 2016 年因为触及美国制裁法规而遭受重大挫折。欧美市场文化与中国差距较大，获取新用户成本非常高，并且已有国际巨头占据领先地位；新兴市场具有广阔的人口红利，但消费能力较低，网络、物流等基础设施较为薄弱。本章中的更多案例将显示，无论在欧美发达市场还是新兴市场，很多中国公司都还在摸索着一个适合自己的海外策略，未来的道路崎岖漫长。

●●"未来，不等待"：中兴在美国

尽管根据用户数量来看，中国是全球最大的智能手机市场，但是美国市场在规模上同等重要。近些年，美国的智能手机销售量大概是中国的一半，但是因为美国的平均单价要比中国高得多，所以美国市场的总销售金额跟中国并驾齐驱。苹果和三星是公认的世界两大领先品牌，部分原因就是因为它们在中国和美国市场上都占据了重要地位。华为、小米等国内主导品牌想要成为真正意义上的全球品牌，也需要在美国市场上有立足之地。

美国市场的另一个重要价值是，如果一个品牌打开了美国市场，那么再进入其他西方市场就会容易得多，也更容易成为被国际新兴市场所接受的品牌。对于通信公司而言，美国是一块市场高地，市场巨大、技术领先、当地运营商垄断渠道、政策监管多，对任何外国科技公司都是门槛极高的市场。中兴自2007 年在美国卖出第一台手机，在 2014 年后成为美国市场销量第四的手机品牌。中兴能挤入美国安卓手机的前三名，意义非凡（同时中兴也成为美国预付费市场第二大手机供应商）。

中兴共有三个主要业务板块，一是运营商业务，即 4G、5G 网络的架设；二是企业网业务，即给企业大件数据中心，包括 BAT 在内的互联网企业的数据中心也多为中兴搭建；三是终端业务，也就是手机、投影仪等终端设备业务。过去，它的主要业务是向全球电信运营商提供电信设备和网络服务。近期，包括智能手机在内的消费设备，成为这家公司新的增长业务。在智能手机兴起的初期，中兴已经是中国最重要的本土品牌了。事实上，它曾在四大品牌——"中兴、华为、酷派和联想"（被称为"中华酷联"）里排名居首。尽管如此，小米等新品牌在适应中国市场的用户特征和特殊要求方面，比中兴做出了更快的调整，从而后来居上。

　　中兴在中国的智能手机市场上份额缩水的主要原因，是它太过依赖它跟运营商的合作伙伴关系。甚至在 2013 年，当国内市场的竞争，因为类似小米这样几乎专门在网上销售的新玩家的出现，而进入白热化时，中兴依靠运营商的手机销售仍然几乎占据了销售总额的 80%，基于社交网络的销售额只占了差不多20%。运营商的补贴下降时，中兴的营销模式的劣势就变得十分明显，而中兴在国内急于转型，试图加强线上渠道（如小米）和线下销售渠道（如 OPPO 和 vivo），但困难重重。

　　然而在美国市场，中兴同运营商之间的密切关系，却是一个巨大的优势。跟中国市场不同的是，美国本地运营商主导了超过 90% 的终端市场，其服务用户的模式主要有预付费（无合同）和后付费（有合同）两种。因此，进入美国市场的智能手机制造商都必须与本地运营商建立起销售渠道关系。中兴在 1998年进入美国市场，已经与包括 AT&T、Verizon（威瑞森）、T-mobile 在内的众多主流运营商建立起了合作关系。

　　过去，中兴根据运营商的要求，供应的是未标明品牌的"白色标签"手机（即给电信运营商生产贴牌的"定制手机"），所以这种产品最多只是"由中兴组装的手机"，无法推广中兴自己的品牌。中兴突破的第一个关口，是在 2010 年和 2011 年，当时的美国消费者正在积极更换他们的手机。当所有的制造商，都把重心放在了合同机市场上时，中兴将一种高质量、更大屏的手机，带到了预付费（无合同）的市场上。中兴 Warp 手机的销售量超过了 100 万部，这对于中兴来说，是一次里程碑式的胜利。根据中兴的数据，2010 年至 2015 年之间，它在美国市场上的交易量增长了几乎 20 倍。同时，由于品牌知名度的上升，中兴在美销售的手机都打上 ZTE（中兴）的标志。

　　除了运营商外，中兴也注意在美国的运营链条的本地化。在员工方面，中兴采用"二八开"，即八成本地员工，两成中国员工；同时在产品设计、公共关系、市场研究、广告创意、售后服务等方面深度与本地公司合作，全面接轨本地专业运作，深度融入本地专业文化。其中以 2014 年中兴利用加拿大黑莓公司重组之际，将黑莓的一个芯片设计和产品设计的研发团队招募到中兴，并相应建立了新的研发中心，在产品设计的本地化方面获益极大。

制造了黑莓手机的黑莓公司（RIM）曾经一度是智能手机的先驱，但是黑莓在后期未能围绕移动互联网及时转型升级，因此其市场份额很快被苹果手机和安卓手机所取代。2013 年后公司经历了严重的财务危机，被迫重组，并宣布了多轮裁员。RIM 在 2014 年 3 月宣布的一轮裁员，包括了它在滑铁卢总部的主管芯片设计和产品设计的高级工程师，以及它在渥太华的黑莓产品研究中心的高级工程师。除了中兴，华为、三星和 TCL 在内的众多科技公司，都对即将离开黑莓的研究小组有着密切关注。为了在北美扩张，中兴在人力资源部内，创建了一个特别部门，专门处理这次招募任务；最后，中兴打败了竞争对手，成功地将黑莓的超过 20 名工程师纳入麾下。

此外，中兴对专利的大力投资也是它在美国市场扩张的一个优势。中兴与其他中国公司一样，通过授权协议、收购以及在研发领域的高额投入来获取专利。中兴跟主要的专利持有者，诸如高通、微软和谷歌，签订了交叉许可协议；与此同时，中兴大量投入在研究和发展自己的专利上，每年研发经费占销售收入的 10% 以上。

根据世界知识产权组织的数据，到 2015 年底时，中兴是唯一一家连续六年在全球范围内申请专利合作条约排进前三的中国公司（在 2015 年，申请专利数量位列中兴之前的是中国的华为和美国芯片制造商高通公司）。根据中兴自己的估计，它持有 13% 的世界 4G 手机相关的专利。如本章稍后的章节，缺乏专利投资，这对于中国科技公司的海外增长来说，是一个主要的挑战。中兴自己的专利投资和广泛的交叉专利授权，为它打进海外市场，提供了一个坚实的基础。

另外，中兴品牌向年轻、时尚化品牌转型，在北美以青春、乐趣和运动

为主题。中兴成立 30 周年（2015 年）时，它开始使用新品牌 LOGO 以及品牌标识语"未来，不等待"。这是中兴成立以来的首度换标，新的"ZTE"字体改为浅蓝色，中兴称之为"CGO 蓝"，代表公司要塑造的"Cool（酷），Green（绿色），Open（开放）"企业文化——打造"酷"品牌，倡导绿色节能可持续和坚持开放的精神。细节处理上改变以往棱角生硬的方式，凸显互联网时代和谐融合、灵活互动的特点。字形处理上更加圆润、流动，代表互联网时代跨界融合、灵活互动的特点。

品牌标识语"未来，不等待"则寓意在万物互联时代，中兴需要顺势调节自己的前进步伐，不断改变、持续创新才能跟上新时代的步伐。很明显，在移动互联网爆发的阶段中兴相比竞争对手调整缓慢，以致在国内市场失去先机；于是新的品牌形象是对公司之前策略定位的一种修正，强调了新的关注点在于面向消费者的需求，拥抱移动互联网。

与新的公司文化定位一致，中兴在北美市场的品牌形象是青春、乐趣和运动。为了改变北美市场的传统看法——中国品牌质低价廉、服务不佳，中兴借 NBA 赛事主打体育营销，借美国主流文化塑造品牌。中兴开始与 NBA 球队合作时，也正值移动智能科技从根本上改变篮球粉丝的 NBA 体验的时代，例如随时抓拍、在社交网络上分享，关注球星和球队的推特，等等。NBA 球赛对全球年轻人和运动爱好者这样的潜在目标群的影响力，完全契合了中兴手机新的品牌定位。

在 2014—2015 赛季，中兴赞助了纽约尼克斯队、金州勇士队和休斯敦火箭队；随后在 2015 年 10 月份中兴又新签了芝加哥公牛队和克利夫兰骑士队，使赞助的 NBA 球队达到了 5 支，全面覆盖了美国东、中、西部地区。在比赛时，中兴的 LOGO 滚动出现在赛场四周、赛场上方及观众席两边的广告位上。此外，中兴的品牌可以在球队官网上广告嵌入，体育馆外还有巨大的 LED 展示牌。根据合同约定，不要求球员使用中兴手机，但是如果他们想要的话就提供。比如说，当林书豪在休斯敦火箭队时，他用中兴手机拍了张自拍，相关的短视频发到了 Youtube，标题是"跟林书豪学习如何拍一张完美的自拍！"。

最后，针对目标消费群的独特的设计和特色，这在北美市场产生了重要冲击。为了配合全新的品牌主题，中兴的北美研发团队为目标消费群开发出了独特的设计，例如 2015 年 7 月发布的 Axon 手机被视为中兴的转型之作。

中兴努力将各种最先进的部件组合在了一起，以达到公司的"买得起的尖端手机"这一新品牌定位。手机包括了体积小耗能低的高通骁龙 810 处理器、续航时间很长的电池，而且为了达到高保真录音效果，它还有双麦克风设计，中兴声称这是"美国第一款真正的高保真效果的手机"，有"完美的高保真声音播放"。此外，在安全方面，手机还有全套生物特征识别技术，包括指纹、声音和视网膜识别。

然而最重要的特色是它的摄像头，这是与中兴手机在北美定位于"年轻的体育迷"相关。Axon 有双后视摄像头，可以拍摄 4K 高清视频。此外还有一个八百万像素的前置摄像头，而后置摄像头是用来加速自动对焦或者景深效果的。根据中兴的说法，前置摄像头有"快到难以置信的自动对焦"，以至于用户可以通过微笑来触发自拍，显示中兴对于要抓拍快速移动的物体和场景的运动粉丝所做出的努力。

总之，中兴通过成功的市场策略销售物美价廉的手机，成为美国市场的一支重要力量；在 2015 年中兴站稳了市场第四，计划是在未来三年内超越 LG，成为美国市场前三大品牌之一。然而，中兴在美国市场的脚步却因涉嫌违反美国对伊朗的"出口管制"政策，在 2016 年发生巨变。

图 9.1 中兴的美国市场策略

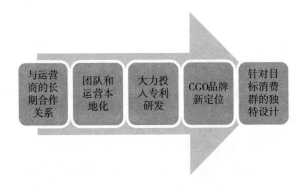

美国商务部在 2016 年 3 月正式宣布，指出中兴通讯和相关企业采用了规避美国制裁的方式，通过壳公司将一批包含美国高科技技术的手机出售给伊朗最大的电信运营商伊朗电信（TCI），违反了美国对伊朗实施的出口禁令。作为相应的处罚，美国商务部公布将中兴通讯等中国企业列入"实体清单"，采取限制出口措施。限制令是指向中兴的美国供货商发出禁令，禁止这些公司向中兴通讯继续提供美国制造的产品；中兴的美国供货商必须首先申请出口许可，方可将产品出售给中兴。

由于中兴的产品中包含了美国高通、IBM、英特尔在内的上百家美国大型公司的芯片、传感器、专利许可等软硬件技术，美国商务部的措施不仅直接影响到中兴手机在美国的销售，还进而冲击了中兴公司的整体产品体系和在全球其他市场的营销（因为在产品芯片等技术上游领域，中兴在其他国家并不能找到合适的替代合作伙伴）。所幸的是，通过与美国商务部艰苦斡旋，中兴从 3 月起以 3 个月为单位，获得了 4 次暂时解除出口限制。然而，虽然在产品采购方面并未因制裁受到实质性的影响，但中兴品牌已经遭到重创；同时，由于"合规问题"的形象和暂时解除期的各种条款约束，中兴在参与海外合同竞标时陷于被动。

2017 年 3 月，中兴通讯宣布与美国商务部工业与安全局 BIS、美国司法部、美国财政部等达成"和解"协议。作为和解协议的一部分，中兴通讯同意支付892 360 064美元的刑事和民事罚金。此外，还有给美国商务部工业与安全局3亿美元罚金被暂缓。是否支付，取决于未来七年公司对协议的遵守情况并继续接受独立的合规监管和审计。

根据中兴通讯与BIS达成的协议，BIS将做出为期七年的限制令，包括限制及禁止中兴通讯申请、使用任何许可证，或购买、出售美国出口的受美国出口管制条例约束的任何物品等事项，但在中兴通讯遵循协议要求事项的前提下，上述限制令将被暂缓执行，并在七年暂缓期届满后予以解除。

中兴通讯付出的8.92多亿美元罚款，是中国公司在美国市场的历史上收到的金额最高的一张罚单。中兴通讯一次性将此笔罚款计入2016年财务报表，令其2016年业绩形成亏损（罚金超过了中兴通讯2016年全年利润总额）。此外，此次违规与罚金对于中兴的美国市场智能手机业务的影响是更为长久的。在2015年，中兴智能手机在美国市场稳居第四，市场份额曾一度高达8%；到2016年底，中兴已不在美国市场前5的排行榜（根据市场调研机构Counterpoint公布的2017年Q2数据，中兴在2017年第二季度重回美国市场出货量的第四）。何时能实现超越LG进入前三，更显得长路漫漫。

回顾中兴通讯在美国手机市场的崛起与挫折，有许多方面可供中国公司学习借鉴和引以为戒。坚持本地化运营，融入当地社会，是中兴在美国成功的品牌战略。然而，因为合规方面的一招不慎便遭受了重大挫折，当引起中国公司的谨慎。另一方面，美国出口限制令对中兴业务的全面影响，彰显了中国电子信息行业的瓶颈之所在。虽然中兴公司是已是拥有专利比较多的中国公司，但其主要软硬部件都是来自美国供应商，仍处于产业链的较低端。中国信息通信产业在未来还需要积累更多的高精尖技术创新，在核心技术突破（例如高端芯片自主研发），才有机会掌握国际产业的主导权。

● 小米：在印度重复中国奇迹？

随着中国手机市场增速放缓，中国手机厂商越来越重视海外新兴市场。与前几年的中国市场类似，东南亚、中东、拉丁美洲和非洲的新兴市场对智能手机的需求增长迅猛。那些地区的消费者正在放弃他们的基本款手机，以智能手机来取代。就像一些年前的中国那样，很多新兴市场的消费者，会跳过固定电话，直接进入移动电话的时代。印度可能是世界上最有潜力的智能手机市场，因此在国内市场竞争激烈、利润空间变小、出货量增长停滞的背景下，国产手机品牌纷纷将海外发展重心放在了印度市场，包括小米、联想、华为、OPPO、vivo、一加等主流厂商都在加快布局，争夺印度市场份额。

印度市场当下是中国以外的最大手机市场，也是全球增速最快的手机市场。首先，是庞大的人口基数。截至 2016 年，印度人口超过 13.3 亿，成为仅次于中国的世界第二大人口国家，而且还在继续增长。其次，近年来印度网民数量在飞速增长。传统上印度的电讯基础设施落后，印度大部分社会还停留在 2G-3G 时代，互联网的渗透率较低；随着互联网网络的普及，印度互联网用户数将爆发式增长。第三，尽管印度已经有几亿手机用户了，但是智能手机的比率比较低。IDC 的统计数据显示，印度的智能手机出货量在 2016 年正式超越美国，成为全球第二大智能手机市场。但与巨大的体量相比，印度的智能手机保有率却相对较低。根据 IDC 在 2016 年的估计，尽管智能手机的销量增长迅速，但是在印度手机总销量中占比仍不足一半。据全球移动通信系统协会（GSMA）发布的报告，截至 2016 年 6 月，印度手机用户达 6.16 亿人，其中智能手机数量为 2.75 亿台。因此，印度可能是世界上最有潜力的智能手机市场，有着几亿潜在的新用户。

在许多方面，印度与数年前的中国手机市场极其相似。在过去几年中，中国市场上智能手机价格日渐平民化，运营商、渠道商和手机厂商的不断扩大产能，大批功能手机用户转化为智能手机用户。现在的印度类似于五六年前的中国，互联网渗透提高，手机市场逐步从功能机向智能机过渡，智能手机用户飞速增长。由于较低的人均收入，印度消费者对于高性价比智能手机的需求旺盛，而在这方面中国品牌已有诸多经验积累。本质上说，中国品牌最初在国内市场的低成本策略，针对一部智能手机的价格占去了消费者收入很大一部分的那种市场所设计的策略，并且获得了成功。

由此，中国品牌在印度市场中似乎是在重新复制国内市场的成功模式。然而，如果看小米手机在印度的摸索和发展轨迹，就会发现它一路上都在根据印度市场的独特差异而不断调整，其中包括建立线下渠道、改变营销策略、调整产品组合等。虽然小米在印度已经基本扎稳脚跟，但是进程中历经波折；加上其他中国品牌也都纷纷将印度视为必争之地，小米在内外夹击之下能否在印度突围，还有待未来的发展变化。

首先，小米在国内定位是"互联网公司"，手机销售最初主要通过线上市场，这也是与小米的"酷"品牌定位相一致的。印度却没有像中国那样发达的互联网基础设施，当4G已经在许多国家普及的今天，印度大部分地区还停留在2G-3G时代，互联网的渗透率还有待提高。在小米刚进入印度市场时，小米同样选择通过推特、Facebook等社交媒体平台展开营销，但效果不佳。后来小米也像在中国时一样，成功地进行了一场在线限时抢购活动，来引发需求并且建立品牌形象，但是对于大市场的影响有限。

小米认识到了在印度市场仅靠线上市场的局限，因此在2015年二季度解除了与印度第一大电商Flikart的独家合作协议，开始与印度本地的线下渠道合作。在更宽广的市场上，交通不便、基础设施落后的印度城邦的消费者更多的是从街角的小商店里购买手机。然而，比起在中国，印度的分销渠道也更零散，所以比起小米，印度当地品牌利用自己对当地的了解和长期建立的人脉更容易掌控。根据媒体报道，在 2016 年小米线下渠道销售额占比仅约 10%，因此小米在印度市场的负责人提出了在未来还要进一步开拓线下渠道。

线下分销模式的另一个方面是，小米必须也处理好传统的广告宣传。在中国市场，基于互联网的营销，让小米可以很少使用传统媒体广告，将节省的营销费用反馈给消费者。但是在印度市场上，小米反转进入传统的广告路线。小米在印度的第一条印刷广告是在 2015 年 7 月，在《印度时报》买下头版整版，发布小米 4 手机的广告。当小米时任全球副总裁雨果·巴拉把广告展示在推特上以后，一些新闻故事推断，这是小米创立以来首次使用了印刷广告的形式做宣传。

由于印度的巨大贫富差距和不同功能需求，小米在国内成功的低成本策略也不能简单照搬。为了争取所有的印度消费者，印度的本土品牌发布的手机种类众多、覆盖价格范围很广。面对数量庞大的低消费阶层，本地品牌的低端手机的定价极低。很多印度当地的企业，就是受到了小米和类似的中国智能手机制造商的成功故事的启发而起步的。例如，印度本土品牌 Micromax 以性价比为竞争重点、为市场提供只支持 3G 的手机而迅速崛起，一度被市场视为印度版小米。

此外，印度本地中的一些品牌，为消费能力极低而无法负担 3G 连接的消费者也提供了廉价的智能手机；那些手机极其便宜，定价在 50 美元甚至更低。这些产品并没有要争取大城市里崇拜品牌的消费者的野心，但是它们很受那些预算有限的印度消费者的欢迎——从没用过智能手机的他们，很乐意拥有一个"足够能用"的智能手机。这些极低端的手机，借助自己对消费者和分销渠道的熟悉，也一样可以畅销。

进入 2015 年以后，印度的成熟用户不再将价格放在首位，而更关注手机品质等方面（例如对 4G 手机的需求）。因此，小米和其他中国品牌必须同时提供中高端手机，增加当地消费者所要求的手机特色，对低成本战略相应调整。比如说，要让手机的系统兼容印度的 20 多种官方语言和其他方言，就是一个艰巨的任务（印度当地品牌已经开发出了软件，来支持当地语言）。据报道，小米的 Mi 4i 手机，可以支持六种印度语言，但生产成本增加了。总之，印度市场的不同领域差异极大，因此小米以产品组合增多来相应应对。

在与印度品牌的正面战场之外，小米和中国品牌之间在国内的竞争，也延伸到了印度市场上。在 2017 年初，市场调研公司 Counterpoint Research 的报告数据显示，中国智能手机品牌在 2016 年底占有印度市场约 50% 的份额（也就是说，印度市场上每售出两部智能手机，就有一部是中国品牌）。联想在 2015 年印度市场表现优秀，和小米都是中国手机品牌中的领头羊（和在中国一样，中国品牌蚕食了市场第一的三星的市场份额）。然而，在中国市场这两年发展迅猛的 OPPO 和 vivo 在印度市场也一样节节攀升，2015—2016 年多个季度在印度市场的出货量都成倍增长，似乎正在重复着在国内市场迅速赶超小米和联想的故事。

如本书前面章节，OPPO 和 vivo（OV）在中国市场主要是靠线下渠道和广告营销的优势，迅速赶超互联网渠道为主的小米。OV 于 2014 年前后进入印度市场，将在中国市场取得成功的模式加以复制。OV 在印度的市场手法与在中国非常类似，即投放传统广告、大力发展线下渠道、广泛触及消费者。据报道，OV 在印度已经拥有较为完善的线下渠道，在 400 座城市拥有逾 15 000 家零售点。OV 在印度的增长超过所有其他中国品牌在印度的增速，在 2016 年底 vivo、OPPO 都进入印度智能手机市场份额的前五。

图 9.2　印度智能手机市场份额的前五（2016 年第四季度）

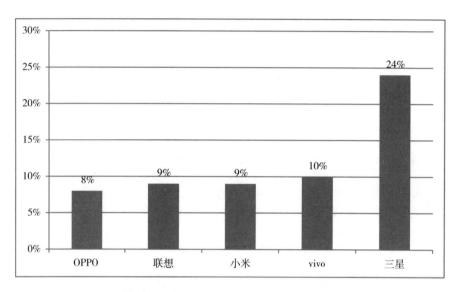

数据来源：市场调研公司 Counterpoint Research

　　小米在印度的未来命运，能否借着印度互联网渗透的提升阶段，重复前几年在国内市场以线上销售而爆发的奇迹？还是印度战场会看到 OV 重复着在国内市场通过线下渠道迅速赶超小米和联想的故事？其实这些还不是最重要的问题。三星手机在中国的沉沉浮浮，给小米和其他中国品牌在印度的发展提供了一个参考点。三星在中国的案例显示，国外的成熟智能设备制造商有可能迅速占有新的市场，但也可能很快把市场份额和利润分配输给具有创新能力的本地对手，因为它们的产品可以迅速到达类似的技术规格，以更低的价格成本发布，并且更吻合当地消费者的需求。

三星在中国，是小米在印度的参考点吗？

三星在 20 世纪 90 年代初进入了中国市场。作为早期家电品牌，三星在中国城市建立起了密布的分销网络，从电视到传统手机，都有销售。当中国进入到智能手机时代时，众多中国消费者更习惯于在电子产品零售店购买手机，而不是通过运营商，因此在早期，三星在中国的零售渠道给了三星一些超越诸如苹果之类的其他外国品牌的优势。

三星一直将自己定位为高端产品制造商。但是随着中国市场变得越来越成熟，苹果成为高端市场唯一的优势品牌，三星的品牌定位不再稳固。而小米、华为、OV 等国产品牌则凭借更好的性价比、更快的产品迭代和线上市场策略，成功抢占中低端市场。此外，本地制造商还对本地消费者的需求更敏感，为中国市场提供了相应的特色产品，比如更早推出大屏幕手机和双卡双待。

结果是，三星眼睁睁地看着自己腹背受敌，但是动作迟缓而付出了沉重的代价。

为了维持自己高端品牌的形象，它并没有跟中国品牌打价格战；但三星因为大量销售不出去的设备而存货大增，而中国品牌都因为三星的损失而获得了市场份额。

当中国市场增长的主流转向三线以下城市，首次买家更多出现在了小城市（四线城市和五线城市）以及农村地区时，三星受到的来自低价中国产品的冲击更强烈了。首先，在那些区域，三星的品牌并不比国内品牌响亮。另外，三星现存的城市销售渠道，对于小城和农村地区的新消费者来说，并没有多少价值。在线下渠道主宰的地区，OV 等国产品牌增长迅猛。

三星在中国，对于小米的印度探险来说，是一个重要的参考点。一些年前，三星出现在中国时，那些曾经主宰着手机市场的制造商——诺基亚和摩托罗拉都开始衰败了。但是很快，三星就把市场份额输给了像小米和华为这样的本地品牌，因为它没能找准自己的市场定位。

所以最为重要的问题是，是否会有印度本土品牌崛起，使小米、联想、OV等中国品牌也会面临像三星在中国一样的挑战？事实上，中国品牌在未来所有的新兴市场都会面对同样的问题，因为在增速最快的各地市场上，本地品牌都迅速有了立足之地。

比如说在东南亚菲律宾市场，当地品牌占据了超过一半的市场份额。菲律宾制造商以"像菲律宾人那样思考和行动"为目标，他们通过来自当地用户的启发来相应开发产品，就像小米根据"米粉"的反馈，调整自己的产品设定那样。跟三星在中国的经历相似，小米（和其他中国品牌）面临着在新兴市场上腹背受敌的危险——被夹在高端产品区的苹果手机，和低价产品区的安卓机之间。

● 大航海时代的挑战

中国企业的出海是大趋势。近年来国内市场流量成本高企，同质化竞争严重，因此越来越多的中国科技和网络公司，都开始了探索海外市场。然而，当他们进入不熟悉的地域时——无论是欧美成熟市场还是广大新兴市场，他们经常面对挑战和挫折。甚至连百度、阿里巴巴和腾讯这三大互联网巨头，它们迈向海外市场的旅程，也都不是那么顺利。

例如，2014年6月阿里巴巴在美国上线11Main购物网站，这是阿里在国内电商体系之外搭建的少数的国外独立电商平台。阿里巴巴的11Main愿景是为小规模的美国商户提供直接电商平台，可称为"美版天猫"。从供应商到物流再到用户，11Main均设在美国市场，与该领域具有垄断地位的美国的亚马逊（B2C）、eBay（C2C）直接竞争。但是仅仅一年以后，11Main获得的市场份额有限，而美国商户就抱怨说得不到增长需要的支持。于是，阿里巴巴把11Main卖给了另一家美国电子商务公司OpenSky（转手以后，阿里巴巴在合并实体里保留了37.6%的股权）。11Main上的挫折，迫使阿里的国际化扩张重新回到嫁接海外商家和中国国内消费者。

另外两大巨头，也遭受了挫折。腾讯的微信APP在全世界有着超过10亿用户，但是大多数用户都在中国区域。在邀请了1亿海外用户以后——大多数来自华裔人口较多的东南亚国家——微信在扩大用户基数上遇到了瓶颈。目前在美国用微信的还是华人比较多，主要是华人学生带动老师用起来，但是在学校以外就相当难渗透。微信还没有在由脸书主宰的英语社交媒体领域取得足够的影响力，也没有在像日本这样的以当地语言为中心的地区市场（该市场由本地公司Line控制）上取得显著进展。

对于中国的领头搜索引擎百度来说，早在2006年就把日本作为国际化战略的第一站，随后2008年1月百度搜索正式在日本上线。但是百度在日本的搜索引擎服务，未能改变谷歌和雅虎垄断日本搜索市场的局面，市场份额徘徊在1%—2%；并且业务基本不盈利，因此在2015年4月关闭。此外，当百度在越南上线了百度贴吧越南语版本之后，又卷入了当地社交网络登记法规的纠纷，激起当地一些网络公司的不满，最后被迫关闭。

严格说来，没有几家中国科技和网络公司发展成真正的国际巨头。大体上看，中国公司都在中国有着巨大数量的用户群（但外国用户有限），他们的收入几乎全部来自中国市场（而外国收入来源有限），能够被全球用户熟知的品牌不多（在外国市场上的品牌知名度有限）。部分原因当然是因为中国市场本身的迅速增长和巨大规模，这在很长一段时间里，都让中国公司聚焦在国内市场的发展上了。另一方面，也源自中国公司在出海时面对更多的挑战：

第一个挑战是缺乏专利权以及其他知识产权方面的深度积累。2014 年底，小米在印度被瑞典电信公司爱立信起诉，理由是小米涉嫌侵犯爱立信所拥有的ARM、EDGE、3G 等相关技术的 8 项专利。据报道称，爱立信为全球通信设备巨头，在通信标准必要专利、移动通信专利等方面都有数额巨大的专利储备；爱立信曾要求小米为这些专利支付使用费，但小米并未支付，于是爱立信向印度法院提出了专利维权诉讼。这个官司一直打到了德里最高法院，而诉讼还在继续，但是"临时销售禁令"对小米手机的销售和品牌声誉产生负面影响。

小米在印度的诉讼争议，表明了对于中国科技公司来说，在海外市场上持有知识产权储备是至关重要的。在中兴的案例中，因为中兴拥有自己的专利组合，它在外国市场上拥有一定的斡旋空间，可以同 AT&T、Qualcomm、Siemens、Ericsson、Microsoft 和 Dolby 这样的公司签下无数的交叉专利授权协议。但是这样的知识产权组合，是中兴投资和积累了超过 10 年的结果。没有那么多内部 IP 储备的创业公司，诸如小米，更可能会遇到更严峻的挑战（即使是中兴，在面对 2016 年美国限令时，仍然显示在高端技术的知识产权方面的短板；而 2016 年华为以自身的雄厚技术实力，在美国对三星和第三大运营商 T-Mobile 提起专利诉讼，更是中国品牌中的凤毛麟角）。

当所有中国公司继续通过投资和创新，构建自己的专利储备，在这场全球知识产权战争掌握主动时，底线是它们仍然得为专利诉讼做好准备——因为一旦业务出现增长，骚扰性的诉讼也会找来。根据中兴自己的数据，中兴任何时候都面临着超过 50 起控告中兴侵犯专利的诉讼，而很多起诉是由那些并没有制造产品意图的公司发起的。作为回应，中兴斥资雇用了法律专家，并且跟顶尖的外部法律事务所来往密切，再加上它自己的专利组合以及同其他主要玩家签下的交叉授权协议，中兴向骚扰性的诉讼显明：中兴不惧怕上法庭。

2013 年到 2015 年之间，中兴在同 1930 关税法的 337 条相关的调查上（"337 条调查"），连续击败了 InterDigital 公司（IDC 公司）四次。2013 年 12 月，美国国际贸易委员会拒绝了 InterDigital 公司对中兴的关于侵权七项专利的指控，并且宣布其中三项专利无效；8 月，美国国际贸易委员会又拒绝了 InterDigital 公司关于其他三项专利的指控。随后在 2015 年 2 月，美国国际贸易委员会的裁定受到了美国联邦巡回法院的支持；在 2015 年 4 月，美国特拉华州地方法院的陪审团给出了最终结果。这些法律诉讼对于中兴来说，都是意义深远的胜利，因为很少能见到一家中国公司，在关于关税法 337 条调查上能取得连续胜利。然而，对于其他很多没有那么多专利和海外法庭周旋能力的中国公司来说，这样的专利诉讼可能会变成严重的问题。

另一个主要障碍是提升中国商标的市场定位。当中国公司在发达国家市场上发布更多高端产品时，它们不得不努力去改变"中国制造"都是质低价廉、服务不佳的产品这种传统形象。很少有中国的科技公司，能够像它们的亚洲邻居，比如韩国的三星和 LG，或者日本的索尼和佳能一样，建立起类似层级的全球品牌知名度。

直接的解决方案，是与欧美领先品牌的合作关系，或者更直接一些，收购一个欧美品牌。比如说，在美国市场上，联想因为它的 PC 业务，比起其他中国手机品牌来要有一定的优势。联想在 2005 年收购了 IBM 的笔记本业务，为联想品牌在美国提升了知名度。更近期，围绕全球移动业务，联想在 2014 年又在美国做了两次重大的收购：谷歌的摩托罗拉移动业务，和 IBM 的 x86 企业服务器分部。

未来联想在全球移动业务上的成功，要取决于它从这两次大收购上取得的发展，尤其是收购摩托罗拉的那次。摩托罗拉是手机界的先驱，很多年前，它也是一个在中国家喻户晓的国际品牌，但是它在移动互联网的颠覆性技术下没落。联想以 29 亿美元收购摩托罗拉的初衷，可能部分就在于摩托罗拉这个品牌可以为联想提供海外市场渠道。摩托罗拉产品仍然活跃在北美和拉丁美洲的运营商市场上，这就给了联想进入那些市场的新途径。

与直接收购一个品牌相类似，一个中国公司要在北美建立起品牌声誉，还可以通过投资到"北美设计"的科研能力上去。比如说，在加拿大公司黑莓公司（RIM）衰落的这些年里，中兴招募了一组黑莓手机工程师，给中兴在北美的研究与开发部门注入了新活力。RIM 最著名的核心技术是通信安全，传统上几乎所有公司——甚至包括了美国国防部五角大楼和北大西洋公约组织NATO——都在企业内部通信方面使用黑莓设备和服务。在这个高度连接的移动互联网时代，安全问题比以往任何时候都要重要，而中兴的产品，也借着对黑莓研发团队的收购，为品牌增加了新的亮点。

在引入黑莓研发团队后不久，中兴在加拿大的分部在 2014 年发布了一款新智能手机，叫作 Grand X Plus，由公司位于渥太华的研发中心专门为加拿大用户设计。由于 Grand X 系列手机使用的是黑莓技术，中兴的品牌也自然充满了加拿大色彩，使当地用户更能接受。更重要的是，来自诸如 Grand X Plus 这样的"北美设计"产品，其品牌价值并不仅仅局限在美国和加拿大市场。因为北美市场被视为高端市场，如果一个品牌能够在北美确认其市场定位，其品牌价值随后可以被输送到世界其他的地区（包括中国市场本身）。

第三个障碍，是中国公司必须在外国市场上适应不同的消费者要求和文化传统。很多中国公司选择了新兴市场作为它们的海外市场的第一站，是因为那些市场同中国市场的相似性。就像数年前的中国那样，一些新兴市场有大量从未使用过智能手机的年轻人口，正处于智能手机普及初期和移动互联网爆发前夜。再者，这里的消费者像中国消费者一样，对价格很敏感。因此，普遍的看法是，中国玩家可以比较容易地进入新兴市场。

在实践中，这些新兴市场上的消费者行为确实与国内市场有一些相似性。比如说，限时抢购，也就是在有限的时间段内提供价格极低的限量的产品，这可以在外国市场上迅速激起消费者的兴趣。但是除去消费者都对价格敏感这一点以外，还有更多的本土因素，对于中国玩家来说，这些都是陌生的。中国公司擅长识别并满足国内消费者的需求，但是很少有中国公司有大量的跨文化销售的经验。

就像本章之前提到的那样，当小米进入印度市场时，它不得不调整自己的产品，以适应那里的 20 多种当地语言。但是当加入了新的语言界面时，它的产品的成本上涨了，对公司的低成本策略形成挑战。在分销方面，小米必须获取实体店面或者打入印度的分销经营渠道，这既昂贵又难于管理（在中国通过自己的在线销售模式和社交网络上的忠实米粉群，有效地避开了这些难题）。

当产品有着内在文化敏感性时，比如社交媒体和短讯服务，这种障碍就非常巨大了。比如说，腾讯在无数的海外市场上推广微信，但收效仍不显著。腾讯意识到了文化差异，甚至还在 2013 年签下了阿根廷足球明星梅西，来进行电视广告推广（潜在的理念是，运动超越了文化间的壁垒）。然而，实际情况是，日本和韩国市场分别有自己版本的使用自己语言的竞争产品，而英语市场上，用户一头扎进了脸书和 WhatsAPP 里。2015 年，腾讯高管表示，微信的未来扩张策略是，继续开发中国市场，加入独特的特点，建立起一个领先系统来吸引全球新用户。

第四，投资外国市场，比起中国公司的自身扩张来说，挑战性不同但同样复杂。总体上说，对现有外国公司的海外并购，比起以商业扩张的方式来获得海外新用户和市场份额，要更直接一些。尤其是在硅谷——移动互联网的创意之都，很多美国创业公司都在和中国公司一样研究类似的科技主题，它们实现的突破，很可能也适用于中国市场；因此，中国公司纷纷以投资创业公司的方式，来购入尖端科技的研发。在中国的网络公司中，阿里巴巴和腾讯可能是硅谷并购市场上最活跃的中国买家。

表 9.1　阿里巴巴向美国科技公司的投资

美国创业公司	业务领域	金额（美元，百万）	投资日期
Groupon	团购	未公开	2016 年 2 月
Grindr	世界最大同性恋交友 APP	93	2016 年 1 月
Snapchat	社交移动短讯	200	2015 年 3 月
Peel	智能电视移动 APP	50	2014 年 10 月
Kabam	手机游戏开发	120	2014 年 8 月
Lyft	出行叫车 APP	250	2014 年 4 月
TangoMe	社交移动短讯	280	2014 年 3 月
Shoprunner	限于会员的电子商务	206	2013 年 10 月
Quixey	移动 APP 信息的深度搜索引擎	50	2013 年 10 月

数据来源：新报告和公开信息披露

　　尽管如此，资本市场上的交易，对于中国公司来说是另一种挑战。历史上，中国公司在收购交易实现成功整合的案例并不多见。联想早期收购 IBM 的笔记本分部，成功地巩固了它在 PC 业务上的全球领先地位，但是联想花了差不多八年时间，才完全整合好它收购的 IBM 分部。直到今天，联想 /IBM 这个范例，都只是中国公司海外收购的不多的几个成功先例之一。甚至有这样的早期在美收购的成功经验，都不能保证联想最近从谷歌收购摩托罗拉移动部门，可以重复先前的成功整合经历。简言之，投资交易只是漫长旅途的起始；中国公司要从成功的整合那里实现协同价值，必须在并购和收购以后付出很多努力。

　　收购后整合最大的挑战是两方的企业流程、管理结构和企业文化之间的区别（甚至冲突）。它迫使中国公司——这些公司在中国有着已经证实了的成功模式——去重新思考，建立一个可持续的全球运作模式（例如，中国总部给海外管理层的授权范围）。与此相关的另一个挑战是，要寻找正确的人和团队来执行跨国整合。一方面，如果吸收进一个全新的当地团队来管理他们的海外资产，中国公司可能会有失控之感；另一方面，要中国买家从零开始，建立起一个当地管理团队及与当地利益相关者（stakeholders）组成的关系网络，又需要花太长时间。

另一个国内公司未必完全体会的挑战是，硅谷的创业公司对它们的投资者也很挑剔，并且美国极为发达的风投基金和行业巨头都拥有大量资本可以投资，因此中国公司还必须在硅谷创业公司的社区建立起人脉并且获得信任。当然，中国买家在他们的金融资本之外，还有一张王牌：中国市场的巨大规模和巨幅增速。中国公司来可以向外国科技公司证明，自己是可以一起创造新价值的优选合作伙伴。

比如说，2014 年 9 月，百度以未向外界公布的价格，买下了巴西在线折扣公司 Peixe Urbano 的控制股权（之前提到过，百度旗下有中国顶级团购网站之一的糯米，还频频向中国 O2O 市场投资，包括了在线交易和报价）。在这次收购以后，Peixe Urbano 的管理层跟百度糯米进行了大量的 O2O 业务交流，并且把中国的操作方式复制到了巴西市场上。根据百度的数据，Peixe Urbano 的巴西市场份额，在被百度收购以后的一年内，从 35% 上涨到了 55%。

从许多角度看，中国公司目前面对的来自海外市场的挑战，非常像美国公司，比如亚马逊和易贝，在 20 世纪杀进中国市场时面对的挑战。十多年前，这些美国科技公司也是被中国市场的巨大的用户基础和迅速的市场扩张吸引而来。然而，文化、语言、政治和技术上的背景，比它们想象中的要复杂得多。于是它们很快撤退，转而选择了在过去这些年里把精力集中在北美市场上。

然而，在数字经济 2.0 和第四次工业革命的背景下，中国科技公司的海外扩张是必然的大势，别无选择。虽然在中国国内总能获得更多的增长，但是这个世界上增速最快的市场，将不可避免地缓慢下来，而中国顶级科技公司必须探索并找到它们的下一拨 10 亿客户，来维持自己的业务增长。在这个意义上，扩张进入海外市场，事关生死存亡。虽然它们迈向海外市场的旅程充满了挑战，但是有它们的海外上市和重要的国外投资机构股东，阿里巴巴、腾讯和其他的中国公司应该有可能比多年前美国公司在中国做得更好，更能处理好文化差异。

总结中国公司海外扩张所面临的挑战，最核心的问题还是在于，它们在走出去时是否拥有"核心竞争力"。回顾中兴在美国、小米在印度的案例，在所有市场里，几乎所有领先品牌的手机都在提供更好的摄像头和屏幕，更强大的处理器，更酷炫的设计和更高质量的金属材料。底线是，在这个高度饱和的安卓智能机市场，使用安卓操作系统的制造商们（超过全球市场的 80%）要区分它们的高端产品，变得越来越困难了。

图 9.3　全球智能手机操作系统的市场份额（2014）

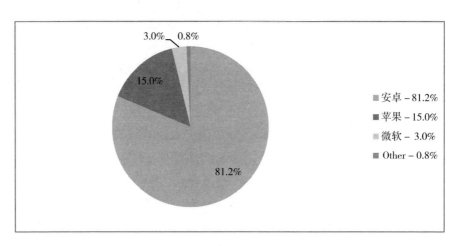

数据来源：Strategy Analytics（策略分析公司）

中国企业在这个时代的机会，就是全球数字经济的竞争战场要比智能手机领域广大的多。真正的智能品牌赢家，要在未来的多设备"物联网"世界中胜出。所有这些中国科技公司，都在构建一个能把用户、设备和服务与生活环境随处相连的智能生态系统——就是小米所说的"智能家居系列"，中兴所说的"智能 2.0 时代"，或是华为所说的"电信和 IT 结合的时代"。在智能手机和 4G 科技发展进程中，中国科技公司已经证明了它们的实力，在当前 5G 全球竞赛中与欧美巨头们在同一起跑线上。

另一方面，由于智能手机在中国市场中的迅速普及，中国企业在移动支付、电子商务、云计算等领域已逐步赶上硅谷同行；而在移动互联网应用方面则实现了弯道超车，譬如 O2O、二维码支付和直播等领域比起国外市场更为活跃和创新。在下一章可以看到，在未来一代的移动设备和服务上，中国市场具有领导流行的实力，而不是仅仅是一个潮流追随者。随着"中国创新"的核心竞争力出现，中国科技和网络公司将以崭新的产品设计与商业模式与海外巨头一决高下。

第十章
引领智能革命时代

数字
经济 **2.0**

星巴克案例：在移动支付领先

C2C 还是 2CC？

创新生态圈的乘法效应

引领"万物互联、万物智能"

●● 星巴克案例：在移动支付领先

　　2017 年情人节前夕，星巴克咖啡公司宣布与腾讯微信联袂打造的全新社交礼品体验"用星说"正式推出，从而使星巴克成为首个在微信上推出社交礼品体验的零售品牌。在活动中，用户可以在微信上实时将星巴克的礼品卡和饮料券作为礼物送给亲朋好友，并且在赠送时添加文本、图像或者视频一同送出祝福。对方收到分享的礼物后，可以将其保存在微信账户中，随时前往星巴克门店进行兑换。

　　"用星说"活动反响热烈，据报道，在情人节期间，许多星巴克的门店里当天超过一半的顾客参与了该活动。不过在业内看来，星巴克在 2017 年才引入微信移动支付，似乎是姗姗来迟。在这背后，包含了星巴克公司对于中国市场移动支付普遍程度的低估，也显示跨国公司对于中国用户的特征缺少深入了解，从而不能及时有效地满足中国用户的诉求。

　　令人惊讶的是，星巴克在美国已经是移动支付的先行者，但是在中国还是低估了本地移动支付的广泛流行。

早在 2009 年，星巴克就在北美推出了第一款 APP，便于消费者绑定会员卡进行手机支付，后来用户的信用卡和 PayPal 账户也可添加到 APP 内为会员卡充值。2015 年起，星巴克推出"手机下单和支付"（Order&Pay），用户只需在星巴克的 APP 上提前下单并在线付款，就可以让星巴克提前准备好订购的饮品，免去排队等候的烦恼。因此，星巴克在发达市场已经熟稔于移动支付，并且形成了自己的模式。

然而，星巴克在中国地区的移动支付进展步伐较为缓慢，在 2015 年才开始复制了美国的移动支付方式，仅支持将星礼卡关联到官方 APP 的俱乐部账号来实现移动支付。而同一时间，以阿里巴巴的支付宝和腾讯的微信支付主导的红包大战使移动支付遍及千家万户。无论是大城市的商场、超市，还是街边的水果摊乃至城乡集贸市场，使用微信或者支付宝扫码支付已经成为中国消费者的日常支付选项。

换言之，当第三方电子支付（微信、支付宝等）更为普及时，星巴克坚持自身 APP 支付的做法与中国市场大潮流相左。从星巴克的业务发展看，其与微信的合作有着必然逻辑。星巴克公司在中国市场增速放缓，需要打造个性化、社交化的场景，经营社会化的客户关系，创造新需求。微信本身就建立在以亲人、朋友为主的熟人社交基础之上，账户间的交易带有浓厚的社交属性——多表现为微信红包或转账。面对中国市场的独特性，星巴克最终选择了"入乡随俗"，用更开放的心态拥抱更具有优势的本土移动支付方式。

星巴克案例显示，国外公司对于中国数字经济的发展有认知上的差距。一方面，它们低估了中国市场里本地移动应用 APP 的普及程度，例如第三方移动支付。可以说，中国用户的移动支付消费习惯基本上是被支付宝和微信支付培养起来的。外国品牌想在中国市场推广移动支付方式，这两者是无法忽视的存在。

　　另一方面，国外市场更习惯于用一款软件解决一个功能需求，更强调简约；但中国用户没有一款软件只有一个主功能的概念，更倾向于类似微信这样"超级 APP"来处理方方面面的需求。

　　最典型的超级 APP 例子莫过于三巨头 BAT 各自的大平台。无论是在阿里巴巴旗下的淘宝上，还是百度地图，或是腾讯的微信，人们都可以购买日用百货、给网络游戏充值、呼叫快车、扫描折扣券、搜索旅馆、买电影票以及在邻近找到任何类型的休闲店铺。在本章稍后的章节中可以看到，在那些存在本土化的需求，却并没有被海外领先的公司很好地满足的领域，或是海外公司"水土不服"的地方，都形成了中国企业的创新空间，并且为中国创新者提供了赶超欧美的机会。

● C2C 还是 2CC？

　　不久之前，中国的科技公司追随着硅谷的足迹发展，还是以成本低廉的山寨产品以及对网络商业模式的模仿而闻名（英文中被称为 Copy to China，或是C2C，即复制到中国）。但是在智能手机逐渐普及之后，第二代创业公司围绕着爆发式增长的移动消费用户群，在商业模式和产品特色上，形成了独特的创新。于是，市场看到是 2CC 的兴起。

　　从应用的角度看，中国市场的进化方式与西方发达市场比起来非常不同，它进入移动时代的步伐要快得多。中国的后发优势恰恰称为其最大的优势，因为它实际上是从头开创了许多新业态。移动互联网消费方式在中国受热捧，很大程度是因为传统产业的不成熟，改进空间巨大。例如，PC 个人电脑不普及让没有电脑的人纷纷通过廉价简单的智能手机上网，信用卡不成熟让手机支付更容易推行，餐饮服务营销服务落后使互联网外卖雨后春笋般涌现。

图 10.1　移动互联网消费品类爆发

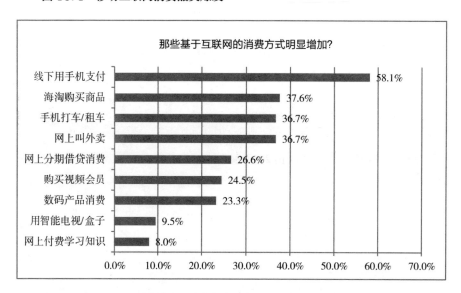

数据来源：企鹅智库调查，2016 年 10 月

　　就如在本章开头的星巴克咖啡案例所显示，即使是在中国多年的美国大公司星巴克还是低估了本地移动支付的广泛流行。美国因为拥有强大的信用卡体系，刷卡消费已经成了人们日常生活的一种习惯，并且基本上每个人都有一台电脑，因而第三方移动支付在美国市场的渗透缓慢。事实上，美国移动支付渗透率落后于日本、中国等众多国家。将中美的移动支付进行对比，无论是在用户规模还是用户接受度上，中国都已经后来居上，全面超越了美国。

　　事实上，在大部分 O2O 业务中，移动终端都是"唯一终端"，所以中国市场的后发优势更为明显。例如叫车服务 APP：一个人可以在电脑上发布内容，向其他人分享信息和资源；但是他没法儿在街道上打车时也背着电脑，司机也没法儿把电脑安装在自己的车里。在这样的"移动唯一"领域里，市场数据显示美国叫车服务公司优步在中国的服务比在美国的发展还要迅猛得多。优步在全球的搭乘量最多的三大城市——广州、杭州和成都——都出现在中国。

所以，中国市场最独特之处，就是中国是世界上最大的"移动第一"和"移动唯一"的市场这个事实。在中国，电脑和信用卡还远未普及到每个人，因此中国用户总是无时无刻不在使用手机，而中国也因此在诸多移动商务的应用、业态和模式方面获得了跨越式发展，成为全球行业的领头羊。就像优步中国的例子里展示的那样，新的移动应用，在中国要达到可观的规模，所需的时间比在别的地方要短（例如，共享单车服务自2016年下半年起在国内实现了快速发展，根据CNNIC的数据，截止2017年6月，共享单车用户规模已达1.06亿，占网民总体的14.1%）。因此中国市场不仅是最大的用户市场，也是最好的移动应用的实验室（"滴滴打人"应用可能是这方面最极端的例子，见下面方框）。

滴滴打人

当滴滴打车在2015年风行中国之际，与其名字类似的"滴滴打人"APP因为一个叫作《暴走出品打架神器》的视频而热传。视频向公众推广充满创意的"滴滴打人"APP：在生活中我们总会遇到不道德不文明的人，尽管我们再三忍让，依旧疯狂地挑衅和刁难我们，难道我们只能选择继续忍让吗？暴走出品的这款跨时代APP一举攻克了这个难题，只要打开APP就可以搜索附近的打手帮你解决仇家、伸张正义，实在是居家必备，防贼防狼防校长必备APP。

一时间，"滴滴打人"APP在豌豆荚、安智市场、应用宝、百度手机助手等平台纷纷出现下载通道。有关软件介绍也内容详尽，例如"打手队伍能力全面，经过权威认证，质量有保证，而且就在附近，职业多

样，有健身教练、退伍军人、资深小混混、在逃通缉犯等，可以说应有
尽有"。

有关媒体迅速报道了"滴滴打人"成了人们在网上寻找"打手"的平台，
旋即引起社会热议，许多读者纷纷对该软件宣扬暴力予以批评，呼吁应
该"下架"。舆论声中，软件开发商通过官方微博"滴滴打人 - 掌控科
技"出面澄清，称"滴滴不打人"，其实初衷是给用户提供一款同城互助、
便民服务的信息发布平台——用户发布需求，有能力的人去接单代跑腿、
代办事。

就如滴滴车服软件是"叫车"类似，"滴滴打人"的本意是"叫
人"，只是软件开发商借用了"滴滴打车"的影响力，并且用了"打"
字的双关意思而成功吸引了大众的眼球，获得了更多用户注册。但有趣
的是，许多网评在这场搞笑事件里也看到了移动互联网时代的服务模式
新思维。

有评论认为，"滴滴打人"的业务输出跟传统的黑社会打手差不多，
只是通过移动应用将其属性数据化，方便用户查询与使用。以往如果要
雇用打手的话，首先得有人脉、得认识人，即认识职业/半职业的可以
提供打架服务的打手或者组织。但是"滴滴打人"APP 将这个"人脉"
给越过去了，即便是相互不认识，也可以在这个平台上找到需要的打手，
价格可议、服务质量可评价、口碑可量化。

更有人深刻总结到，"滴滴打人"能够引发大众广泛关注其实也暗
含着一个趋势，就是以往需要"人脉"才能获取到的传统行业服务/产品（无
论是普通的，还是优质的），正在被移动互联网改造着，"现在我们正
在处于这么一个潮流，就是通过移动互联网，重新改造/诠释传统行业，
令其得到更大的发展，并且更加适应用户的需求"。

所以，在中国移动市场形成的一些功能性创新已经出海，被国际市场所广泛接受。例如，猎豹移动研发了一款手机垃圾清理软件，解决了安卓智能手机的一个关键痛点问题——各类应用遗留的内存垃圾，一举成为谷歌应用商店的热门应用。茄子快传通过调用智能终端设备通用的热点直连功能，实现无须网络的近场高速传输，在公共基础设施建设非常薄弱的新兴国家大为流行。Camera360 专注解决如何用手机拍出画质好的照片，也被类似亚洲文化的国家地区广为接受。

甚至是硅谷的互联网巨头，也开始向中国同行取经。例如，Facebook 最近推出的 Hello"手机来电助手"功能，包括拨号、来电黑名单、来电者信息显示、搜索商家电话并一键拨号等功能，可以看到与国内软件搜狗号码通的相似之处。另一方面，Facebook 正在 Messenger 应用中植入约车和支付功能，上线了类似于微信支付的好友间转账功能，也推出了视频直播服务，似乎也在走向"超级APP"的方向。

由此，在下一代移动应用的创新上，2CC 兴起将成为新的潮流。下一部分会讨论的是，中国新兴的创新环境，正在创造出一个引人注目的创新浪潮，从移动互联网延展到人工智能、3D 打印、无人机、机器人等广泛领域。随着独具中国特色的原创功能、原创应用、原创模式越来越多，中国在未来科技产业发展方向上可能会拥有更广泛的话语权——而不仅仅是在移动互联网的应用领域。

● 创新生态圈的乘法效应

"中国创新"的优势不仅仅在于中国市场出现了一些成功的互联网公司，

而是一个充满活力的创业与创新生态圈正在不断壮大。这个生态系统汇聚了从
BAT 这样的成熟网络公司"毕了业"的创业者、具有国际视野的网络公司和它
们经验丰富的企业家、无限的年轻高校毕业生，大量的天使投资者和风险投资，
以及成熟的"中国制造"工业制造业体系。他们有机协同，聚力将中国打造成
世界上最具潜力的创新中心之一。

图 10.2　中国的创新生态圈

最具说服力的数据，是过去十年的中国"独角兽公司"记录（"独角兽"
指的是那些在首次公开募股或者私募融资以后，市值超过了 10 亿美元的科技公
司）。根据由 Skype 公司的联合创始人尼可拉斯·曾斯特罗姆领导的风险投资机
构 Atomico 收集的数据，在 2004—2014 年这十年里，134 家科技初创公司达到
了 10 亿美元市值，其中中国的"独角兽公司"的数量达到了 26 家，超越了欧
洲的 21 家，仅仅排在美国（共 79 家，而其中 52 家都来自硅谷）这个创新超级

大国之后（非洲、拉丁美洲和中东没有独角兽公司）。根据麦肯锡咨询公司的统计数据，在 2016 年 6 月，中国的独角兽公司占了全球独角兽公司中的 34%，也就是说，全球每三个独角兽公司中就有一个来自中国。

中国创新生态圈的大背景是中央和地方各级政府的大力支持和相应的政府资源配置。在习近平主席的公开演讲里，他强调了创新、经济转型和消费，应该作为中国下一个阶段发展（第十三个五年计划，2016—2020 年）的重心。2015 年"大众创业、万众创新"被首次写入《政府工作报告》，李克强总理来到孵化器与创业学生共进咖啡，带来了全国范围内创业创新的热潮。在 2017 年，"数字经济"被首次写进了政府工作报告，指出要"促进数字经济加快成长，让企业广泛受益、群众普遍受惠"，正是中央政府对"数字经济"在国家战略层面的重要总结。

总理咖啡

在席卷全国的创投热潮下，中关村 200 米长的创业大街声名远播，已经被创业者誉为"互联网创业地标"。街区不仅定位于建设创业服务集聚区、科技企业发源地、创业者文化圣地，还要打造具有极强科技感、展示度、时尚感的创新创业特色景观大道，吸引培养一批具有国际影响力的世界一流创业孵化服务机构，致力于缔造全球知名的"Inno Way"。

中关村创业大街上有几家咖啡馆被称为"众创空间"，是互联网时代促进创新创业的新平台。这些咖啡厅通常 24 小时通宵营业，并不强制要求客人消费；大多数创业者来到这里，可能会点上一杯不到 20 元的咖啡，也可能什么都不点，就开始享用一整天免费办公位、电源和无线网络。其中比较知名的是车库（Garage）咖啡、3W 咖啡、Binggo 咖啡。它们以"创业咖啡"而闻名，前来喝咖啡的多是创业者与投资人。

创意念头与风投资金的相遇故事，每天在这里上演。

2015 年 5 月，李克强总理视察中关村创业大街，中间来到 3W 咖啡屋，与众多"创客"交流，使"总理同款"3W 咖啡在全国一夜成名。据媒体报道，店员连做 6 杯之后，才将一杯自己满意的香草拿铁端给了总理。李克强坐下来与年轻人边喝咖啡边聊创业，蜂拥围拢过来的创业者争先抢着向总理介绍各自的项目。

这款带着"3W"LOGO 的香草拿铁也因此被称为"总理同款咖啡"，并在当天一小时之内售罄。总理在 3W 咖啡馆的照片被现场的创业者迅速上传到朋友圈，在网上疯传。之后，"总理咖啡"成为客人最常点名要求的款式；而在 3W 咖啡馆门外，不断有人在门前合影。

与总理咖啡相匹配的是，3W 咖啡馆本身也是个创业公司。3W 咖啡店是通过网络众筹来融资创建的，百人股东中有众多互联网和资本界人士。3W 几个创始人还创办了互联网和金融行业垂直招聘网站拉勾网。其营运模式也将移动互联网精神发挥到极致：3W 咖啡店每个餐桌上都有二维码，用户不需要到前台，只需要扫码然后下单，咖啡就会送到你面前。

这个创新生态圈的核心，是具有国内外成熟的科技公司工作经验的"毕业的创业者"。他们中的很多人，都在三大领先网络公司（百度、阿里巴巴和腾讯）里有过成功的职业经历。他们的 BAT 简历，给他们带来了市场的即时可信度；他们的校友网和通讯录，不仅仅提供了可以同其合作或者被聘用的人才库，也提供了大量的"天使投资人"。在一些案例中，BAT 公司本身也成为重要的策略投资者。

同时，更多的创业公司创始人来自 BAT 之外的其他科技公司——它们也达到了相当大的规模，市值巨大（例如小米、微博、优酷等）。此外，许多微软、惠普和雅虎这样的全球科技巨头的前员工，在美国总部中国分部的经历后也加入了创业大军。无论是作为实现了财务自由、可以在职业上冒险的资深管理层，或是一个一穷二白、无所畏惧的年轻雇员，决心从员工变成老板，自创一个独角兽企业的激情随处可见。

在过去数年里，成百上千的创业公司都是由阿里巴巴和其他主要网络公司的前员工创建的。例如，两个阿里巴巴的淘宝市场的前员工创建了蘑菇街，这个社交购物网站专注于女性时尚品牌，而且它本身也变成了一家独角兽公司。这种生态圈的有机发展，类似硅谷系统过去几十年所经历的乘法效应——由来自英特尔、谷歌和贝宝的几代创业领军人物在硅谷创建了一拨又一拨的创业公司。

伴随着"毕业的创业者"的数量增长，市场还有看似无尽的充满激情的年轻创业者。每年都有超过50万的理工科学生从中国的大学里毕业；而在商学院里，进修创业和风投课程并且野心勃勃地想要创建创业公司的MBA学生比以往任何时候都要多（很多年前，进投资银行和做管理咨询是学生的首选）。而新一代留学美国和欧洲的年轻学生，也纷纷在毕业后回到中国，寻找着移动网络里的创业机会。

在3W咖啡馆和其他创业社区里，那些"毕业了的创业者"，又是更年轻的创业者的导师和天使投资者。近些年里，天使资本的金额和投资项目的数量，都翻了好几倍。根据Zero2IPO研究机构的数据，在2015年前半年里，就有7.43亿美元的天使资本，投资进了809个项目里，平均每个项目都有接近100万美元的投资金额。在这个蓬勃发展的系统里，另一个重要的因素是史无前例的大量风险资本（VC）——国内和国外的——投进了创业项目里，其规模和增长速度在全球只有美国硅谷可以相比。

特别值得一提的是，从"中国制造"转型到"中国设计"，并不意味着中国那成熟的制造业已经毫无用武之地了。相反，中国成熟的制造业，是这个创新系统里不可或缺的一部分，也是与其他国际创新中心相比之下的一个独特竞争优势。中国的经济现代化，是从与进出口相关的制造业起步的。在几十年的持续发展以后，中国有着无可匹敌的元件工业、产品制造和物流服务的庞大行业网络，特别是其中的电子制造业更是领跑全球。

因为获取部件很便利，当地制造业很发达，中国的创业公司获得了跟国外竞争对手叫板的生产时间线。而且，因为创业公司距供应链很近，就意味着发明者在创造出产品的早期，就可以在工厂里及时获得反馈，有更多的机会调整他们的产品，令其在走进市场之前趋于完美。事实上，中国的大型电子供应链，在"中国制造"时代的晚期，仍然在繁荣发展并且变更趋成熟，这在"硬件和软件"融合的新时期里，会具有不可估量的价值。

总之，中国充满活力的创新生态圈，正在产生越来越多的科技创业公司去挑战欧美市场。以一年一度的美国 CES 消费电子产品展为例（CES 是为世界上最大、影响最为广泛的消费类电子产品展会），随着中国的崛起，中国企业在CES 这个世界级的舞台上越来越重要。2017 年的 CES 展会上，美国以 1755 家参展企业名列第一，中国共有 1575 家中国公司参展紧随其后，占比达到了历史之最。

更重要的是，它们正在迈向全球科技创新的最前沿，已不再以西方公司为基准了（市场也不能简单地把这些公司定义为中国版的谷歌或者亚马逊了）。《福布斯》评选的 CES2017 中国十大创新产品显示，中国新一代技术公司从移动互联网延展到人工智能、3D 打印、无人机、机器人等广泛领域，它们在为本土市场定制的产品和科技上具有更多的创意，并且有着自己的独特视角去看全球大趋势。

表 10.1 《福布斯》评选的 CES2017 中国十大创新产品

	创新产品	新功能
1	裂石影音推出的 Sonicam 3D 摄像头	不仅可以拍摄 3D 影像,还内置 64 个麦克风,可以录制立体声。影像和立体声可以提供沉浸式 VR 体验
2	ibotn 公司的"小 i 卫士"幼儿机器人	号称"妈妈的第二双眼睛",包括目标跟踪和"云端智库"功能
3	高科时代科技推出的新款智能宠物喂食器	包括激光装置,宠物可以和它玩耍
4	优必选科技的机器人玩具	技术与设计上的成就突出
5	大象机器人公司推出了一款工业机械臂,价格不到 1 万美元	装备计算机视觉相关功能,可以从事复杂的任务,例如拾取与放置功能
6	O2 Nails 美甲彩绘打印机	便携美甲装备
7	可以科技推出的模块化机器人	模块化,每个模块为球状
8	鞋护士(Shoes Nurse)	鞋子消毒器可以烘干鞋内部,并为鞋子消毒
9	智能健康座椅	通过加热、蒸汽和红外线,帮助妇女得到充足血液滋润
10	小米系列智能产品	小米平衡车等

引领"万物互联、万物智能"

在本书的各章节中都可见到,中国科技公司已经通过在智能手机和4G科技发展进程中奋起直追,甚至在移动应用的许多领域后来居上,显示了它们的实力。随着物联网、云计算、大数据、人工智能等技术的发展,互联网正由PC

互联网、移动互联网进入新的发展阶段，即万物互联、万物感知、万物智能的智能互联网（SMART INTERNET）阶段。在新的浪潮里中国公司与国际公司几乎站在同一起跑线上，正在全面地参与激烈的全球竞赛。

　　智能的互联网会更广泛地连接万物，更自主地捕捉信息，更智慧地分析信息，更精准地进行判断，更主动地提供服务。2016年谷歌的 AIphaGO 战胜围棋世界冠军李世石，让人工智能从实验室和专业圈走了出来，让广大民众看到了人工智能的巨大潜力。因此，新一代的中国科技公司正在从"移动设备优先"转为"人工智能优先"，将推进和加速智能设备进化作为了战略重点。

　　随着家居 M2M（机器对机器）移动连接数跃升至全球首位，目前中国在全球物联网（Internet of Things，指各种机器、设备及家用电器等通过网络实现互联和协同）的发展浪潮中，已经走在了世界前列。未来智能设备将会呈现多样化，人类社会将会进入万物互联、万物感知、万物智能的智能革命时代。在中国市场，代表最新人工智能方向的智能硬件和智能资讯发送等已经崭露头角。

　　在智能硬件方面，一方面，传统意义上的智能手机（smartphone）会结合人工智能技术，将成为真正意义上的智能手机（intellectual phone）。未来的设备将因此通过人工智能交互来连接数字与实体世界，智能手机也有可能成为链接物联网设备的控制中枢。例如，在2017年1月美国拉斯维加斯 CES（消费电子展）上，华为公司发布美国版 Mate 9——与国内版相比，美国版增加了对谷歌虚拟现实平台 Daydream 和亚马逊智能语音助手 Alexa 的支持。

　　另一方面，智能汽车被视为是继智能手机之后，移动网络的下一个关键终端。中国企业已经向联网电动汽车里投了大量资金，而国际汽车制造商都一致认为中国汽车互联网市场正迎来发展高峰期。除了智能手机、智能汽车，各大巨头还都在积极布局"智能家居"，以掌握万物互联时代各种可能的终极表现形式。

　　在信息消费方面，人工智能已经开始改变信息分发领域。大趋势上来看，用户不仅需要更便捷智能地找到信息，也需要个性化、针对性的信息主动推荐；在"人找信息"的同时，实现"信息找人"。在媒体与内容领域，新用户数目高速增长的"用户红利"阶段已经过去，下一阶段挑战在于以媒体智能化精准传播内容，从而赢得用户注意力和培养用户黏性，特别是针对最年轻的用户群体的"个性化"要求。

作为新新人类，90后00后物质生活优渥，与互联网共同成长，因此更加看重品质化、娱乐性、个性化的服务。他们青睐更加智慧的资讯 APP，从功能、兴趣、分享等角度出发，简单、高效地获取个性化内容，然后完成内容的分享和交互。智能资讯将正确的内容智能匹配给正确的用户，而且内容能契合用户当下的关注点、兴趣点和使用场景，从而实现信息分发的千人千面，完全符合年轻群体的需求。

其中最典型的例子就是新闻服务的智能分发。本来互联网门户新闻客户端早已竞争激烈，但是以今日头条、天天快报和一点资讯等为代表，基于人工智能技术的移动资讯应用快速崛起。它们通过技术方式分析用户的不同喜好，从中挑选出用户可能更喜欢的内容进行资讯推送来实现"千人千面"，迎合了碎片化阅读时代用户刷资讯的需求，同时解决了信息大爆炸时代的过载问题；因此，月活跃用户的数目很快过亿。

同时，资讯的智慧发送不但是"千人千面"，也是"一人千面"。即使是基于相同的地理位置而触发的信息，但因为他们不同的历史搜索数据，不同的实时兴趣点等，最后系统为用户适配的信息也会完全不同。信息分发技术会详细定义用户一天的时间，通过大数据去发掘用户在不同时间、不同场景的内在需求。比如，某金融机构商务男士白天都在办公楼，但在上午九点，在信息流看到的是昨晚美国股市交易和国内金融政策发布的新闻（与工作相关），下午5点他会看到和电动汽车相关的资讯（交易所关市后个人兴趣爱好方面的阅读）。

智能资讯时代的巨大影响力远远不止于新闻推送服务。在人工智能加上互联网的驱动下，各行各业都将会越来越服务化，未来将在新零售、O2O服务、移动娱乐等领域都产生重大的商业模式影响。例如，在晚饭后的休闲时间，一位时尚单身女性和一位年轻妈妈打开同一个移动消费APP的时候，她们看到的首页信息流是完全不同的。时尚单身女性因为一直关注时尚名牌，而且近期在搜索节日旅行的信息，所以智能APP给她首先分发的是欧洲、韩国化妆品促销广告，还有澳洲、欧洲的短期旅游团介绍。与此类似，年轻妈妈首先获得的是新西兰奶粉等跨境电商信息。

就如本书有关章节讨论的，"新零售"是"全渠道"的又一次飞跃，其本质就是基于大数据的智能适配的信息分发，从而将给传统零售模式带来颠覆性的变化。"全渠道"虽然可以通过跨媒体、跨平台的营销投放广泛覆盖潜在用户群，但是对目标人群无法进行准确的识别。通过搜索大数据的洞见将人群进行细分，商家可以将产品的信息用最合适的姿态去触达到受众，减少信息传播的成本浪费。

"新零售"的愿景是，无论目标消费群处于品牌和商品认知的哪个阶段，或是消费决策路径的哪一个环节，商家和品牌的信息智能分发服务都可以相应地覆盖。通过精准的用户识别，为用户提供最合适的内容设计和信息触达，从而快速引发用户的购买欲望，将产生交易的可能性最大化。比如新品上市宣传，可以先通过信息流推荐，进行话题或事件营销，制作爆点，建立用户的认知、兴趣和好感，然后直接引导用户在搜索中获得品牌或产品的详情信息，实现转化，后续还可以基于用户的行为洞察，以不同的内容形式，持续地给用户传递品牌理念和产品价值。

所以在本书的结尾，阿里巴巴创始人马云的惊人之语"电商终结"与它背后的逻辑也就清晰起来了。未来的电商模式——如果电商这个术语还继续使用的话——将是连接各种移动设备的用户，并将线上信息和线下商户连接起来，从而基于每一位消费者的大数据，智能化地提供"千人千面"和"一人千面"

的定制产品和生活体验的资讯和服务。在这个意义上，所有电商公司都将成为马云所描述的"数据公司"。

在下一波"万物互联、万物智能"的浪潮里，中国市场的独特优势，是它无与伦比的网络用户数量和相应的用户数据。截至 2016 年底，中国的网民数达到 7.31 亿（超过了欧洲全部人口），其中手机移动上网用户数达到 6.95 亿。数字经济 2.0 下的用户数据，在整个经济活动中变成主要生产要素，成为科技公司的重要公司资产，也是未来中国创新的基础。

和"新零售"相似，"万物互联、万物智能"也将对 O2O、多屏娱乐以及传统行业的"互联网+"转型升级等带来颠覆性的变革，而届时本书的所有章节也将被全部改写。放眼未来数字经济 2.0 时代，中国市场与美国硅谷形成了代表不同竞争优势又密切相关的两个全球创新的主市场。中国市场同样具有领导创新与流行的态势，而不仅仅是一个潮流追随者。中国的故事，正在迅速转型，从传统的"中国制造"（Made in China）变成全新的"中国创造"（Created in China）！

结语
拥抱智能革命

　　全书文稿杀青之际，正值谷歌的人工智能程序 Master 在乌镇以 3∶0 完胜围棋界世界第一人柯洁九段。此前，谷歌的更早版本 AlphaGo1.0 在 2016 年以 4∶1 的总比分战胜了韩国的围棋世界冠军李世石九段，轻松打破了专家人工智能需要十年的时间才有可能战胜人类职业选手的预测，成为人工智能领域的一个重要里程碑。不久，AlphaGo 的 2.0 版本（即 Master）与世界顶级的围棋选手进行了 60 场线上快棋对局，并取得了全胜。而后，在全球瞩目的三番棋中轻松全取三胜后，谷歌方面宣布 AlphaGo 将退出赛事，颇有天外高人退隐江湖、独孤求败之风范。

　　也许是笔者本人的华尔街金融背景的缘故，看到世界第一人柯洁九段在投子认输后失声痛哭的场景，不由得想到金融投资领域可能就是被人工智能横扫的下一个行业。因为从规则清晰（围棋规则、交易规则）、数据丰富（历代棋手棋谱、股价历史记录）、结果明确（胜负、盈亏）等方面，围棋与投资其实本质相同。笔者在近 20 年前踏入华尔街，当时在纽约通过 3 年系列考试，取得特许金融分析师（CFA, Chartered Financial Analyst）资格。现在看来，人工智能可能很快会让金融分析师失业。

例如，关于股票价格分析，以往分析师需要花几天时间建立模型、确定关键变量、搜集数据、进行计算并进一步调试模型，最终提出投资建议。又如在量化交易方面，分析师也类似地做简化假设，建立数学模型，来模拟资本市场的运行规律。与人力分析相比，基于深度学习的人工智能算法，可以轻松处理几十万个变化因子。更可怕的是，利用云技术搜集和分析数据，智能程序可以把长达几天时间的分析过程缩短到几分钟，并且就如 AlphaGo 的升级版本，智能程序的强大的学习能力使其越用越聪明——每处理一个复杂问题，它学会的东西越多。

事实上，在过去 20 年里，华尔街一直都在经历数字经济带来的不同阶段的革命。当股票和交易趋于电子化后，大部分职员已被取代；当智能软件能够比人类更快更可靠地解析大量数据集时，从事研究与分析的人员也将面临失业。在未来，信息技术甚至可能超越处理客户关系的专业人士，因为全方位的交互接口将让客户不再需要人类的客服。

在这个背景下，就可以理解谷歌提出的"人工智能优先"（AI first）的战略高度。2009 年前后，谷歌在移动互联网的初期，就在内部提出"移动设备优先"（Mobile first）的战略来安排技术布局，其 Android 操作系统和 Chrome 浏览器就是为移动互联网打造的两个基础平台，而它的核心产品如搜索、地图等也以适配移动手机屏幕为重点。当下，谷歌又以"人工智能优先"作为新的方向。

在中国，互联网行业下一个风口在人工智能领域也成为各方的共识。一方面，互联网巨头近年来的战略重心逐渐向人工智能领域倾斜；另一方面，实体行业领域的企业也在通过与人工智能技术紧密结合，谋求新的发展模式。

贯穿本书各章节的是，在移动互联网时代，中国科技公司已经通过在智能手机和 4G 科技发展进程中奋起直追，甚至在移动应用的许多领域后来居上，显示了它们的实力。在中国市场里，本地移动应用 APP 的普及程度——例如第三方移动支付—— 都已经超越了网络超级强国美国。

同等重要的是，伴随着移动互联网革命，一个充满活力的创业与创新生态圈正在中国不断壮大。这个创新生态圈汇聚了从 BAT 这样的成熟网络公司"毕了业"的创业者、具有国际视野的网络公司和它们经验丰富的企业家、无限的年轻高校毕业生、大量的天使投资者和风险投资，以及成熟的"中国制造"工业制造业体系。他们有机协同，聚力将中国打造成世界上最具潜力的创新中心之一，使创新公司不断涌现。

最为深刻的是，伴随着移动互联网的广泛深入，各行各业的企业不再局限于简单地在业务中引入线上布局，而是开始把后台和数据迁移到云端，由此形成了云业务在中国高速增长。这种业务和数据的云端迁移，使得大量企业在技术架构的层面实现了连接，这为未来各行各业在云端利用人工智能处理大数据奠定了基础。

换言之，通过移动互联网时代，中国在移动设备和应用、创新文化、数据能力等方面都为"智能互联网"时代准备了坚实的基础。

人工智能时代加速来临，传统企业应该如何面对？毫无疑问，AI 会率先在线上业务程度高、高质量数据丰富的行业中突破。基于移动互联网的商业会通过人工智能，将线上业务实现流程自动化、数据自动化、业务自动化，可以大幅提高线上业务的自动化程度。同时，具有同样特征的传统行业——例如金融行业——也会比其他行业更早进入人工智能时代。

对于更广泛的传统企业来说，围绕着智能化，又将面对转型发展的深度挑战。在人工智能时代，围绕着"用户"（即传统概念上的"顾客"）的数据资产变成了首要的竞争优势。数字经济企业的核心战略从产品销售转变为创造用户资源，而企业也从产品的提供者变成客户的运营商。与此对应，企业加大自动化系统的建设，全方位收集用户的有效数据就成了重中之重。

如同金融系统企业，各行业都必须高度重视数据资源的标准化、数据采集的自动化、数据存储的集中化、数据共享的平台化，作为智能化升级的基础。人工智能是一个"强者更强"的产业：数据越多，产品越好；产品越好，所能获得的数据就更多；数据更多，就更吸引人才；人才越多，产品就会更好。企业在数据方面的投入，必将带来丰硕的回报。

从乐观的角度看，传统行业在中国还较为薄弱，与欧美发达国家有显著差异，由此它们在智能互联网时代会面对深度挑战，却也是直接跳跃进入数字经济 2.0 的绝佳机会。仍以金融行业为例，美国的金融行业已非常成熟，要转变思路，全面采用基于深度学习的新一代人工智能系统，会遇到现有体制的巨大障碍。而中国金融系统还在创新成长阶段，历史包袱较少，因此不但易于引入新技术、新算法，而且获得的提升也更为显著。

"两岸猿声啼不住，轻舟已过万重山"。互联网革命一路走来，在智能时代更充满想象空间，也一定会更加精彩！

马文彦（Winston Ma）

2017 年 6 月于北京

专业词汇

数字经济：从字面上看，数字经济就是基于数字技术的经济，是一个信息和商务活动都数字化的社会经济系统。数字技术的发展往往与互联网技术的发展难以分清，所以很多时候数字经济也常被称作互联网经济或网络经济。同时，传统行业都在"数字化"，因此数字经济也包含了数字技术与各项实际产业的结合。传统的 1.0 数字时代是以数字化为驱动，而新的数字经济是以数据化为驱动，因此数字经济也可理解为数据经济，即因为数据信息可通过网络流动而产生的经济活动。

信息消费：这个表达全面覆盖了信息领域中大量涌现的新产品、新服务、新业态——既包括了"基于信息科技的消费"（比如电子零售和在线银行服务），也包括了"高质量的信息产品消费"（比如在线视频、电影作品）。

平台经济体：通过互联网，将各样数字内容、数字贸易汇聚在一起，形成互联网平台经济体，最典型的例子就是三巨头 BAT（阿里巴巴、腾讯、百度）

各自的大平台。

大平台 / 生态圈 / 闭环： 网络巨头的共同的目标，就是创建一个自己的移动世界，让消费者可以完全沉溺进去，而不需要任何竞争对手所提供的服务。这个概念经常被称为一个"大平台"（或是"生态系统""闭环"等类似用语）。

超级 APP： 国外市场更习惯于用一款软件解决一个功能需求，更强调简约；但中国用户没有一款软件只有一个主功能的概念，更倾向于类似 BAT 这样"超级 APP"来处理方方面面的需求。无论是阿里巴巴旗下的淘宝，还是百度地图，或是腾讯的微信 APP 都覆盖多样功能，人们都可以购买日用百货、给网络游戏充值、呼叫快车、扫描折扣券、搜索旅馆、买电影票以及在邻近找到任何类型的休闲店铺。

4G： 第四代移动电话行动通信标准，指的是第四代移动通信技术。4G 是集 3G 与 WLAN 于一体，并能够传输高质量视频图像，它的图像传输质量与高清晰度电视不相上下。

云计算（Cloud Computing）： 云是网络、互联网的一种比喻说法，涉及通过互联网来提供动态易扩展且经常是虚拟化的资源。云计算旨在通过网络把多个成本相对较低的计算实体整合成一个具有强大计算能力的完美系统，并借助 SaaS、PaaS、IaaS、MSP 等先进的商业模式把这强大的计算能力分布到终端用户手中。其核心理念就是通过不断提高"云"的处理能力，进而减少用户终端的处理负担，最终使用户终端简化成一个单纯的输入输出设备，并能按需享受"云"的强大计算处理能力。

第四次工业革命： 即当前全球基于互联网和智能技术，继蒸汽技术革命、电力技术革命、信息技术革命的又一次科技革命。简单说即是利用网络和云科技，将更为庞大的机器群连接起来，让机器之间自相控制，自行优化，智能生产，大大减少从事重复劳动和经验工作的人力数量，使生产质量和效率提升到一个新阶段。

社交化、本地化、移动化（So-Lo-Mo）： 在数字经济的大背景下"社交 + 本地 + 移动"的三个趋势，简称为 So-Lo-Mo（对应英文中的 Social-Local- Mobile）。

大数据（Big Data）： 大数据是对人类行为和交流方面大量数据分析的统称。从各种各样类型的数据中，快速获得有价值信息的能力，就是大数据技术。

智能家居（英文：smart home，home automation）： 是以住宅为平台，利用综合布线技术、网络通信技术、安全防范技术、自动控制技术、音视频技术将家居生活有关的设施集成，构建高效的住宅设施与家庭日程事务的管理系统，提升家居安全性、便利性、舒适性、艺术性，并实现环保节能的居住环境。

LBS（基于位置的服务）： 全称为 Location Based Service，它是通过电信移动运营商的无线电通讯网络（如 GSM 网、CDMA 网）或外部定位方式（如 GPS）获取移动终端用户的位置信息（地理坐标，或大地坐标），在地理信息系统（外语缩写：GIS，即 Geographic Information System）平台的支持下，为用户提供相应服务的一种增值业务。

TMT（Technology，Media，Telecom）： TMT 是电信、媒体和科技三个

英文单词的缩写的第一个字头，整合在一起，实际是未来电信、媒体科技（互联网），包括信息技术这样一个融合趋势所产生的大的背景，这就是 TMT 产业。

全渠道（omni-channel）销售模式： 即打通线上线下全部渠道的零售模式。为了给消费者提供无缝转接的体验，网络公司和传统的零售商必须使用在线和线下的一切接触点，来涵盖消费者的购买决策和实际购买的路线全程。这包括了在线搜索和对比，在线下商店里试用，在线支付或者线下支付，在线安排配送，或者在实体店自提。

O2O： 代表的是线下的商机和线上活动的结合。O2O 大致可以定义为是利用互联网使线下商品或服务与线上相结合，线上生成订单，线下完成商品或服务的交付。所以 O2O 包括 Online To Offline（线上到线下）和 Offline To Online（线下到线上）。在国内 O2O 和 "线上线下" 一词基本是通用的。

垂直领域： 指一个细分的行业。例如，垂直电子商务是指在某一个行业或细分市场深化运营的电子商务模式。垂直电子商务网站旗下商品都是同一类型的产品。例如，单独做水果海鲜类的门户网站就是一个食品类的垂直行业门户网站。

长尾效应： 网络时代兴起的一种新理论，由于成本和效率的因素，当商品储存流通展示的场地和渠道足够宽广，商品生产成本急剧下降以至于个人都可以进行生产，并且商品的销售成本急剧降低时，几乎任何以前看似需求极低的产品，只要有卖，都会有人买。这些需求和销量不高的产品所占据的共同市场份额，可以和主流产品的市场份额相比，甚至更大。

跨境电商： 从交易的走向来讲，跨境电商分为两个部分：一是"买进来"，就是所谓的海淘、代购（例如，消费者购买海外生鲜）；二是"卖出去"，对外贸易中的出口商品（零售、批发）。

C2C（consumer-to-consumer）： 就是个人对个人的电子商务交易场景，例如淘宝的小店铺。

B2C（business-to-consumer））： 是商家对个人客户的交易场景（例如京东），直接面向消费者销售产品和服务。

B2B（business-to-business）： 是企业间的的交易场景。

F2（Face-to-Face）营销： F2F 就是中文的面对面沟通营销，用沟通服务去争取客户和维护客户，通过全个性化体系的服务，给每一个要求助的客户提供与众不同的资源和服务。

渠道： 所有可以获取用户、拥有用户、进行用户流量分发的公司或平台都可以称为渠道。可包括网站的渠道和线下的渠道（例如实体店面）。

二维码：（2-dimensional bar code）是用某种特定的几何图形按一定规律在平面（二维方向上）分布的黑白相间的图形记录数据符号信息的方式。二维条码 / 二维码能够在横向和纵向两个方位同时表达信息，因此能在很小的面积内表达大量的信息。

QR Code（全称 Quick Response Code）码： 是一种矩阵二维码符号，具

有信息容量大、可靠性高、可表示汉字及图象多种文字信息、保密防伪性强等优点；从其英文名称可以看出，高速识读是 QR Code 码的特点。

"刷销量"： 卖家通过各种手法创造出虚假的高历史成交量。一般的做法是，雇兼职员工、自己的雇员或者职业服务提供者来进行虚假下单。

淘宝村： 根据阿里巴巴的定义，一个"淘宝村"指的是"一座村庄，超过 10% 的家庭都有网络店铺，而且村庄一年的电子商务收入可以超过人民币一千万。

团购（group purchase）： 有关网站提供汇聚互不认识的消费者的平台，聚集资金，加大与商家的谈判能力，以求得最优的价格。

社会化电商模式（"Social E-Commerce"）： 利用微博、微信等社会化营销渠道进行推广的线上交易模式，通过社交互动、用户自生内容等手段来辅助商品的购买和销售行为。

微商： 是基于微信生态的社会化分销模式（社会化电商模式的一个实例）。从模式上来说主要分为两种：基于微信微信公众号的微商称为 B2C 微商，基于朋友圈开店的称为 C2C 微商。微商的虚拟店面又被相应成为"微信小店"。

新零售： 注重于"服务用户"的未来销售模式，即连接各种移动设备的顾客，不但覆盖标准化的零售产品，而且提供非标准化、定制产品和各种生活体验类的供应，并将线上信息和线下商户连接起来。电商平台与实体店也不再是对立的关系。真正重要的是线上线下相互补充，为用户提供最佳的消费体验；并且积累每一笔消费的数据，在未来为消费者提供更个性化的服务。

多屏时代：用户通过多个屏幕处理和消费信息。从双屏（电视、电脑）到三屏（电视、电脑、平板电脑）、四屏（电视、电脑、平板电脑、智能手机），再到户外大屏（例如电影院屏幕）也被纳入，形成多屏世界。屏幕无处不在，相互依靠，也不再区别，而是信息在多屏之间互通、共享。

智能电视：也被称为联网电视（Connected TV），是一种加入互联网功能的电视机或数字视频转换盒（Set-up Box）。是指像智能手机一样，具有全开放式平台，搭载了操作系统，用户在消费普通电视内容的同时，可自行安装和卸载软件、游戏等第三方服务商提供的程序。

IP：IP 是 intellectual property 的缩写，意思是知识产权，著作权（版权）、专利权都是知识产权。

UGC（用户制作的内容）：全称为 User Generated Content，也就是用户自己生成内容，即用户将自己原创的内容通过互联网平台进行展示或者提供给其他用户。

PGC（Professional Generated Content）：指专业生产的娱乐内容。经由传统媒体业者按照几乎与电视节目无异的方式进行制作，但在内容的传播时以互联网渠道为主。其内容设置及产品编辑均非常专业，非 UGC 模式能达到。

植入式广告：在电影、电视剧、网络视频等其他场景插入相关的广告。

T2O（TV to Online）：网络视频与电子商务结合在一起有助于将更多视频用户转变成为线上消费者，这一商业模式被称为 T2O，可以理解为"边看边买"。电商广告可以投放到网络视频中，巧妙加入商品链接，观众收看电视节目的同时如果遇到自己中意的产品，可以随时下订单购买。

OTT（Over The Top）：是指通过互联网向用户提供各种应用服务。这种应用和目前运营商所提供的通信业务不同，它仅利用运营商的网络，而服务由运营商之外的第三方提供。目前，互联网电视业务就是典型的 OTT 业务。

增强现实（Augmented Reality，简称 AR）：在电脑的辅助下增强用户现实环境的技术，例如在人们走路的道路上出现到达目的地的路线。

虚拟现实（Virtual Reality，简称 VR）：计算机生成的，可交互的三维环境可称为虚拟环境，例如模拟在体育比赛的现场。

大 V：拥有众多粉丝的微博用户。

"网络红人"（"网红"）：是指在现实或者网络生活中因为某个事件或者某个行为而被网民关注从而走红的人，或是长期持续输出专业知识而从红的人。

网红经济（即围绕网络红人的商业模式）：指网络红人在社交媒体上聚集人气，依托庞大的粉丝群体定向营销，对受众的价值观和生活方式产生特定的影响，从而将粉丝转化为购买力，形成围绕"网红"开展的商业盈利活动。网红经济背后有一个完整的产业链，包括小型社交平台、综合社交平台、网红、网红经纪公司、电商平台以及为网红提供产品的供应链平台或品牌商等。

金扫帚奖：仿效美国"金酸莓奖"，中国"金扫帚奖"由《青年电影手册》在 2009 年主办发起，是华语电影史上首个为年度最差影片颁发的奖项。

网络借贷：是借贷过程中，资料与资金、合同、手续等全部通过网络实现。

小微金融：参与人数和融资规模都较小规模的融资活动。例如 P2P 网贷市场中规定单人借款限额，股权众筹也有限制参与人数和融资规模的规定，都明确了其"小额"和"小众"的特性。

P2P（Peer-to-Peer）借贷：又称点对点网络借款，是一种将小额资金聚集起来借贷给有资金需求人群的一种民间小额借贷模式。

众筹：众筹是指用团购 + 预购的形式，向网友募集项目资金的模式。除创业融资外，众筹的领域也逐渐扩展到艺术、影视、音乐、出版等各个领域。

人工智能（AI，Artificial Intelligence）：是指让机器感知、理解并学习我们人类所处的现实世界，获取某一领域（比如消费者的历史消费记录）的海量信息，并利用这些信息对具体案例（是否应提供消费贷款）做出判断，以达成某一特定目标（贷方风险控制）的技术。

机器学习（Machine Learning）：指当电脑实现 AI 技术后，能够创建自主运算的能力。

智能投资顾问（简称"智能投顾"，包括"智能理财""机器人理财"等概念）：利用大数据和机器学习等方面的核心竞争力，人工智能算法可以取代理财师，为传统资管行业的客户提供投资策略方面的自动化建议，安排合理配置资产，最大限度提高投资资本的收益率。

独角兽：估值超过 10 亿美元（$1 billion）的创业公司。

智能互联网（Smart Internet）：随着物联网、云计算、大数据、人工智能等技术的发展，互联网正由 PC 互联网、移动互联网进入新的发展阶段，即万物互联、万物感知、万物智能的智能互联网阶段。

5G：第五代移动电话行动通信标准，也称第五代移动通信技术，是 4G 之后的延伸。由于物联网（例如互联网汽车）等产业的快速发展，对网络速度提出了更高的要求，成为推动 5G 网络发展的重要因素。

物联网（IOT）：全称 Internet of Things，是使原本同网络绝缘的事物在互联网的介入下变得"智能"的过程。能够彼此连接在一起的东西包括家里的恒温控制器、家用轿车等。一旦同网络连接在了一起，这些东西便能为人类进行远程控制，从而实现数据的收集、分析，帮助人们更好地运用这些工具。

车联网：物联网的一种表现形式，是指装载在车辆上的电子标签通过无线射频等识别技术，实现在信息网络平台上对所有车辆的属性信息和静、动态信息进行提取和有效利用，并根据不同的功能需求对所有车辆的运行状态进行有效的监管和提供综合服务。

无人驾驶汽车（Autonomous Car）：指汽车在行驶过程中能够感知周围环境，并摆脱人类的操控。通过诸如雷达、LIDAR 等技术，它能够探测周围的一切。自动驾驶汽车需要从锁门到数据中心点对点的信息互联能力，其中涉及车载电脑系统、5G 技术、人机互动界面等要素的协同合作。

C2C（英文全称为 Copy to China，即复制到中国）：指早期中国的科技公司追随着硅谷的足迹发展，以成本低廉的山寨产品以及对网络商业模式的模仿而闻名。

2CC（英文全称为 to China Copy，到中国复制）：中国第二代创业公司围绕着爆发式增长的移动消费用户群，在商业模式和产品特色上，形成了独特的创新。于是，市场看到是的兴起外国公司取经中国公司的创新。

关于作者

马文彦（Winston Ma，CFA，Esq.）是中国主权财富基金中投公司的董事总经理。作为中投公司第一批海外招聘回国的投资主管人员，马文彦负责和参与了金融、能源、矿业和高科技行业的重要投资项目，并在 2013—2015 年担任中投公司北美办公室首席代表。

此前在纽约华尔街，马文彦是少数兼有投资银行与中、美元融资本市场法律背景的中国专业人士，担任过英国巴克莱银行（纽约）北美股权金融市场部副主管、摩根大通银行纽约总部资本市场部副总裁、美国达维律师事务所纽约总部证券律师。

在国际投资和创新经济等主题方面，马文彦是诸多高端投资论坛的演讲嘉宾，如达沃斯世界经济论坛的主题峰会、《华尔街日报》WSJD 科技年度论坛、国际大型投资机构间会议等。曾担任美国纽约大学 Stern 商学院、维州首府 Richmond 法学院、中国清华大学经管学院的客座教授。以英文先后出版《投资中国》（Risk 出版社，2006）和《中国移动互联网经济》（Wiley 出版社，2016）。

　　密西根大学 Ross 商学院工商管理硕士（MBA2001 级，最高荣誉毕业），
纽约大学（NYU）法学院国际比较法硕士（1997 级，全额 Hauser 奖学金），
复旦大学电子材料理学士（1990 级），复旦法学院国际经济法双学士（1995 级，
硕士研究生级）。2013 年以事业成就与对社会贡献荣获达沃斯世界经济论坛
年度"全球青年领袖"（Young Global Leader）荣誉（中国区全球青年领袖
曾包括阿里巴巴创始人马云和京东商城创始人刘强东）；2014 年获美国纽约
大学杰出校友奖。